上海财经大学中央高校双一流引导专项资金
中央高校基本科研业务费资助
上海高校II类高峰学科（理论经济学）资助

超大城市经济高质量发展研究
基于马克思社会有机体理论视角

王 琳 ◎ 著

图书在版编目(CIP)数据

超大城市经济高质量发展研究：基于马克思社会有机体理论视角 / 王琳著. -- 上海：上海财经大学出版社，2025. 5. -- ISBN 978-7-5642-4563-4

Ⅰ. F299.21

中国国家版本馆 CIP 数据核字第 2025AU7096 号

上海财经大学中央高校双一流引导专项资金、中央高校基本科研业务费资助
上海高校Ⅱ类高峰学科（理论经济学）资助

□ 策划编辑　刘光本
□ 责任编辑　刘冬晴
□ 封面设计　贺加贝

超大城市经济高质量发展研究
基于马克思社会有机体理论视角
王　琳　著

上海财经大学出版社出版发行
（上海市中山北一路369号　邮编 200083）
网　　址:http://www.sufep.com
电子邮箱:webmaster@sufep.com
全国新华书店经销
上海市崇明县裕安印刷厂印刷装订
2025年5月第1版　2025年5月第1次印刷

710mm×1000mm　1/16　13.75印张（插页:2）　232千字
定价:79.00元

前言
PREFACE

超大城市是城市化和现代化发展的必然结果。伴随城市中人口和资源的集聚,资本积累过程进一步加快,继而推动城市规模不断扩大,相继出现大城市、特大城市以及超大城市。可以说,超大城市的出现是21世纪世界范围内城市发展不断加强的产物,有着历史逻辑、理论逻辑和现实逻辑上的必然性。正如哈佛大学黛安·戴维斯教授所强调的,超大城市"是我们所处的21世纪的时代下城市发展的一种方式""超大城市是时代所定义的,它是当代的一个现象,代表21世纪经济和区域扩张的方式"。[①]

何为超大城市?2014年11月国务院印发的《关于调整城市规模划分标准的通知》将超大城市界定为城区常住人口达到1 000万以上的城市。实际上,超大城市是一个较为新颖且具有一定中国特色的概念,其与大都会、巨型城市、全球城市等概念均有类似之处,即指具有一定人口规模的,在一国内具有重要的政治、经济和文化地位且是全球商品和服务贸易关键中心的大型城市。在此基础上,我国的超大城市范畴与我国宏观经济战略密切相关,又蕴含中国特色的内涵和特征,即我国超大城市不仅要提升自身发展,还须承担更多服务国家宏观战略布局和先行探索的功能,这是我国超大城市相比一般巨型城市、大都会等大城市范畴而言的特殊内涵,也是分析我国超大城市经济发展问题必须充分考量的重要因素。

尽管超大城市对于一国发展而言具有重要功能,但其所面对的超量人口和资源整合规模,也为超大城市的经济发展带来了诸多挑战。从目前来看,全球范围内的超大城市发展均面临诸多问题,如规模更大的生产生活活动将排放更多的污染和废弃物,同时消耗更多的自然资源和能源,为超大城市带来更大的生态

[①] 付小为、李杏著:《哈佛大学教授:超大城市肩负着更多责任》,《长江日报》2016年9月26日。

环境恶化压力;过于密集的人口以及随之而来的过于密集的交通工具,使得超大城市均面临较为严峻的交通运输压力;更为多元且流动性更强的经济主体和生产要素,导致了更多复杂多元的城市经济关系,这对城市公共安全和社会治理提出了更高的要求;还有公共服务难以满足需求、城市阶层日趋分化、城市居民幸福感下降等问题和隐患。

对于中国而言,随着改革开放以来工业化、城镇化进程的加快,城市数量和规模显著提升,逐步出现了北京、上海、武汉等超大城市,这些超大城市发挥着极为重要的经济和文化引领功能,但也面临越来越多的潜在危机和困境。如资源积聚带来的创新推动效应,伴随超大城市规模进一步扩大而呈减弱态势;人口和资源积聚引致制度构建缺乏系统性和体系性;经济活动带来日益严重的生态污染和日益加快的资源消耗;超大城市对所在城市群和区域发展的协同带动作用还不够充分,城市间差距仍不断拉大,在国际价值链中位置偏低,国际竞争优势不够明显;基于以上困境所衍生出的一系列经济问题,如城市经济循环不畅、城市生态环境恶化、城市公共服务不足或不均、城市居住幸福感降低等。这些问题正逐步成为我国超大城市进一步发展的桎梏和枷锁。如何转变超大城市经济发展思路、提升超大城市经济发展质量,愈发成为我国超大城市经济发展的现实要求。

与此同时,在宏观经济层面,我国"已由高速增长阶段转向高质量发展阶段"①,推进高质量发展是"全面建设社会主义现代化国家的首要任务"②,也是新时代中国经济发展的逻辑主题。这意味着,高质量发展必然成为我国超大城市经济发展的要求,即作为重要经济运行承载平台的超大城市,从过去快速扩张型增长模式转向高质量发展模式,继而"探索具有中国特色、体现时代特征、彰显我国社会主义制度优势的超大城市发展之路"③,是其面临的必然转变和发展方向。对此,习近平总书记多次强调并在党的二十大报告中明确指出,要"加快转变超大特大城市发展方式"④。

---

① 习近平著:《决胜全面建成小康社会 夺取新时代中国特色社会主义伟大胜利》,《人民日报》2017年10月28日。
② 习近平著:《高举中国特色社会主义伟大旗帜 为全面建设社会主义现代化国家而团结奋斗——在中国共产党第二十次全国代表大会上的报告》,中国政府网,2022年10月25日,http://www.gov.cn/xinwen/2022-10/25/content_5721685.htm。
③ 习近平著:《在浦东开发开放30周年庆祝大会上的讲话》,《人民日报》2020年11月13日。
④ 习近平著:《高举中国特色社会主义伟大旗帜 为全面建设社会主义现代化国家而团结奋斗——在中国共产党第二十次全国代表大会上的报告》,中国政府网,2022年10月25日,http://www.gov.cn/xinwen/2022-10/25/content_5721685.htm。

基于这一现实背景,我国超大城市及其高质量经济发展问题逐步引起学术界的关注。目前,相关研究主要有两类:一是聚焦超大城市经济发展,分析其概念特征与功能(如堵锡忠,2019)、发展困境(如张亮亮和张晖明,2013)、发展路径(如王郁,2019)等问题;二是聚焦城市经济发展质量问题,从技术(如王丽艳等,2020)、制度(如肖周燕,2016)、生态(如徐丽婷等,2019)、开放(如石兆宏,2018)等不同视角考察影响城市发展质量的因素和路径。前者主要聚焦超大城市,但对经济发展质量问题关注不够,且主要聚焦总体表现特征,对内部组成部分和内在逻辑分析不够充分;后者主要聚焦高质量发展,但大多并未聚焦超大城市,且主要聚焦单一视角的具体分析,对于超大城市经济发展的总体逻辑缺乏关注。可见,对于超大城市高质量经济发展问题的研究,目前仍存在较大拓展和完善空间。

相比目前学术界关于超大城市经济高质量发展的具体化研究视角,马克思主义经济学尤其是马克思社会有机体理论思想,能够提供更具本质性和系统性的研究思路。本书以马克思社会有机体理论为思想基础,旨在对我国超大城市经济高质量发展的分析框架、理论内涵、实现路径、现实测度、对策建议等进行系统研究,以推进对超大城市经济高质量发展的本质性和整体性研究,同时拓展马克思主义城市经济研究的理论和现实维度。本书共包含六章,按照基础篇、理论篇、现实篇的基本结构展开。

第一章和第二章是基础篇,旨在提出问题并阐明分析超大城市经济高质量发展的理论基础。基础篇基于对超大城市概念特征及现实困境的分析,得出新时代我国超大城市亟待向高质量发展转变升级的客观必然性和现实迫切性;梳理马克思社会有机体理论并阐明其对分析超大城市的适用性,据此提出超大城市有机体的概念,将其概括为由相互作用、复杂多元的内部要素构成的统一体,与所处生态环境持续进行物质交换的生命体,与区域经济、国际经济等多维交互的开放体。

第三章和第四章是理论篇,旨在深入解析我国超大城市经济高质量发展的理论内涵及实现路径。理论篇基于超大城市有机体的逻辑,阐释我国超大城市经济高质量发展的理论内涵,包括构建畅通有序、运行高效的高质量基本经济体系,形成良性循环、优美宜居的高质量生态经济体系,以及打造分层辐射、合作共赢的高质量开放经济体系;在此基础上,论证推动我国超大城市转向高质量发展的三大动力,即技术创新力、制度创新力以及意识形态引领力。

第五章和第六章是现实篇,旨在考察我国超大城市经济发展现状并提出系统对策建议。现实篇运用现实数据考察典型超大城市经济发展质量情况,并将理论与现实相结合,得出要有力推动我国超大城市经济高质量发展进程,综合提升技术创新、制度创新、意识形态引领的系统合力是必然出路;进一步提出着力增强技术创新力根本推动作用、有效发挥制度创新力直接推动作用以及充分激活意识形态引领力关键推动作用的对策建议。

目录 CONTENTS

基 础 篇

第一章　问题的提出：我国超大城市亟待转向高质量发展 …… 3
　第一节　超大城市的概念与特征 …… 3
　　一、概念界定 …… 3
　　二、基本特征 …… 7
　第二节　我国超大城市发展困境与诉求 …… 10
　　一、现实困境分析 …… 10
　　二、高质量发展诉求分析 …… 14
　第三节　未来指向：推进超大城市高质量发展的系统性研究 …… 18
　　一、相关研究综述 …… 18
　　二、研究评析与拓展思路 …… 26

第二章　马克思社会有机体理论及超大城市有机体的分析框架 …… 30
　第一节　马克思社会有机体理论的基本思想 …… 30
　　一、关于社会有机体的理论内涵 …… 30
　　二、关于社会有机体的演变逻辑 …… 36
　第二节　社会有机体理论对超大城市的适用性分析 …… 41
　　一、社会有机体理论的科学性及适用范围 …… 41
　　二、超大城市经济体的有机属性分析 …… 44
　第三节　超大城市有机体的提出及"三重体系"分析框架 …… 46

一、超大城市有机体的提出及其概念界定 ················· 46
二、超大城市有机体"三重体系"分析框架 ················· 49

理 论 篇

第三章 我国超大城市有机体高质量发展的理论内涵 ········· 61
第一节 构建畅通有序、运行高效的高质量基本经济体系 ······· 61
一、决定性维度：高质量城市生产体系 ··················· 61
二、保障性维度：高质量城市分配体系 ··················· 66
三、枢纽性维度：高质量城市交换体系 ··················· 70
四、实现性维度：高质量城市消费体系 ··················· 75
第二节 形成良性循环、优美宜居的高质量生态经济体系 ······· 79
一、本质要求：经济空间与生态空间高质量交互 ············· 80
二、基本内容：绿色生产、绿色分配、绿色交换与绿色消费 ······· 82
第三节 打造分层辐射、合作共赢的高质量开放经济体系 ······· 87
一、国内开放：国内大循环高质量节点 ··················· 87
二、国际开放：国内国际双循环高质量链接 ················· 89

第四章 我国超大城市有机体高质量发展的实现路径 ········· 92
第一节 根本动力：技术创新力 ························· 92
一、技术创新力的形成机理分析 ······················· 92
二、技术创新力对超大城市高质量发展的作用分析 ··········· 95
第二节 直接动力：制度创新力 ························· 97
一、制度创新力的形成机理分析 ······················· 97
二、制度创新力对超大城市高质量发展的作用分析 ··········· 99
第三节 关键动力：意识形态引领 ······················ 102
一、意识形态的理论内涵分析 ························ 102
二、意识形态引领对超大城市高质量发展的作用分析 ········· 105
三、我国意识形态的强自觉性和高适应性逻辑 ············· 109

第四节 技术创新、制度创新与意识形态的系统合力 ······ 111
- 一、三大动力的系统逻辑 ······ 111
- 二、超大城市综合治理思路 ······ 113

现 实 篇

第五章 我国超大城市有机体高质量发展的现实分析 ······ 119
第一节 "三重体系"运行质量的现实考察：以上海市为例 ······ 119
- 一、基本经济体系运行质量考察 ······ 119
- 二、生态经济体系运行质量考察 ······ 129
- 三、开放经济体系运行质量考察 ······ 138

第二节 高质量发展动力的现实考察：以上海市为例 ······ 145
- 一、技术创新力作用分析 ······ 145
- 二、制度创新力作用分析 ······ 154
- 三、意识形态引领作用分析 ······ 157

第三节 我国超大城市高质量发展的指标评估 ······ 160
- 一、指标体系构建 ······ 161
- 二、现实评估分析 ······ 165

第六章 我国超大城市有机体高质量发展的系统对策 ······ 174
第一节 必然出路：增强三大动力的系统合力 ······ 174
- 一、"三重体系"存在的核心问题分析 ······ 174
- 二、"三重体系"高质量发展的动力缺陷分析 ······ 176

第二节 着力增强技术创新力根本推动作用的对策建议 ······ 178
- 一、引导技术创新力方向 ······ 179
- 二、提升技术创新力强度 ······ 180
- 三、大力发展数字技术体系 ······ 181
- 四、实践前沿：深圳推进建设数字孪生城市和自进化智能体 ······ 183

第三节 有效发挥制度创新力直接推动作用的对策建议 ······ 187

一、保障制度创新力导向 ································ 187
　　二、构建制度创新力闭环 ································ 188
　　三、加强系统化顶层设计 ································ 190
　　四、实践前沿：全国第一个跨省域的国土空间规划出台 ······ 191
第四节　充分激活意识形态引领关键推动作用的对策建议 ········ 194
　　一、增强意识形态主导力 ································ 195
　　二、推进浸润式意识形态建设 ···························· 196
　　三、坚持新发展理念与人民城市建设 ······················ 197

参考文献 ·· 199

基础篇

第一章　问题的提出：我国超大城市亟待转向高质量发展

超大城市是城市化和现代化发展的必然结果。伴随城市之中人口集聚、资源集聚，资本积累过程进一步加快，继而推动城市规模不断提升，相继出现大城市、特大城市以及超大城市。可以说，超大城市的出现是21世纪世界范围内城市发展不断加强的产物，有着历史逻辑、理论逻辑和现实逻辑上的必然性。正如哈佛大学黛安戴维斯教授所强调的，超大城市"是我们所处的21世纪的时代下城市发展的一种方式""超大城市是时代所定义的，它是当代的一个现象，代表21世纪经济和区域扩张的方式"。[①] 本章将一方面沿着我国城市经济发展的历史脉络，阐明我国超大城市形成的纵向过程，理清超大城市的基本界定和核心特征；另一方面聚焦新时代我国超大城市经济发展面临的现实困境，阐明其转向高质量发展的必然诉求，并据此提出本书的基本思路。

第一节　超大城市的概念与特征

一、概念界定

超大城市是一个相对较为新颖且具有一定中国特色的范畴概念，现指城区常住人口达到1 000万以上的城市，从而与特大城市、大城市等相区分。根据2023年住建部《2022年城市建设统计年鉴》，目前我国超大城市共十个，分别为上海、北京、深圳、重庆、广州、成都、天津、东莞、武汉、杭州。

超大城市这一概念提出的背后，是新中国成立以来我国城市化发展道路的

[①] 付小为、李杏著：《哈佛大学教授：超大城市肩负着更多责任》，《长江日报》2016年9月26日。

持续探索和推进历程。根据我国对城市发展的方针和路线的不同,可以将这一历程划分为四个主要阶段。

(一)"项目带动、动荡探索"的城市起步发展阶段(1949—1977年)

新中国成立初期,面对经济停滞、百业待兴的局面,我国工作中心开始从农村向城市转移,接管、稳定和恢复城市经济发展成为国家经济工作的重要课题。1951年8月,《中共中央关于土地改革后农村和城市的工作任务及干部配备问题给华东局的指示》强调:"发展市内生产,发展城乡物资交流,是城市一切工作的中心任务。"[1]其后,在1953—1957年第一个五年计划期间,我国重点实行了"以项目带动,城市向农村开放,农村人口自由流动"的发展方针,围绕苏联援建的156项工程,确立了八大重点规划建设的工业城市,推进了我国城市的初步发展。1955年,我国颁布了《关于当前城市建设工作的情况和几个问题的报告》,首次在报告中提出了大、中、小城市的划分标准,即"五十万人口以上的为大城市,五十万人口以下二十万人口以上的为中等城市,二十万人口以下的为小城市"[2]。此后又陆续颁布了一系列城市规划文件,使城市发展逐步迈入规范化轨道。从数据来看,截至1957年我国城市数量增加到176个,其中特大城市增至10个,大城市增至18个,中等城市增至36个,小城市增至114个,城镇人口增加到9 949万人,占总人口的15.4%。但由于受到外部环境的制约和党内"左"倾错误思想的影响,其后我国城市发展经历了一段动荡停滞时期,使得城镇化水平停滞在17%左右。[3]

(二)"改革开放、控大促小"的城市提速发展阶段(1978—1991年)

为应对"文化大革命"带来的城市发展的停滞和困境,我国于1978年3月召开了第三次全国城市工作会议,制定了《关于加强城市建设工作的建议》,明确强调"城市是我国经济、政治、科学、技术、文化、教育的中心,在社会主义现代化建设中起着主导作用"[4],重新启动了我国的城市化进程。从数据来看,1978—1992

---

[1] 中共中央文献研究室编:《建国以来重要文献选编》(第2册),中央文献出版社1992年版,第353页。
[2] 陆小成著:《特大型城市风险治理智能化的国际经验及对北京的启示》,《城市观察》2020年第5期。
[3] 方创琳著:《中国城市发展方针的演变调整与城市规模新格局》,《地理研究》2014年第4期。
[4] 王黎锋著:《中国共产党历史上召开的历次城市工作会议》,人民网,2016年8月1日,http://dangshi.people.com.cn/n1/2016/0801/c85037-28600430.html。

年我国城市化水平由1978年的19.4%提高到1992年的27.63%,全国新增城市286个,相当于前三十年增加数的4.7倍,平均每年新增15个城市。到1991年末,城镇人口增加到31 203万人,比1978年增长80.9%,平均每年增长5.8%。[①]与此同时,党的十一届三中全会重新将党的工作重心转移到社会主义现代化建设,并逐步探索构建对外开放经济体系。随着我国对外开放大门的敞开,城市在国家社会经济发展中发挥着越来越重要的作用。城市作为开放载体沿着"经济特区——沿海开放城市——内地城市"的方向推行对外开放,掀起了我国城市开放的浪潮。这一时期我国始终坚持"控制大城市规模,发展小城市"的基本方针,如1980年《全国城市规划工作会议纪要》提出"控制大城市规模,合理发展中等城市,积极发展小城市"的方针,1990年实施的《中华人民共和国城市规划法》中指出,要"严格控制大城市规模,合理发展中等城市和小城市"等。[②]

(三)"市场化建设、大中小协调发展"的城市全面发展阶段(1992—2011年)

1992年是我国城市经济发展的又一关键时间节点。邓小平南方谈话和党的十四大的召开开启了中国改革开放和社会主义建设事业的新发展阶段。而城市作为区域经济社会发展的中心,其地位和作用得到了前所未有的重视。尤其是伴随社会主义市场经济体制的确立,各个城市普遍加大了市场化改革的力度,围绕从整体上搞活国有经济,采取兼并、收购、租赁等多种方式,优化重组城市国有企业资产存量,促进城市国有资产合理流动,提高城市经济发展的活力。数据显示,1992—2000年,我国城市化水平由1992年的27.63%提升到2000年的36.22%,提升了近9个百分点,全国城市的数量增至663个[③];2001—2005年,我国东部地区的城市化率年均增长1.21%,中部地区为1.45%,西部地区为1.27%,东北地区为0.62%;2006—2010年,中部地区的城市化率每年提高1.43%,西部地区提高1.22%,东部地区则降到0.95%,东北地区年均提高0.56%。截至2011

---

① 陈彬著:《我国城镇化发展的历史与未来趋势》,国家信息中心,2016年4月8日,http://www.sic.gov.cn/News/455/6167.htm。
② 陈亚军著:《特色小(城)镇建设应在新型城镇化进程中找准定位和方向——国家发展改革委规划司陈亚军副司长在2017年中国新型城镇化论坛暨千企千镇工程启动仪式上的发言》,中国政府网,2017年1月9日,http://www.gov.cn/xinwen/2017-01/09/content_5158066.htm。
③ 数据来源:历年《中国统计年鉴》。

年,我国正式进入城市型社会发展阶段,城市化率超过50%。[①] 在城市发展规划方面,除1991—1995年我国实施了一段以开发区建设和大城市扩张为主要特征的城市化建设,其后便逐步形成和确定了"促进大中小市协调发展"的方针和思路。如2001年《国民经济和社会发展第十个五年规划纲要》提出要"走符合我国国情、大中小城市和小城镇协调发展的多样化城市化道路";2005年《中共中央关于制定国民经济和社会发展第十一个五年规划的建议》强调要"坚持大中小城市和小城镇协调发展"等。[②]

(四)"体系化建设、分类管理"的城市深化发展阶段(2012年至今)

2012年以来,中国特色社会主义进入新时代,我国城市发展道路也进入新时期。相比以往,我国更加注重城市的体系化建设。如2015年我国召开第四次全国城市工作会议,明确了当前和今后一个时期全国城市工作的总体思路——"一尊重五统筹",即"尊重城市发展规律;统筹空间、规模、产业三大结构,提高城市工作全局性;统筹规划、建设、管理三大环节,提高城市工作的系统性;统筹改革、科技、文化三大动力,提高城市发展持续性;统筹生产、生活、生态三大布局,提高城市发展的宜居性;统筹政府、社会、市民三大主体,提高各方推动城市发展的积极性"。[③] 此外,为更好地适应当前我国城市发展的规模现状以及差异化情况,提升城市治理的针对性和精准性,我国对城市规模划分进行了更新。2014年国务院印发了《关于调整城市规模划分标准的通知》(以下简称《通知》),该《通知》首次在城市规模类型中加入了"超大城市"这一类别,继而将我国城市按城区常住人口数量划分为五类,分别为超大城市(城区常住人口1 000万以上)、特大城市(城区常住人口500万到1 000万之间)、大城市(城区常住人口100万到500万之间)、中等城市(城区常住人口50万到100万之间)、小城市(城区常住人口50万以下)。[④] 至此,超大城市这一范畴被正式提出。在此基础上,习近平总书记多次聚焦超大城市经济发展问题进行阐述,提出要"探索具有中国特色、体

[①] 数据来源:《中国城市统计年鉴2012》。
[②] 陈亚军著:《特色小(城)镇建设应在新型城镇化进程中找准定位和方向——国家发展改革委规划司陈亚军副司长在2017年中国新型城镇化论坛暨千企千镇工程启动仪式上的发言》,中国政府网,2017年1月9日,http://www.gov.cn/xinwen/2017-01/09/content_5158066.htm。
[③] 《中央城市工作会议在北京举行》,新华网,2015年12月22日,http://www.xinhuanet.com//politics/2015-12/22/c_1117545528.htm。
[④] 《国务院关于调整城市规模划分标准的通知》,中国政府网,2014年11月20日,http://www.gov.cn/zhengce/content/2014-11/20/content_9225.htm。

现时代特征、彰显我国社会主义制度优势的超大城市发展之路"①。党的二十大更是明确指出,要"加快转变超大特大城市发展方式,实施城市更新行动,加强城市基础设施建设,打造宜居、韧性、智慧城市"②。这意味着,超大城市经济发展问题愈发成为一个重要的理论和现实课题。

由上可见,超大城市这一概念的提出,不仅是我国城市化发展达到一定水平的必然产物,而且也是我国城市化发展道路持续进行深化探索和改革创新的时代体现。

二、基本特征

在国际上关于城市的各种概念之中,超大城市与 Megalopolis、Megacity、Global City 均有类似之处。其中,Megalopolis 是指大都会,即一个国家或地区内在政治、经济和文化上具有重要地位的城市;Megacity 是指巨型城市,其一般被认为是拥有超过 1 000 万居民的城市,但这一数量界限也并非绝对;Global City 是指全球城市,即这些城市是世界经济的关键地点,是全球商品和服务贸易的关键中心。我国超大城市在划分和界定依据上,与巨型城市更为贴近,即强调城市的人口规模,自然也蕴含国内重要地位(即大都会)和世界关键中心(即全球城市)这两层内涵。在此基础上,超大城市这一范畴与我国宏观经济战略密切相关,为此又蕴含着中国特色的内涵和特征。

(一) 人口规模特征

城市并非仅是由钢筋水泥构成的物质空间,更是人生产和生活的聚集地,并因生产生活方式的不同而与乡村区分开来。为此,人的因素必然是城市发展的决定性因素,越多的人聚集起来从事生产和生活,则经济产出便会越多,其后又会吸引更多的人。可见,对于城市规模的大小,最直观的评价标准便是常住人口的数量,因此,足够的人口规模是我国超大城市的第一特征,也是最为直接的衡量标准。不少学者对超大城市的人口特征进行了深入解析。如周劲(2016)用三

---

① 习近平著:《在浦东开发开放 30 周年庆祝大会上的讲话》,《人民日报》2020 年 11 月 13 日。
② 习近平著:《高举中国特色社会主义伟大旗帜 为全面建设社会主义现代化国家而团结奋斗——在中国共产党第二十次全国代表大会上的报告》,中国政府网,2022 年 10 月 25 日,http://www.gov.cn/xinwen/2022-10/25/content_5721685.htm。

度(即尺度、密度、速度)刻画了超大城市的规模[1];杨卡(2014)提出,中国超大城市人口发展的重要特征表现为,主城区城市人口密度持续增长、都市区空间集中度较高[2]。周婕(2015)[3]、赵蕊(2018)[4]、刘厚莲(2019)[5]积极关注我国北京、上海、广州、深圳等超大城市人口发展问题,并提出人口向超大城市集聚,且随之带来人口多元化的结论。当然,与巨型城市类似,人口规模并不能成为界定超大城市的绝对标准,这是因为:一方面,人口规模本身是一个相对量,不同时代有不同的评价尺度,为此须用发展和动态的眼光来理解这一人口规模界限;另一方面,由于人口特点、地理结构、基本国情等方面不同,不同国家超大城市或巨型城市的人口规模界限并不完全一致。

(二) 国内中心特征

在市场经济条件下,超大城市之所以会具有如此大的人口规模,归根结底在于其能够满足经济主体的利益追求,也即具有更大的市场营利空间。这一基本特质不仅吸引优质的人才,还会使得资本、技术、信息等各类生产要素聚集而来,继而为城市资源优化配置提供充分的条件,使得城市经济更快发展,市场机制也更为完善。为此,超大城市必然是一国经济、政治、文化的中心。我国目前的十个超大城市,即上海、北京、深圳、重庆、广州、成都、天津、东莞、武汉、杭州,均满足这一基本特征。对此,不少研究进行了相关的实证考察,如朱虹等(2012)利用空间计量模型证明,北京对周边区域存在空吸效应,而上海对周边区域则存在辐射效应[6];杨卡(2014)论述了北京和上海两个超大城市对周围城市分别产生了"正效应"和"负效应",并提出超大城市自身的发展情况会对周边区域产生影响[7];邹薇(2019)研究结果表明,从2002年到2015年,5座超大城市(京、沪、津、

---

[1] 周劲著:《尺度·密度·速度:"十三五"时期超大城市面临的难题与挑战》,《规划师》2016年第3期。
[2] 杨卡著:《中国超大城市人口集聚态势及其机制研究——以北京、上海为例》,《现代经济探讨》2014年第3期。
[3] 周婕著:《2000—2010年特大城市流动人口空间分布及演变特征——以北京、上海、广州、武汉等市为例》,《城市规划学刊》2015年第6期。
[4] 赵蕊著:《北京常住人口空间分布变动与对策研究》,《北京社会科学》2018年第1期。
[5] 刘厚莲著:《深圳人口空间分布及其优化路径》,《城市观察》2019年第6期。
[6] 朱虹著:《空吸抑或反哺:北京和上海的经济辐射模式比较》,《世界经济》2012年第1期。
[7] 杨卡著:《中国超大城市人口集聚态势及其机制研究——以北京、上海为例》,《现代经济探讨》2014年第3期。

广、深)使得全国总产出增长提高了25.33%[1]等。当然,超大城市并非同质化,为此不同的超大城市在我国宏观经济中的中心地位和战略优势也有所不同,如北京更多承担政治中心的功能,上海更多承担经济中心的功能,深圳则更多承担科创中心的功能。但其共同点是,均是我国各类生产要素和资源高度聚集之地,也是文化引领的核心主体。

(三) 全球中心特征

在当前经济全球化不断深入发展的背景下,一国、一城均无法也不能封闭发展。超大城市作为一国政治、经济、文化的中心城市,必然是一国参与经济全球化的主力军,为此应具有向全球中心城市发展的趋势。与此同时,在全球城市综合实力中的地位也成为评判超大城市的标准之一,即使成为一国的中心城市,但如若在全球城市范围内处在显著落后位置,也难以具有超大城市的实质。为此,我国超大城市均以全球城市甚至全球标杆城市为发展目标,这是超大城市这一范畴的应有之义。对此,不少研究均进行了阐述,如张鹏(2017)提出,中国的超大城市可以成长和被孕育为真正意义上的全球城市,部分超大城市实际上已被认可为全球城市,关键在于这些城市的国际资源整合能力[2];石兆宏(2018)认为,城市的国际化水平与其现代化水平互为表里、相互依存,城市现代化是城市国际化的核心内涵与内在支撑,城市国际化又是城市现代化的重要引领和建设方向[3]等。

(四) 宏观战略特征

超大城市所具有的国内中心和全球中心特征,使其必然承担相比一般城市而言更多的城市功能,甚至要承担一定的宏观战略功能。对于这一特征,我国的超大超市相比其他国家的巨型城市或大都会来说更为凸显,这也是由我国社会主义根本制度所决定的。当前,我国处于社会主义初级阶段,为此仍要充分发挥市场经济的生产力促进作用,但我国以人民为中心、以共同富裕为目标的基本道路从未改变。这便意味着,我国超大城市不仅要提升自身发展,还须承担更多服

---

[1] 邹薇著:《超大城市对我国经济的影响有多大?基于劳动投入、TFP和工资差异的分析》,《系统工程理论与实践》2019年第8期。
[2] 张鹏著:《论中国超大城市的国际资源整合能力》,《国际观察》2017年第1期。
[3] 石兆宏著:《论城市国际化视域下的城市现代化转型》,《济南大学学报(社会科学版)》2018年第6期。

务国家宏观战略布局和先行探索的功能。诸多学者在对超大城市进行分析时均谈到了这一点,如傅钰(2017)提出,超大城市是一个时代经济和区域扩张方式的表现,同时与国外的超大城市不同,我国的超大城市更多了一份行政色彩,这就决定了我国的超大城市较一般城市拥有更多的资源或者区域治理优势与责任[1];刘澍和崔昂(2018)[2]、堵锡忠(2019)[3]分别以上海和广州为例进行了分析,认为超大城市作为伴随经济发展出现的新事物,往往有着更多的时代色彩,并且我国超大城市的规划相比国外更多了一层政策意义。可见,宏观战略特征是我国超大城市相比一般巨型城市、大都会等大城市范畴而言的特殊内涵,更是分析我国超大城市经济发展问题必须充分考量的重要因素。

第二节 我国超大城市发展困境与诉求

我国超大城市是国内政治、经济、文化的中心城市,在经济发展体量、综合经济表现等方面均位居全国前列。但与此同时,人口和资源的过度密集也引发了超大城市经济发展和治理的诸多困境,且愈发成为超大城市进一步发展的桎梏。对此,习近平总书记明确指出,要"探索具有中国特色、体现时代特征、彰显我国社会主义制度优势的超大城市发展之路"[4],这便为我国超大城市的未来经济发展道路指明了方向。新时代我国超大城市亟待向高质量发展转变升级,且这一过程仍须进行理论上和实践中的"探索",这正是本书的根本立足点。

一、现实困境分析

尽管超大城市对于一国发展而言具有重要功能,但其所面对的超量的人口和资源规模也为超大城市的经济发展带来了诸多挑战。从目前来看,全球范围内的超大城市发展均面临诸多问题。如超大城市较大规模的生产生活活动,将排放更多的污染和废弃物,同时消耗更多的自然资源和能源,继而为超大城市带

---

[1] 傅钰著:《我国超大城市绿色低碳发展评价体系的构建及实证研究》,《中国商论》2017年第2期。
[2] 刘澍著:《超大城市的发展趋势与问题解决——以广州为例》,《交通与运输(学术版)》2018年第1期。
[3] 堵锡忠著:《上海探索超大城市治理的经验启示和思考》,《城市管理与科技》2019年第3期。
[4] 习近平著:《在浦东开发开放30周年庆祝大会上的讲话》,《人民日报》2020年11月13日。

来更大的生态环境恶化压力;过于密集的人口以及随之而来的过于密集的交通工具,使得超大城市均面临着较为严峻的交通运输压力;更为多元且流动性更强的经济主体和生产要素,导致了更加复杂多元的城市经济关系,这对城市公共安全和社会治理提出了更高的要求;此外,还包括公共服务难以满足需求、城市阶层日趋分化、城市居民幸福感下降等问题和隐患。一项关于"全球特大城市面临的挑战"的数据调研显示,20%的受访者认为就业问题是最严峻的经济挑战,其次是物价和经济增长;34%的受访者认为,生活条件恶劣、贫富差距、贫穷等相关问题是特大城市面临的主要社会挑战;35%的受访者将交通看作最严峻的基础设施挑战。[①]

对于中国而言,随着改革开放以来工业化、城镇化进程的加快,城市数量和规模显著提升,逐步出现了北京、上海、深圳等超大城市。这些超大城市发挥着极为重要的政治、经济和文化引领功能,但同时也开始面临越来越多的潜在危机和困境。

(一) 人口资源集中带来的集聚效应有所减弱,而竞争效应逐步增加

在市场经济条件下,人口、资源等生产要素相对集中,一方面会通过增加生产要素规模、提升要素配置效率从而实现经济效率和经济增长的提升,显示出一定的正面集聚效应;另一方面也会由于经济主体数量不断增加,使得资本之间的竞争程度不断加剧,从而带来一定的负面竞争效应。一直以来,对人口、资源的超强吸引力以及由此产生的集聚效应,是我国超大城市实现经济规模快速扩大的重要支撑。但在地理空间、基础设施、公共服务能力等一定的情况下,伴随超大城市人口资源聚集程度超过一定界限,则其带来的资源集聚效应将有所减弱;相反,人口资源过度集中所带来的竞争效应会快速增加,从而引致社会压力增大、就业困难、幸福感下降、公共服务不足等诸多问题。近年来,这种集聚效应降低、竞争效应增加的情况已在多个超大城市中愈发凸显,且诸多相关研究也关注到了这一点。如杨卡(2014)论述了人口过度聚集必然对城市空间造成压力,并带来交通拥堵、住房紧张和环境恶化等一系列"城市病"[②];周劲(2016)[③]、

---

① 高甜著:《全球特大城市发展面临哪些挑战》,新浪网,2007年6月4日,http://finance.sina.com.cn/guonei/dfjj/20070604/13353658762.shtml。
② 杨卡著:《中国超大城市人口集聚态势及其机制研究——以北京、上海为例》,《现代经济探讨》2014年第3期。
③ 周劲著:《尺度·密度·速度:"十三五"时期超大城市面临的难题与挑战》,《规划师》2016年第3期。

程士强(2017)[①]、刘涛等(2017)[②]论述了人口聚集所带来的城市压力增大问题,认为常住人口规模超过千万的超大城市,其空间尺度、建设密度和运行速度已达到一个前所未有的程度,甚至面临"失控";张亮亮和张晖明(2013)论述了资源集聚造成的压力会为超大城市的传统产业带来"创造性破坏",从而导致超大城市内部结构失衡。为此,如何创新升级产业结构,加快增长方式向知识驱动转变是关键,也是世界难题。[③]

(二)更大规模经济活动带来的生态污染和资源消耗愈发趋近生态边界

超大城市更大规模的经济活动必然伴随着更大程度的经济与生态之间的物质交换,一方面是对生态资源更加快速、更大范围的索取;另一方面则是向生态系统的更大规模的污染排放。两者相互叠加,使得超大城市所处的生态环境愈发趋向循环边界,且进一步影响周边区域的生态环境。近年来,我国超大城市均不同程度地面临着空气污染、水污染、垃圾污染、资源消耗过快等问题。例如,空气污染问题一直以来是北京、天津等城市在生态治理方面的重点和难点;水质问题则是上海和深圳生态治理的重要方面。2012年以来,习近平总书记明确提出要贯彻新发展理念,其中一个重要维度便是绿色发展理念,由此也开启了加快推进绿色生产方式和绿色生活方式的进程,这使得超大城市的生态问题有所缓和,但与人们对美好生态的需要相比,仍存在较大差距。

(三)对城市群和区域经济发展的协同带动作用不充分,城市间差距拉大

我国超大城市不仅要持续推进自身发展,还承担着带动城市群和区域经济发展的重要战略使命。但从现实来看,超大城市对优质生产要素的吸引和集聚,以及超大城市中心地带与边缘地带的较大差异,反而在一定程度上形成对周边区域经济的抑制作用,从而使得城市间的发展差距进一步扩大。比如,成都作为

---

① 程士强著:《空间的再造:一个超大城市的诞生》,《社会学评论》2017年第6期。
② 刘涛著:《国际大都市区空间发展规律与空间治理——兼论对北京的启示》,《城市发展研究》2017年第11期。
③ 张亮亮、张晖明著:《超大型城市创新发展与企业家资本——以解构上海模式为例》,《财经研究》2013年第11期。

超大城市,2022年GDP达到2.08万亿元,成为全国第七个GDP超过2万亿元的城市,但其与四川省其他城市之间差距愈发拉大,是省内排名第二的绵阳市GDP的5.7倍,这意味着,成都对于所在区域经济的拉动和辐射作用尚不充分。此外,也有诸多研究探讨了这一问题,如蔡之兵和满舰远(2016)通过研究得出,上海对周边区域经济发展有正向的带动作用,而北京对周边区域经济发展产生负向的空吸作用,其原因在于,超大城市内部经济均衡程度过低,边缘区域经济发展水平过于落后,无法发挥其自身的辐射带动作用[①];张彩玲和张志新(2016)从人才流动的视角论述了这一点,提出我国超大城市周边地区的郊区化速度与城市的经济发展速度和人口增加速度相比较慢[②]等。

(四) 在国际价值链中位置偏低,国际竞争优势仍需提升

如前所述,全球化城市是超大城市的发展趋势和发展要求之一,这意味着须综合考虑国家和国际政治权力、跨国公司总部、国内和国际贸易、全球金融机构、全球专业化服务、全球信息、全球消费、全球文艺、世界性活动、全球交通节点、全球制造中心、城市经济规模、城市人口规模等多个维度(周一星,2000[③])。近年来,我国积极推进全面开放新格局,超大城市的全球化建设也得到显著提升,但距离全球中心城市目标仍存在一定差距。其中一个重要的制约性因素便在于,我国在国际价值链中的位置仍相对偏低,国际竞争优势仍需提高。根据《2021中国制造强国发展指数报告》,我国制造强国总体发展指数排名全球第四;在分项方面,规模性是我国的主要优势,处于全球第一位,但质量效益分项、结构优化分项、持续发展分项则分别排在第七、第四、第七位;进一步分析可以发现,差距主要存在于基础产业、高技术产品、单位能耗的制造业产出、单位制造业创新产出以及制造业全员劳动生产率等方面。[④] 可见,制造业作为我国的相对优势产业,仍存在附加值较低、创新产出和生产效率不足等情况,也从侧面反映出我国超大城市存在的国际竞争力不足等问题。

我国超大城市当前所面临的诸多现实困境,符合城市经济发展的一般规律

[①] 蔡之兵著:《中国超大城市带动区域经济增长的效应研究》,《上海经济研究》2016年第11期。
[②] 张彩玲:《中国超大城市规划中存在的问题及治理对策》,《大连海事大学学报(社会科学版)》2016年第4期。
[③] 周一星:《新世纪中国国际城市的展望》,《管理世界》2000年第3期。
[④] 《2021中国制造强国发展指数报告》,2022年3月9日,http://www.199it.com/archives/1400306.html。

和客观必然性,但与此同时,也与我国在城市经济发展的理论和实践过程中长期存在单一视角倾向有关。具体表现为:在理论层面,聚焦考察城市的集聚效应和竞争效应、城市规模与城市生产率的关系、城市的创新发展和企业家资本问题、金融与城市经济增长方式的关系、数据驱动对城市社会治理的作用等主题。这些研究聚焦某一视角,对城市经济发展进行了考察和分析,具有重要价值。但这些研究并未充分考虑城市内部要素的相互作用、内部与外部之间交互作用等诸多重要因素,具有较强的边际性特点。在实践层面,我国城市经济发展尤其大城市经济发展过程中,曾经存在"头痛医头、脚痛医脚"的改革和治理思路,面对城市经济发展中出现的问题,往往仅就具体问题进行解决和调整,一定程度上忽略了经济内部要素之间的相互作用和联动影响,常常导致一个问题被缓和而另一个问题被凸显的情况。此外,过去几十年相对更加注重增长速度的评价标准和发展理念,也使得超大城市发展过程中的诸多矛盾和问题持续积累。这些理论和实践均有一个共性,即更多是基于单一治理视角,对城市经济发展问题进行散点式和板块式的分析和改革,这进一步加剧了当前我国超大城市经济发展中存在的诸多困境和问题。

基于以上我国超大城市经济发展所面临的现实困境,以及引致这一困境不断强化的单一视角的城市治理思路局限性,可以得出,超大城市作为我国宏观经济的重要拉动力和关键实践主体,亟待转变其发展思路,并增强对其的系统理论分析和综合改革治理。

二、高质量发展诉求分析

在党的十九大报告中,习近平总书记正式明确提出了"我国经济已由高速增长阶段转向高质量发展阶段"的经济形势判断。[①] 其后在2018年中央经济工作会议中进一步对高质量发展进行了系统阐述,指出"我国经济发展进入新时代,基本特征就是我国经济已由高速增长阶段转向高质量发展阶段",并强调推进高质量发展是"当前和今后一个时期确定发展思路、制定经济政策、实施宏观调控的根本要求"。[②] 此后,高质量经济发展始终是我国经济工作的核心指向,2020

---

① 习近平著:《决胜全面建成小康社会 夺取新时代中国特色社会主义伟大胜利》,《人民日报》2017年10月28日。
② 《中央经济工作会议在北京举行》,《光明日报》2017年12月21日。

年党的十九届五中全会也再次强调,"十四五"时期经济社会发展仍要以推动高质量发展为主题、以深化供给侧结构性改革为主线。[1] 高质量发展作为中国宏观经济发展的主题,也必然成为我国超大城市经济发展的要求,即作为重要经济运行承载平台的超大城市,从过去快速扩张型增长模式转向高质量发展模式,是其面临的必然转变和发展方向。

对此,习近平总书记进行了明确阐述。2018年11月习近平总书记在上海考察时强调,"上海要继续探索,走出一条中国特色超大城市管理新路子,不断提高城市管理水平"[2],并对上海提出了5个方面的工作要求,即更好为全国改革发展大局服务、推动经济高质量发展、推动改革开放向纵深发展、深化社会治理创新、提高党的建设质量和水平[3],这便对我国超大城市经济发展所承担的战略使命进行了界定。时隔两年,2020年11月习近平总书记在浦东开发开放30周年庆祝大会上进一步指出,"要坚持广大人民群众在城市建设和发展中的主体地位,探索具有中国特色、体现时代特征、彰显我国社会主义制度优势的超大城市发展之路"[4],并明确赋予浦东新区改革开放新的重大任务,包括全力做强创新引擎,打造自主创新新高地;加强改革系统集成,激活高质量发展新动力;深入推进高水平制度型开放,增创国际合作和竞争新优势;增强全球资源配置能力,服务构建新发展格局;提高城市治理现代化水平,开放人民城市建设新局面。[5] 从以上论述中不难发现,我国超大城市不仅具有与大都会、巨型城市、全球城市类似的客观特征,而且担负着与国家宏观战略目标紧密相关的城市功能,尤其是与高质量发展有关的城市功能。总体而言,可归纳为如下六个方面:

(一) 创新驱动功能

超大城市作为国内外资金、技术、劳动等各类生产要素和资源集聚的平台,具有更充分的技术创新条件;超大城市政府所具有的更强财政能力,为从事那些周期更长、投入更大的基础性科学研究提供了更强的资金支持;超大城市中更为

---

[1]《中共十九届五中全会在京举行》,《人民日报》2020年10月30日。
[2] 习近平著:《习近平在上海考察》,新华社,2018年11月7日,http://jhsjk.people.cn/article/30387788。
[3] 习近平著:《习近平在上海考察》,2018年11月7日,http://jhsjk.people.cn/article/30387788。
[4] 习近平著:《在浦东开发开放30周年庆祝大会上的讲话》,《人民日报》2020年11月13日。
[5] 习近平著:《在浦东开发开放30周年庆祝大会上的讲话》,《人民日报》2020年11月13日。

完善、更有效率的市场运行,也为技术创新提供了更为坚实的微观基础。为此,超大城市本身便具有更强的创新能力,尤其是在高精尖技术和基础性科学创新方面。在此基础上,超大城市还承担着更多的宏观战略层面的创新驱动功能。正如习近平总书记强调的,超大城市须"在增强创新策源能力上下功夫,加快建设现代化经济体系。要瞄准世界科技前沿,加强科技创新前瞻布局,聚焦关键领域,集合精锐力量,尽早取得重大突破,使创新成为高质量发展的强大动能"[①]。

(二)系统集成功能

超大城市的经济体系发展相对较为完善,更具备进行系统性制度改革的土壤,为此应承担先行推进深化改革的宏观战略功能。对此,习近平总书记也做出了明确指示,即要"进一步解放思想、准确识变、科学应变、主动求变,坚决破除条条框框、思维定式的束缚,深入推进重要领域和关键环节改革,加强系统集成,继续抓好国资国企、民营经济、商事制度、社会信用、人才发展、城市管理、民生保障等改革举措的完善和落实,放大改革综合效应"[②]。此外,制度改革的系统性不足也是当前我国超大城市经济发展的关键困境,为此系统性制度改革也是超大城市自身发展的要求。

(三)区域带动功能

超大城市作为我国经济、政治、文化的中心城市,其自身发展情况便是影响我国宏观经济发展的重要层面。除此以外,我国超大城市还应积极承担起区域经济带动功能,通过一个或几个超大城市的引领和辐射,推动区域经济的一体化和高质量发展,继而形成"几个能够带动全国高质量发展的新动力源,特别是京津冀、长三角、珠三角三大地区,以及一些重要城市群"[③]。这是我国经济由高速增长阶段转向高质量发展阶段进而对区域协调发展提出的新的要求,也是超大城市自身发展的必然之路。要解决当前我国超大城市面临的诸多困境,应遵循开放的思路,通过区域经济内部的进一步资源优化配置、产业分工合作等,为超大城市经济发展开拓新的发展空间。

---

① 习近平著:《习近平在上海考察》,新华社,2018年11月7日,http://jhsjk.people.cn/article/30387788。
② 习近平著:《习近平在上海考察》,新华社,2018年11月7日,http://jhsjk.people.cn/article/30387788。
③ 习近平著:《推动形成优势互补高质量发展的区域经济布局》,《求是》2019年第24期。

(四)国际链接功能

推动构建以国内大循环为主体、国内国际双循环相互促进的新发展格局,是当前我国重大宏观战略布局之一。对此,超大城市须承担起"更好统筹国内国际两个市场两种资源,增强资源配置能力,提高对资金、信息、技术、人才、货物等要素配置的全球性影响力"[1]的战略功能。习近平总书记在浦东开发开放30周年庆祝大会上曾明确指出,"浦东要努力成为国内大循环的中心节点和国内国际双循环的战略链接"[2],这一功能界定实际上也是对超大城市发展的要求。与此同时,推动更高水平的国际开放,增强全球资源配置能力,提升在全球产业链和价值链中的地位,也是解决当前我国超大城市经济发展面临的现实困境的必然要求。

(五)绿色集约功能

高质量发展必然是可持续的、惠及后代的发展,绿色集约是其必然要求,超大城市的高质量发展也同样如此。对此,习近平总书记曾进行多次强调:"城市建设要以自然为美,把好山好水好风光融入城市,使城市内部的水系、绿地同城市外围河湖、森林、耕地形成完整的生态网络",要"避免使城市变成一块密不透气的'水泥板'"[3],为此,"无论是城市规划还是城市建设,无论是新城区建设还是老城区改造,都要坚持以人民为中心,聚焦人民群众的需求,合理安排生产、生活、生态空间,走内涵式、集约型、绿色化的高质量发展路子"[4]。可见,绿色集约的发展方式不仅是超大城市高质量发展的必然要求,同时也是支撑和服务我国宏观绿色发展的重要战略功能。

(六)综合治理功能

如前所述,当前我国超大城市面临的诸多现实困境,很大程度上源于单一视角的城市治理思路。为此,要进一步推动超大城市的经济发展,尤其是高质量发展,必须转变这一治理逻辑,形成更具全局性、系统性的城市综合治理思路。正

---

[1] 习近平著:《在浦东开发开放30周年庆祝大会上的讲话》,《人民日报》2020年11月13日。
[2] 习近平著:《在浦东开发开放30周年庆祝大会上的讲话》,《人民日报》2020年11月13日。
[3] 习近平著:《避免使城市变成一块密不透气的"水泥板"》,中国共产党新闻网,2018年2月26日,http://cpc.people.com.cn/xuexi/n1/2018/0226/c385476-29834583.html。
[4] 习近平著:《深入学习贯彻党的十九届四中全会精神 提高社会主义现代化国际大都市治理能力和水平》,《人民日报》2019年11月4日。

如习近平总书记所强调的,"要把全生命周期管理理念贯穿城市规划、建设、管理全过程各环节"[①],"要提高城市治理水平,推动治理手段、治理模式、治理理念创新,加快建设智慧城市,率先构建经济治理、社会治理、城市治理统筹推进和有机衔接的治理体系"[②]。与此同时,超大城市的综合治理应坚持以人民为导向,因为"城市是人民的城市,人民城市为人民"[③],"城市工作做得好不好,老百姓满意不满意,生活方便不方便,城市管理和服务状况是重要评判标准"[④]。这些论述均为我国超大城市的综合治理道路提供了方向指引。

由上可见,新时代我国超大城市亟待从创新驱动、系统集成、区域带动、国际链接、绿色集约、综合治理等维度出发,全力向高质量发展转变升级,这不仅是解决当前超大城市所面临的诸多现实困境的必由之路,而且也是我国宏观经济从高速增长转向高质量发展、迈向全面建设社会主义现代化国家新征程的必然要求。当然,我国超大城市转向高质量发展的过程,仍须进行持续的理论和实践"探索",而这正是本书的根本立足点。

第三节 未来指向:推进超大城市高质量发展的系统性研究

理论研究与经济实践之间存在着相辅相成的动态互促逻辑,即理论研究能够为经济实践提供方法论以及路径方向的指引,而经济实践又是理论研究的重要源泉,理论研究不能脱离实践,且须以服务经济实践为核心目标。为此,推进我国超大城市的经济发展方式转变、实现高质量发展,须加快深化相关的系统性理论研究。

一、相关研究综述

尽管超大城市是一个较新的概念,但由于其对宏观经济发展的重要作用

---

① 习近平著:《在浦东开发开放30周年庆祝大会上的讲话》,《人民日报》2020年11月13日。
② 习近平著:《在浦东开发开放30周年庆祝大会上的讲话》,《人民日报》2020年11月13日。
③ 习近平著:《深入学习贯彻党的十九届四中全会精神 提高社会主义现代化国际大都市治理能力和水平》,《人民日报》2019年11月4日。
④ 习近平著:《城市政府应该从"划桨人"转变为"掌舵人"》,中国共产党新闻网,2018年2月9日,http://cpc.people.com.cn/xuexi/n1/2018/0209/c385476-29814517.html。

以及当前面临的愈发显著的治理困境,逐步引起了学术界的关注。目前,学术界关于超大城市高质量发展的相关研究主要有两类:一是聚焦超大城市经济发展,分析其发展路径等问题;二是对城市经济发展质量进行一般性分析,从不同视角考察影响城市发展质量的因素和路径。

(一) 聚焦超大城市发展路径的相关研究

目前学界对于超大城市发展路径的研究,大多以超大城市出现的发展困境为问题导向,旨在寻找某一困境的解决路径,为此研究多以"点"为主,对各个城市单独考察较多,尚未从理论层面形成较为系统的路径研究。总体来看,相关研究可分为以下三类:

1. 关于优化超大城市各类资源集聚和国际资源整合的探讨

部分研究聚焦优化超大城市各类资源集聚和国际资源整合问题,旨在以此提高超大城市的功能效能。从这一视角进行研究的学者,主要形成了以下三点认识:

其一,应围绕人口聚集特征来完善城市公共政策,提高城市治理水平。如赵孟营(2018)提出,要围绕人口聚集这一特点,通过超大城市的公共权力体系现代化建设、超大城市的公共政策供给体系现代化建设和超大城市的公共服务体系现代化建设,探索超大城市的治理思路。[1]

其二,应制定服务于资源集聚的创新政策,充分发挥超大城市优势。超大城市资源集聚功能的发挥很大程度上关系到城市的具体发展方向。对此,赵晓霞(2014)以金融资源聚集为例,论述了中国大城市的经济增长方式转变过程中,必须从金融集聚的效应出发,制定合理的城市金融发展战略目标。我国大城市的经济增长方式应该基于金融集聚的视角来实现自身的创新。因此,我国必须尽快制定出合理且可行的金融集聚区的创新政策。[2]

其三,应加强顶层设计,充分发挥超大城市的国际资源整合优势。诸多学者认为,中国超大城市的发展过程中须逐渐从依靠、利用国际资源发展,转变为整合国际资源为我所用,而这些都需要通过加强顶层设计来实现。张鹏(2017)更是强调,中国超大城市国际资源整合能力的发展,从一开始就是在内外关系、央

---

[1] 赵孟营著:《超大城市治理:国家治理的新时代转向》,《中国特色社会主义研究》2018年第4期。
[2] 赵晓霞著:《金融集聚视角下的中国大城市经济增长方式探究》,《管理世界》2014年第5期。

地关系和地地关系这三组关系结构中展开的,充满活力而不出格出位,发展迅速而又张弛有度,体现了中国城市发展顶层设计者到基层建设者的政治智慧。[1]

2. 关于优化超大城市微观治理的探讨

部分研究聚焦超大城市微观治理问题,旨在以此探索超大城市精细化发展路径。从这一研究视角出发的学者,主要有以下三种观点:

其一,应利用科学技术特别是数据化的运用,来提升超大城市的精细化管理。如任远(2019)提出,数据驱动使得城市管理从封闭走向开放、从割裂性走向整体性,而基于数据的超大城市管理,有利于扭转城市管理缺位和不到位的局面,提高管理和服务的能力,增强管理和服务的流程再造和机制再造,并促进形成政府、企业和社会共同参与的治理格局。因此,数据驱动的城市社会治理,是超大城市实现精细化管理的重要手段,也是建设智慧城市的必由之路。[2]

其二,应完善法律法规、政策体系,以达到上层建筑的精细化发展。如王郁和李凌冰(2019)认为,超大城市想要提升精细化管理水平,需要建立完善细致的法规体系,细化和完善国家层面在城市管理领域的法律内容,优化精准的政策工具,保证政策目标的精准定位和政策手段的精细设计。[3]

其三,应加强民主建设,提升治理主体的精细化。诸多学者提出应积极培育多元协同治理机制,加强城市的精细化管理,而这需要建立政府、市民、企业、社区多元主体共同参与的协同治理机制。[4]

3. 关于增强城市内部结构平衡和外部区域协调的探讨

诸多学者通过实证分析得出,超大城市内部结构的平衡和外部区域经济的协调互相影响,并从这一视角出发提出了具体的发展路径建议。如张旺(2013)提出,要考虑各市自然禀赋、区位条件、历史积累和经济社会发展现状,因城而异地采取合理的调控方式和政策手段,走"新三化"良性协调发展之路。[5] 蔡之兵和满舰远(2016)分析了北京、上海两个超大城市自身内部的不平衡对周边区域经济发展的影响,并提出区域政策与地方发展政策应协调发挥作用,区域政策注重

---

[1] 张鹏著:《论中国超大城市的国际资源整合能力》,《国际观察》2017年第1期。
[2] 任远著:《数据驱动和超大城市社会治理》,《城乡规划》2019年第2期。
[3] 王郁著:《超大城市精细化管理的概念内涵与实现路径——以上海为例》,《上海交通大学学报(哲学社会科学版)》2019年第2期。
[4] 王郁著:《超大城市精细化管理的概念内涵与实现路径——以上海为例》,《上海交通大学学报(哲学社会科学版)》2019年第2期。
[5] 张旺著:《超大城市"新三化"的时空耦合协调性分析——以中国十大城市为例》,《地理科学》2013年第5期。

跨行政区域的发展,而地方政策更注重单一行政区域的发展。中心城市在提高自身经济发展实力的同时,应更加关注城市内部空间格局的均衡发展。[1] 傅钰(2017)则从绿色低碳发展的视角,论述了超大城市对周边区域的绿色经济影响,并建议我国超大城市在今后的发展道路上要加快城市产业结构调整、增加城市生态建设投入、加强城市文化发展、降低能源消耗。[2]

(二)聚焦城市经济发展质量的一般性考察

在经济"新常态"背景下,我国经济由高速增长转向高质量发展,关于提升城市经济发展质量的研究也成为学界探讨的焦点。通过总结梳理现有的研究成果,可将其概述为技术视角和制度视角两大类。

1. 基于技术视角的城市经济发展质量研究

技术是城市形态和功能演变的重要动力,不同的技术能级对应着不同的城市发展图景。以创新为代表的技术升级对城市经济的发展具有举足轻重的推动作用,技术动力已成为城市高质量发展路径生成的核心依托。对此,众多学者从不同角度对技术创新与城市经济发展质量的作用关系进行了研究。如周振华(2018)认为,技术创新对城市经济高质量发展具有核心作用,要素驱动及投资驱动的经济高速增长已呈现边际效应递减及不可持续性,由创新驱动经济高质量发展更加符合新时代经济发展要求。[3] 肖滢和马静(2018)以长江中游城市群城市为样本,实证检验了科技创新与城市发展质量之间的关系,结果表明,科技创新与城市发展质量之间能够相互促进且具有长期性。[4] 丁涛和顾金亮(2018)构建了区域经济高质量发展指标体系,并对科技创新驱动区域经济高质量发展的路径进行了研究,认为科技创新能够有效推动区域绿色发展及协调发展,进而提升经济高质量发展水平。[5]

在此基础上,学者们进一步从微观、中观、宏观三个层面出发,考察了技术创新对于城市经济发展质量的作用机制。

(1) 从微观层面出发,考察企业技术创新通过集聚效应提升城市发展质量的

---

[1] 蔡之兵著:《中国超大城市带动区域经济增长的效应研究》,《上海经济研究》2016年第11期。
[2] 傅钰著:《我国超大城市绿色低碳发展评价体系的构建及实证研究》,《中国商论》2017年第2期。
[3] 周振华著:《经济高质量发展的新型结构》,《上海经济研究》2018年第9期。
[4] 肖滢、马静著:《科技创新、人力资本与城市发展质量的实证分析》,《统计与决策》2018年第16期。
[5] 丁涛、顾金亮著:《科技创新驱动江苏地区经济高质量发展的路径研究》,《南通大学学报(社会科学版)》2018年第4期。

作用

企业作为城市经济活动中数量最多、渗透范围最广的重要参与者,其技术创新与产业升级对于城市经济高质量发展发挥着重要的影响作用。已有研究成果表明,企业技术创新和城市发展具有协同作用,技术创新推动企业生产率的提高,进而通过集聚效应推动城市发展。如林毅夫(2002)指出,根据新古典经济学实施改革或转型政策,大量缺乏自主能力的企业不但会导致经济预期转型目标无法实现,甚至给经济发展带来巨大痛苦。[①] 范贤贤(2019)指出,企业技术创新能够推动科技成果转化为现实生产力,显著提高企业生产效率,也可以增进技术进步和技术效率,提升全要素生产率,扩大经济生产活动的可能性边界。[②] 何小钢和张宁(2015)则从成本的角度考察行业集约增长转型,指出技术升级是多数行业发展的主要驱动力,技术进步对于企业转型、企业发展以及企业对城市经济的辐射作用具有重要影响。[③] 此外,大城市具有较高的生产率优势,大城市集聚经济对企业生产率的积极影响已经被众多研究所证实,如较多学者从集聚效应对生产率的影响机制出发,认为集聚经济可以通过知识和技术外溢等方式提高企业的生产效率(Duranton and Puga,2004[④];Martin et al.,2011[⑤])。

(2) 从中观层面出发,考察创新街区、产业群等对城市发展质量的促进作用

以高新技术企业为代表的创新创业企业,一改以往主要在郊区办公园区集聚的传统路径,转而向大都市中心城区集聚(邓智团和屠启宇,2014[⑥])。这一区位选择的变化与大都市内城复兴的最新趋势联系在一起,美国布鲁金斯学会将此类新兴创新空间称为"创新街区"[⑦]。诸多研究认为,创新街区对于城市发展质量具有推动作用,如王丽艳和薛颖等(2020)指出,创新街区的涌现为老城区日渐衰落的物质空间植入了新的业态与要素,具有再次激发城市空间活力、为城市更

[①] 林毅夫著:《自生能力、经济转型与新古典经济学的反思》,《经济研究》2002年第12期。
[②] 李光龙、范贤贤著:《财政支出、科技创新与经济高质量发展——基于长江经济带108个城市的实证检验》,《上海经济研究》2019年第10期。
[③] 何小钢、张宁著:《中国经济增长转型动力之谜:技术、效率还是要素成本》,《世界经济》2015年第1期。
[④] Gilles Duranton, Diego Puga (2004),"Micro-foundations of Urban Agglomeration Economies", *Handbook of Regional and Urban Economics*, Vol.4.
[⑤] Martin P, Mayer T and Mayneris F(2011),"Spatial Concentration and Plant level Productivity in France", *Journal of Urban Economics*, Vol.69, No.2.
[⑥] 邓智团、屠启宇著:《创新型企业大都市区空间区位选择新趋势与决定——基于美国大都市区的实证研究》,《世界经济研究》2014年第9期。
[⑦] Bruce Katz, Julie Wagner(2014), *The Rise of Innovation Districts: A New Geography of Innovation in America*, Brookings Institution.

新提供重要的支撑和外溢效应的现实作用。[1] 并在此基础上进一步对创新街区的模式和影响因素进行了分析,如张省和曾庆珑(2017)在对创新街区内涵界定的基础上,将我国创新街区模式总结为中心市区桥梁纽带型、水岸"工业锈带"改造型和远郊高教园城市化覆盖型三种模式[2];邓智团(2016)指出创新创业企业、知识员工与地方政府三个主体的预期利益增加是创新街区的内生动力[3];胡琳娜(2016)认为人才流动是影响创新街区发展的核心因素[4]。

此外,还有学者分析了产业集群与城市群之间的耦合关系,认为产业集群与城市群的发展是相辅相成的。如苏雪串(2004)认为,城市群和产业集群之间具有相互作用,城市化进程的推进可通过城市、产业集群以及城市群经济之间的联动效应实现[5];陈柳钦(2007)则分析了城市群和产业集群的内在作用关系,指出一方面产业集群通过资源统筹和再分配实现区域经济水平提升以及城市群的形成和发展,另一方面城市群的功能效应从根本上刺激了产业集群的形成和发展[6]。

(3) 从宏观层面出发,考察运用智能技术推动建设智慧城市的重要性

这类研究主要集中在两方面:

第一,考察推动智慧城市建设的关键驱动因素。多数学者指出,影响智慧城市建设的核心因素主要包括政府因素(吴建新,2011[7];胡小明,2011[8])、创新因素(Roller and Waverman,2011[9];许庆瑞等,2012[10])和市场因素(Hollands,2008[11])。其中,以信息技术为核心的科技创新、规划创新、区域创新等,是推动智慧城市建设的核心驱动力。

第二,分析科技创新推动智慧城市发展的作用路径。主要存在以下三种观

---

[1] 王丽艳、薛颖、王振坡著:《城市更新、创新街区与城市高质量发展》,《城市发展研究》2020年第1期。
[2] 张省、曾庆珑著:《创新街区》,《科技进步与对策》2017年第22期。
[3] 邓智团著:《创新街区研究:概念内涵、内生动力与建设路径》,《城市发展研究》2017年第8期。
[4] 胡琳娜、张所地、陈劲著:《锚定+创新街区的创新集聚模式研究》,《科学学研究》2016年第12期。
[5] 苏雪串著:《城市化进程中的要素集聚、产业集群和城市群发展》,《中央财经大学学报》2004年第1期。
[6] 陈柳钦著:《产业集群:可拓展的跨越式发展模式》,《中国经济时报》2007年1月4日。
[7] 吴建新著:《以智慧政府建设推进智慧城市发展的对策研究》,《中国信息界》2011年第5期。
[8] 胡小明著:《智慧城市的思维逻辑》,《信息化建设》2011年第6期。
[9] Roller L H,Waverman L(2001),"Telecommunications Infrastructure and economic development: A simultaneous approach", *American Economic Review*,Vol.81,No.4.
[10] 许庆瑞、吴志岩、陈力田著:《智慧城市的愿景与架构》,《管理工程学报》2012年第4期。
[11] Hallands R G(2008),"Will the real smart city please stand up?",*City*,Vol.12,No.3.

点：其一，科技创新促进城市经济的不竭发展。科技创新通过激发企业创新活力，培植新兴产业的兴起与发展、实现产业结构的转型升级，继而促进城市经济可持续发展（Sotirios et al.，2014[1]；巫细波和杨再高，2010[2]；辜胜阻和王敏，2012[3]）。其二，科技创新推动城市治理理念的变革创新。通过科技创新和新技术运用可以实现城市规划和管理模式的创新、基础建设升级和基础设施运行效率的提高以及社会生活方式的转型（李重照和刘淑华，2011[4]；李德仁等，2014[5]；Anttiroiko et al.，2014[6]）。其三，科技创新能提高城市应对和解决问题的能力。如朱懿等（2020）指出，信息技术和智慧平台的使用，有助于城市重塑治理价值、重构治理主体、整合治理资源、强化公共服务等，从而有效提升城市治理能力。[7]

2. 基于制度视角的城市经济发展质量研究

制度决定着城市经济发展的模式、结构和功能，大部分学者均认同，制度创新对城市高质量发展有着关键性作用。如李强等（2012）从世界各国城市发展的历史经验出发，指出市场主导机制和政府主导机制是决定城市经济发展的核心机制。[8] 此外，众多学者进一步认为，与其他国家相比，中国城市受到优惠政策的程度与其行政等级密不可分。如蔡昉和都阳（2003）提出，城市的行政等级与其所获得的再分配资源成正比[9]；Henderson等（2009）也认为，城市的行政等级一定程度上决定了政府对其发展的重视程度：行政等级越高的城市，所受优惠政策和财政支持越多，城市发展速度越快[10]。

在此基础上，学者们重点探讨了供给侧结构性改革、更为完善的市场制度、宏观治理制度等对于推动城市高质量发展的制度支撑和保障作用。

---

[1] Sotirios P, Mark B and Loizos H(2014), "A strategic view on smart city technology: The case of IBM smarter cities during a recession", *Technological Forecasting & Social change*, Vol.89.
[2] 巫细波、杨再高著：《智慧城市理念与未来城市发展》，《城市发展研究》2010年第11期。
[3] 辜胜阻、王敏著：《智慧城市建设的理论思考与战略选择》，《中国人口·资源与环境》2012年第5期。
[4] 李重照、刘淑华著：《智慧城市：中国城市治理的新趋向》，《电子政务》2011年第6期。
[5] 李德仁、姚远、邵振峰著：《智慧城市中的大数据》，《武汉大学学报》2014年第6期。
[6] Anttiroiko A V, Valkama P and Bailey S J(2014), "Smart cities in the new service economy: Building platforms for smart services", *AI&Socity*, Vol.29, No.3.
[7] 朱懿、韩勇著：《我国智慧社区建设及其优化对策》，《领导科学》2020年第2期。
[8] 李强、陈宇琳、刘精明著：《中国城镇化"推进模式"研究》，《中国社会科学》2012年第7期。
[9] 蔡昉、都阳著：《转型中的中国城市发展——城市级层结构、融资能力与迁移政策》，《经济研究》2003年第6期。
[10] Henderson J V, Quigley J and Lim E(2009), *Urbanization in China: Policy Issues and Options*, *Unpublished Manuscript*, Brown University.

(1) 关于供给侧结构性改革对城市高质量发展的作用分析

城市发展的本质是产业升级,实现从低端迈向中高端。[1] 供给侧结构性改革是国家层面推动产业升级、促进发展转型的新战略思路,有助于推动我国城市产业突破"低端锁定"迈向中高端、促进城市转型。众多学者通过研究得出了供给侧结构性改革有利于推动城市经济发展的结论。邓智团(2016)以上海典型传统产业升级推动城市转型的创新实践为例,通过研究探索网络权变作用下传统产业升级的模式和路径,指出上海通过网络权变推动产业升级进而促进城市转型的创新实践,有助于城市产业突破全球生产网络的低端锁定陷阱,实现产业迈向中高端,从而推动城市转型发展。[2] 覃剑(2019)指出,城市的要素、产业、功能、空间和制度的供给侧结构性改革,推动了城市的整体发展与转型。其中,要素、产业和功能分别代表从微观、中观和宏观三个层面的供给侧结构性改革推动城市发展转型。[3]

(2) 关于市场制度的完善对城市高质量发展的作用分析

市场制度是推动城市发展的重要动力之一,众多学者也就市场制度对城市发展的影响进行了研究分析,以下主要介绍两个方面的相关研究:

一是金融市场制度的重要作用,即通过健全金融体制机制,推动城市经济的高质量发展。众多学者通过研究表明,金融市场可通过供需两侧促进产业结构的优化升级,进而助推城市发展。在需求侧驱动方面,金融市场通过融通资金、促进技术进步等方式推动经济增长和人均收入水平的提高,进而影响消费者的消费结构,实现产业结构转型和城市经济的优化升级(Kongsamut et al., 2001[4])。在供给侧驱动方面,金融体系通过促进技术进步、提高资源配置效率、激发企业家精神等方面,降低部门间产品的相对价格,从供给端推动产业转型和城市高质量经济发展(Acemoglu and Guerrieri,2008[5];陈体标,2007[6])。

二是劳动力市场制度的重要作用。Glaeseretal(2014)认为,人力资本是城市

---

[1] 邓智团著:《网络权变、产业升级与城市转型发展——供给侧结构性改革视角下上海传统产业的创新实践》,《城市经济》2016年第5期。
[2] 邓智团著:《网络权变、产业升级与城市转型发展——供给侧结构性改革视角下上海传统产业的创新实践》,《城市经济》2016年第5期。
[3] 覃剑著:《供给侧结构性改革视角下城市发展转型研究》,《技术经济与管理研究》2019年第10期。
[4] Kongsamut P, Rebelo S and Xie D(2001),"Beyond Balanced Growth", *Review of Economic Studies*, Vol.68.
[5] Acemoglu, Daronand Veronica Guerrieri(2008),"Capital Deepening and Non-Balanced Economic Growth", *Journal of Political Economy*, Vol.116.
[6] 陈体标著:《经济结构变化和经济增长》,《经济学季刊》2007年第6期。

创新和发展的源动力,人力资本在城市的积累和集聚是城市经济发展的基础,也是现代经济增长的重要来源;夏怡然等(2019)则通过实证研究表明,行政性力量可以在一定程度上改变人力资本的分布:较好继承了历史人力资本的沿海城市,在区位优势和经济开放等条件的共同作用下,人力资本回报率高于内陆地区,吸引更多高技能人力资本的流入,使得人力资本在人口集聚和城市发展中发挥着重要作用。①

(3)关于宏观治理制度对于城市高质量发展的保障作用分析

随着城市经济的高度发展和城市化的推进,必然带来环境污染、交通堵塞等社会问题,城市治理也就变得愈发重要。城市治理水平作为城市经济发展中的重要环节和关键性因素,也成为理论界研究的焦点之一。袁政(2007)认为,城市治理能够有效缓解经济改革深化引起的社会分化问题,解决城市多样化引致的不同群体对于许多公共性事物的态度和许多公共性需求各不相同的问题。② 孙施文等(2015)指出,城市战略规划作为城市治理的重要内容,可以为城市未来发展和建设行为提供一份共同遵守的"社会契约"。③ 尚孟杰(2013)认为,城市治理不仅能够维护城市安全、促进廉政法治建设,还能够提高公共管理的效率,从而增强社会的公正和责任感。④ 肖周燕(2016)则强调,市场机制与政府调控对城市发展的影响是互补的,尤其是市场机制发展相对成熟后,需要政府政策和治理制度来纠正市场失灵,并指导城市发展方向,为城市发展创造良好的外部环境。⑤

二、研究评析与拓展思路

以上总结和梳理了我国超大城市高质量发展的相关研究,分别是关于超大城市经济发展路径的相关研究以及关于城市经济发展质量的一般性分析。这些研究对于城市经济发展的理论和现实问题作出了极有价值的探索和推进。但不

---

① 夏怡然、陆铭著:《跨越世纪的城市人力资本足迹——历史遗产、政策冲击和劳动力流动》,《经济研究》2019年第1期。
② 袁政著:《城市治理理论及其在中国的实践》,《学术研究》2007年第7期。
③ 孙施文著:《城乡治理与规划改革》,《城市规划》2015年第1期。
④ 尚孟杰著:《治理理论视角下公民参与城市治理问题研究——以焦作市为例》,辽宁大学,2013年。
⑤ 肖周燕著:《政府调控、市场机制与城市发展》,《中国人口·资源与环境》2016年第4期。

难发现：(1)前者主要聚焦超大城市,但对经济发展质量问题关注不够,后者主要聚焦高质量发展,但大多并未聚焦超大城市;(2)前者主要聚焦总体表现特征,但对总体内部的组成部分和内在逻辑分析不够充分,后者主要聚焦单一视角的具体分析,但对超大城市经济发展的总体逻辑缺乏关注。

基于这两类研究以及我国超大城市高质量发展面临的困境及战略要求,可进一步明确关于超大城市高质量发展问题研究的理论诉求和拓展方向：

其一,应加强对超大城市高质量发展的聚焦性研究。与一般城市相比,超大城市具有一定的特殊性,承担着更为重要的国家战略功能,其中包括推进我国转向高质量发展这一重大战略目标。因此,有必要对超大城市及其高质量发展进行深入研究和重点考量。

其二,应着重研究我国超大城市经济运行的内在规律。对于超大城市的研究,不能局限于现象和特征,而须深入本质,研究其运行规律,且这一规律不仅要具有一般性和科学性,还要符合中国特色社会主义的基本国情,彰显中国特色社会主义的制度优势。

其三,应紧扣超大城市的综合治理思路。人口、资源的集聚使得超大城市面临着更大的治理难题,为此对超大城市高质量发展的内涵及路径的研究,须突破单一视角,转向基于综合治理视角的整体性和系统化研究。

在这一理论和现实背景下,本书旨在立足马克思主义政治经济学的基本逻辑,遵循从抽象到具体的叙述方法,沿着"理论界定-内涵解析-实现路径-现实考察-对策建议"的研究思路,对我国超大城市高质量发展的理论基础、基本内涵、实现路径、对策思路等核心问题进行系统性研究,旨在回答"超大城市经济体的理论实质""超大城市要实现什么样的高质量发展""如何实现我国超大城市高质量发展"以及"如何进行超大城市综合治理"等重大理论和实践问题。具体而言,本书将从以下四个部分展开阐述：

(一) 超大城市经济体的理论实质及分析框架探究

超大城市的高质量发展蕴含着相比一般城市而言更丰富的内涵,唯有对我国超大城市高质量发展的本质内涵进行系统的理论界定和逻辑考察,方能为推动我国超大城市高质量发展的改革实践提供理论参照系,继而理清我国超大城市要转向何种高质量发展、如何转向高质量发展等一系列关键问题。鉴于超大城市经济体的特殊性,本书以马克思社会有机体理论为思想基础,在充分解析社会有机体理论与超大城市经济发展问题的内在契合性的基础上,提出超大城市有机体的概念,并构建了解析超大城市有机体运行特征的"三重体系"分析框架,即超大城市的基本经济体系、生态经济体系和开放经济体系。

(二) 我国超大城市高质量发展的理论内涵解析

以超大城市有机体为立足点,以"三重体系"为分析框架,系统阐述超大城市有机体高质量发展的理论内涵:

一是基本内涵,即要构建囊括生产、分配、交换、消费的,畅通有序、运行高效的高质量基本经济体系;

二是生态内涵,即要形成以绿色生产、绿色分配、绿色交换、绿色消费为基本内容的,良性循环、优美宜居的高质量生态经济体系;

三是开放内涵,即要打造以四环节的国内延伸和国际开放为基础的,分层辐射、合作共赢的高质量开放经济体系。

三者从不同维度刻画和回答了何为超大城市有机体的高质量发展,这实际上为我国超大城市转向高质量发展的改革实践提供了一个目标导向和理论参照系。

(三) 我国超大城市高质量发展的实现路径研究

目前,我国超大城市尚未达到高质量发展目标,一个关键问题是如何从当前的数量型超大城市有机体转向质量型超大城市有机体。根据社会有机体理论和马克思主义经济学的基本逻辑,超大城市有机体的动态演变主要受到三个基本层面的作用和影响,即城市物质生产水平和结构的决定性作用、城市经济关系改革的直接推动作用以及城市意识形态层面的重要反作用。为此,本书分别聚焦技术创新力、制度创新力和意识形态引领三个维度,阐明其对于推动超大城市高质量发展的根本动力、直接动力和关键动力作用,并最终提出基于"技术创新-制度创新-意识形态"系统合理的超大城市综合治理思路。

(四) 我国超大城市高质量发展的现实考察与对策思路

理论内涵和实现路径的研究为我国超大城市高质量发展提供了理论上的目标参照系和动态实现路径,这是推进我国超大城市高质量发展的理论模型。在此基础上,本书进一步着眼于现实,首先以上海市为例考察当前我国超大城市高质量发展的程度和状态,以及这一程度和状态背后的技术创新力、制度创新力和意识形态引领作用情况;其次构建衡量超大城市高质量发展程度的指标体系,对我国典型超大城市进行比较分析;最后,从增强技术创新力的根本推动作用、发挥制度创新力的直接推动作用和激活意识形态引领的关键推动作用三个方面提出系统对策建议,并以超大城市的前沿实践举措为例进行具体说明。

第二章　马克思社会有机体理论及超大城市有机体的分析框架

超大城市作为一国经济的核心引领，其高质量发展是推动我国经济整体转向高质量发展的核心动力和关键所在。由于在地理空间、人口资源、经济体量等方面均具有较大的规模，超大城市经济内部呈现更强的结构性和完备性，同时与外部经济存在着更为频繁的经济交互，其经济运行具有一定的独特性。这意味着，唯有对超大城市经济体本身进行充分的理论界定和逻辑考察，方能为解析我国超大城市高质量发展的理论内涵及实现路径提供理论立足点和分析框架。鉴于超大城市经济体的特殊性，本章以马克思社会有机体理论为思想基础，在充分解析社会有机体理论与超大城市经济发展问题的内在契合性的基础上，提出超大城市有机体的概念，并构建解析超大城市有机体运行特征的"三重体系"分析框架。

第一节　马克思社会有机体理论的基本思想

相比目前学术界关于超大城市高质量发展的具体化研究视角，即或者聚焦超大城市经济发展的特征、功能和困境等问题，或者考察影响城市发展质量的因素和路径，政治经济学视角的研究能够为分析超大城市经济发展提供更具立体化、系统性和本质性的思路。虽然马克思并没有完整的城市经济理论，但其关于社会有机体的相关思想和理论阐述，对于分析超大城市经济体的运行规律及其高质量发展具有重要的启示意义。

一、关于社会有机体的理论内涵

马克思在《资本论》第一卷序言中便提出了关于社会有机体的经典表述，即强调"现在的社会不是坚实的结晶体,而是一个能够变化并且经常处于变化过程中的有机体"。① 而且他反对将"经济规律同物理学定律和化学定律相比拟",认为经济规律"和生物学的其他领域的发展史颇相类似",因为"对现象的深入分析表明,各种社会有机体像动植物有机体一样,彼此之间存在着根本性的差异"。② 这一分析表明,马克思认为当代社会的基本属性明确区别于晶体③的机械组合、相对静态、弱外界联系等特征,而是具有"有机结合""动态变化""持续外界交互"等特征的社会有机体。

(一) 社会有机体内部各要素的相互依存与相互作用

人类社会作为有机体,其与结晶体或者与无机体最大的区别便在于,人类社会内部的各要素是相互依赖、相互作用、有机结合的关系。

1. 社会有机体内部各要素的相互依存性

社会有机体内部各要素的功能须依托于有机体,无法脱离于有机体而独立发挥作用。即在社会有机体中,"各种元素作为元素本身的任何痕迹全都消失",不同元素之间的区别"不在于各种元素的单独存在",而是由其在同一有机体中的不同功能所刻画;且各元素的功能也"不是现成地发生在该生命之前",而是"不断地从生命本身发生,同样不断地在生命中消失和失去作用"。④ 这意味着,作为有机体内部的要素,其功能的产生源于有机体的存在,其功能的变化或衰退也随着有机体的变化和衰退而进行,要素之间的差别是"一个统一体内部的差别"⑤,而不再是孤立要素本身的差别。社会有机体亦是如此,"它向总体的发展过程就在于:使社会的一切要素从属于自己,或者把自己还缺乏的器官从社会中创造出来",且"有机体在历史上就是这样生成为总体的"⑥,社会有机体的总体与其内部要素之间相互依存、相互依托、不可分割。

2. 社会有机体内部各要素的相互作用性

有机体内部各要素之间不是机械的组合,而是相互影响、相互作用的整体。

---

① 马克思、恩格斯著:《马克思恩格斯文集》(第5卷),人民出版社2009年版,第10页。
② 马克思、恩格斯著:《马克思恩格斯文集》(第5卷),人民出版社2009年版,第21页。此内容是俄国资产阶级经济学家考夫曼对马克思方法论的评价,马克思认为,他作出了正确描述。
③ 晶体是物理学或化学中的专业用语,意指大量微观物质单位按一定规则有序排列所形成的具有均一性的固体结构。根据其基本特性,可得出其具有机械组合、相对静态、弱外界联系等特征。
④ 马克思、恩格斯著:《马克思恩格斯全集》(第40卷),人民出版社1982年版,第332页。
⑤ 马克思、恩格斯著:《马克思恩格斯文集》(第8卷),人民出版社2009年版,第23页。
⑥ 马克思、恩格斯著:《马克思恩格斯全集》(第30卷),人民出版社1995年版,第237页。

马克思曾明确批判部分学者"全然看不到国家生活的机体本身,而只看见国家表面地、机械地包括的那些不同部分的共存",因此他们"把人民机械地划分成几个固定的、抽象的组成部分并要求这些无机的、强制固定的部分独立运动",马克思认为这样的运动"只能是抽搐运动"。① 马克思曾质问蒲鲁东:"单凭运动、顺序和时间的唯一逻辑公式怎能向我们说明一切关系在其中同时存在而又互相依存的社会机体呢?"② 这些批判性思想均体现出马克思对社会有机体各要素之间相互依赖、相互作用的认识。此外,马克思还曾聚焦生产过程,将工场手工业区分为混合的工场手工业和有机的工场手工业两类,并指出混合的工场手工业是"制品或者是由各个独立的局部产品纯粹机械地装配而成,或者是依次经过一系列互相关联的过程和操作而取得完成的形态……所有这些分散的肢体只有在最终把它们结合成一个机械整体的人的手中才集合在一起"③;相比而言,有机的工场手工业则是"工场手工业的完成形式,它生产的制品要经过相互联系的发展阶段,要顺序地经过一系列的阶段过程"④。这揭示了有机体与无机体之间的根本性差异,即内部要素之间的有机统一性。

(二)社会有机体与外界环境的持续交互性

社会有机体之所以"有机",一方面是由于有机体内部要素的相互作用;另一方面则是因为社会有机体并非孤立存在,而是总会与其所处的外部环境发生着持续的交互作用。

1. 社会有机体与外部环境的交互性

与动植物等生命有机体类似,社会有机体必然存在于一定外部环境之中,且与外部环境之间存在着持续的交互作用。马克思和恩格斯认为,对于动物和植物等单纯的生命有机体而言,有一个重要的前提就是"它们外部的自然界,……因而既包括无机的自然界,也包括它们同其他动植物的关系",类似的,"在社会上从事生产的人,也同样遇到一个已经发生变化的自然界(特别是已经转化为他自己活动的手段的自然要素)以及生产者彼此间的一定关系"⑤。而且,"人和动物相比越有普遍性,人赖以生活的无机界的范围就越广阔""自然界,就它自身不

---

① 马克思、恩格斯著:《马克思恩格斯全集》(第40卷),人民出版社1982年版,第333页。
② 马克思、恩格斯著:《马克思恩格斯文集》(第1卷),人民出版社2009年版,第604页。
③ 马克思、恩格斯著:《马克思恩格斯文集》(第5卷),人民出版社2009年版,第397页。
④ 马克思、恩格斯著:《马克思恩格斯文集》(第5卷),人民出版社2009年版,第398页。
⑤ 马克思、恩格斯著:《马克思恩格斯全集》(第35卷),人民出版社2013年版,第275页。

是人的身体而言,是人的无机的身体。人靠自然界生活"。① 马克思和恩格斯认为,与自然界之中的其他生命体一样,人也是自然界发展到一定阶段的产物,自然界是先于人存在的,为此人是自然界的一部分,人的生存和发展不能离开自然界,必须依赖于自然界所提供的物质生活资料。在此基础上,马克思和恩格斯进一步强调了社会有机体与外界环境之间的交互作用,提出人与自然之间存在着一种物质变换关系,"自然界是人为了不致死亡而必须与之处于持续不断的交互作用过程的、人的身体"②;而且自然界还是社会有机体的"精神的无机界",是"精神食粮"的重要来源,"植物、动物、石头、空气、光等等,一方面作为自然科学的对象,一方面作为艺术的对象,都是人的意识的一部分"。③

2. 社会有机体与外部环境交互的层次和范围

社会有机体与外部环境的交互作用,远远超越了动植物等单纯生命有机体与外界交互作用的层次和范围。马克思曾分析了动物营造巢穴或住所的生产行为,并将之与人类社会的生产行为进行对比,得出"动物的生产是片面的,而人的生产是全面的"的结论。这是因为,动物"只是在直接的肉体需要的支配下生产""只生产自身""产品直接属于它的肉体"且"只是按照它所属的那个尺度和需要来构造"④;而人类社会则可以"不受肉体需要的影响也进行生产,并且只有不受这种需要的影响才进行真正的生产",人类社会不仅生产了其自身,而且"再生产整个自然界",人可以自由地面对自己的产品,且人的生产不仅能按照其自身需要的尺度来构造,而且"懂得按照任何一个尺度来进行生产,并且懂得处处都把固有的尺度运用于对象"。⑤ 这便凸显了社会有机体相比单纯的生命有机体的高级之处,即社会有机体在与外界环境进行交互作用时,始终是"具有意识的、经过思虑或凭激情行动的、追求某种目的的"⑥,尽管这种目的性行动的结果并不一定与预期一致。

3. 资本主义社会破坏生态环境的必然性

社会有机体应与外部环境和谐共生,但在以资本为核心的社会形态下,人类社会对生态环境的破坏不可避免。马克思和恩格斯所处时代正好是资本主义第

---

① 马克思、恩格斯著:《马克思恩格斯文集》(第1卷),人民出版社2009年版,第161页。
② 马克思、恩格斯著:《马克思恩格斯文集》(第1卷),人民出版社2009年版,第161页。
③ 马克思、恩格斯著:《马克思恩格斯文集》(第1卷),人民出版社2009年版,第161页。
④ 马克思、恩格斯著:《马克思恩格斯文集》(第1卷),人民出版社2009年版,第162—163页。
⑤ 马克思、恩格斯著:《马克思恩格斯文集》(第1卷),人民出版社2009年版,第162—163页。
⑥ 马克思、恩格斯著:《马克思恩格斯文集》(第4卷),人民出版社2009年版,第302页。

一次工业革命的上升阶段,工业文明对生态环境和自然资源的破坏愈发明显,从而使马克思和恩格斯从一开始就关注到人类社会对生态环境的破坏问题。马克思和恩格斯强调,正常的物质交换过程必须限制在自然界的自我修复和自我消解能力范围内,如果超出这一界限则会出现"代谢断层"。人类必须尊重自然、保护自然、顺应自然,"不要过分陶醉于我们人类对自然界的胜利。对于每一次这样的胜利,自然界都对我们进行报复"[1]。在此基础上,马克思和恩格斯深入论证了资本主义生产方式下生态环境破坏的必然逻辑:

(1) 在资本主义生产方式下,"在私有财产和钱的统治下形成的自然观,是对自然界的真正的蔑视和实际的贬低"[2],是一种扭曲的自然观;

(2) 在扭曲的自然观下,"生产力已经不是生产的力量,而是破坏的力量"[3],而这终将会"在社会的以及由生活的自然规律所决定的物质变换的联系中造成一个无法弥补的裂缝"[4];

(3) 人与自然物质交换的断裂,必然导致生态的严重破坏,包括空气污染、城市空间拥挤、资源枯竭、土壤肥力下降等,这些生态问题实际上是资本主义生产方式"对自然界习常过程的干预所造成的较近或较远的后果"[5]。

(三) 社会有机体的动态演变性

与结晶体的相对静止不同,马克思强调了社会有机体的动态变化性,且这一变化既有着一般性规律,又显示出多样化个性。

1. 社会有机体演变的一般规律

社会有机体的演变有其一般规律,且这一规律正是马克思主义经济学所要揭示和研究的对象。正如考夫曼对马克思的评价所说:"在马克思看来,只有一件事情是重要的,那就是发现他所研究的那些现象的规律""这种研究的科学价值在于阐明支配着一定社会有机体的产生、生存、发展和死亡以及为另一更高的有机体所代替的特殊规律"[6]。马克思不仅聚焦于资本主义社会有机体,沿着剩余价值-资本积累-资本循环-社会再生产-各类资本分割剩余价值等一系列逻辑

---

[1] 马克思、恩格斯著:《马克思恩格斯文集》(第9卷),人民出版社2009年版,第559—560页。
[2] 马克思、恩格斯著:《马克思恩格斯全集》(第1卷),人民出版社1956年版,第448—449页。
[3] 马克思、恩格斯著:《马克思恩格斯文集》(第1卷),人民出版社2009年版,第542页。
[4] 马克思、恩格斯著:《马克思恩格斯文集》(第7卷),人民出版社2009年版,第919页。
[5] 马克思、恩格斯著:《马克思恩格斯文集》(第9卷),人民出版社2009年版,第560页。
[6] 马克思、恩格斯著:《马克思恩格斯文集》(第5卷),人民出版社2009年版,第20—21页。

严密的理论线索,揭示了资本主义产生、发展、必然灭亡并被共产主义所取代的内在逻辑;也对人类社会形态的一般性演变规律进行了揭示,即每当"社会的物质生产力发展到一定阶段,便同它们一直在其中运动的现存生产关系或财产关系(这只是生产关系的法律用语)发生矛盾。于是这些关系便由生产力的发展形式变成生产力的桎梏",当这种桎梏所引发的矛盾累积到一定程度时,则"社会革命的时代就到来了"。[①] 可见,社会有机体的一般性演变规律,以及资本主义社会有机体的特殊演变规律,正是马克思主义政治经济学的核心研究对象和根本任务。

2. 社会有机体演变的多样化可能

不同社会有机体的动态变化又有其独特性。马克思强调,"无数不同的经验的情况,自然条件,种族关系,各种从外部发生作用的历史影响等等",会使得社会有机体"在现象上显示出无穷无尽的变异和色彩差异"。[②] 即社会有机体的动态变化不同于机械运动,机械运动具有特定的运动轨迹和运动模式,在没有程序设定调整和改变的条件下,具有高度的同一性和标准性,这也是机械化生产的核心优势所在;但社会有机体的动态变化并不是同一的,而是具有极强的多样性和一定的随机性。正如恩格斯所强调的:"有机体一旦死亡便成为无机体",即使"用电流使以往的这具尸体活动起来",也无法"使我们相信,这不是机械而是生命"。[③] 为此,马克思在《资本论》第一卷序言中便明确指出,"本书研究的,是资本主义生产方式以及和它相适应的生产关系和交换关系。到现在为止,这种生产方式的典型地点是英国。因此,我在理论阐述上主要用英国作为例证"。[④] 这便表明了,《资本论》所聚焦的是具有其特殊性的西方资本主义社会有机体,而其他社会有机体形态,如东方社会有机体、共产主义社会有机体等,则会呈现出与之不同的内部规律。

3. 社会有机体演变的内部逻辑

社会有机体的动态变化并不是有机体内部的所有部分同时变化,而是遵循着一种有机的联系和结构。对此,马克思以生命有机体来做类比,他认为社会有机体中的"这种形式变换和物质变换,与有机体中发生的这种变换相同",

---

[①] 马克思、恩格斯著:《马克思恩格斯文集》(第2卷),人民出版社2009年版,第591—592页。
[②] 马克思、恩格斯著:《马克思恩格斯文集》(第7卷),人民出版社2009年版,第894页。
[③] 马克思、恩格斯著:《马克思恩格斯全集》(第2卷),人民出版社2005年版,第276页。
[④] 马克思、恩格斯著:《马克思恩格斯文集》(第5卷),人民出版社2009年版,第8页。

即"假定身体在24小时内再生产自身,那么这并不是一下子完成的,而是分为一种形式下的排泄和另一种形式下的更新,并且是同时进行的。此外,在身体中,骨骼是固定资本;它不是和肉、血在同一时期内更新的。在消费(自我消费)的速度上,从而在再生产的速度上,存在着不同的程度"。[1] 社会有机体也有着生产和再生产过程,并且这一过程的发生也绝非并列、同时、同步完成的,而是有着一定的有机逻辑,这也成为马克思资本循环、资本周转等理论创新的思想基础。

二、关于社会有机体的演变逻辑

(一)社会有机体演变的客观物质决定性

马克思在对黑格尔的辩证法和费尔巴哈的唯物论进行积极"扬弃"的基础上,创造性提出了辩证唯物主义,并将其运用于人类社会历史演进的分析,提出了"唯物史观",这也是马克思主义经济学的精髓所在。正如林岗(2012)所强调的,"将历史唯物主义这个总的原则运用于经济研究""是马克思留给我们的最重要的理论遗产。我们在经济研究中坚持马克思主义,从根本上说,就是要坚持马克思的研究方法和分析规范"。[2] 唯物史观认为,人类社会不断发展变化的历史过程并不是观念的、精神的历史,而是建立在物质实践基础上的客观历史。为此,马克思在分析社会有机体演变逻辑时,也始终将物质生产作为最具基础性和决定性的维度。

1. 社会有机体的形成和存在以物质生产为前提

马克思和恩格斯对此进行了明确阐述:"生产以及随生产而来的产品交换是一切社会制度的基础;在每个历史地出现的社会中,产品分配以及和它相伴随的社会的阶级或等级划分,是由生产什么、怎样生产以及怎样交换产品来决定的。"[3] 这是因为,"人们首先必须吃、喝、住、穿,然后才能从事政治、科学、艺术、宗教等等",因此"直接的物质的生活资料的生产,从而一个民族或一个时代的一定的经济发展阶段,便构成基础"。[4] 恩格斯评价马克思的这一认识是发现了"历来

---

[1] 马克思、恩格斯著:《马克思恩格斯全集》(第31卷),人民出版社1998年版,第54页。
[2] 林岗著:《论〈资本论〉的研究对象、方法和分析范式》,《当代经济研究》2012年第6期。
[3] 马克思、恩格斯著:《马克思恩格斯文集》(第9卷),人民出版社2009年版,第283—284页。
[4] 马克思、恩格斯著:《马克思恩格斯文集》(第3卷),人民出版社2009年版,第601页。

为繁芜丛杂的意识形态所掩盖着的一个简单事实",就像"达尔文发现有机界的发展规律一样"。①

2. 物质生产决定着社会有机体的政治、文化等其他方面的发展

马克思强调,"物质生活的生产方式制约着整个社会生活、政治生活和精神生活的过程",因为人们在社会生产中形成的经济关系,是"一定的、必然的、不以他们的意志为转移"且必须"同他们的物质生产力的一定发展阶段相适合的"。②即物质生产的水平和方式决定了社会有机体其他方面的发展特征。而且,在不同的社会有机体中,占据主导地位的物质生产方式也有所不同,每一个社会有机体中"都有一种一定的生产决定其他一切生产的地位和影响",它如同"一种普照的光,它掩盖了一切其他色彩,改变着它们的特点。这是一种特殊的以太,它决定着它里面显露出来的一切存在的比重"。③

3. 物质生产力的发展也是社会有机体衰落并被另一种社会有机体替代的根本原因

马克思强调,当某种社会有机体符合物质生产力发展的要求和条件时,它便"有它存在的理由",但伴随物质生产力的不断发展以及随之出现的"新的、更高的条件",旧的社会有机体便逐渐"变成过时的和没有存在的理由了""它不得不让位于更高的阶段,而这个更高的阶段也要走向衰落和灭亡"。④

可见,在马克思的基本方法论和分析框架下,客观物质生产是社会有机体演变的决定性逻辑,也是考虑社会有机关系的现实基础。正因如此,马克思批判了黑格尔在论及权力时的脱离现实的有机思想。马克思强调,"不同的权力有不同的原则。此外,这些权力还是稳固的现实性",但"黑格尔不去阐明这些权力是有机的统一的各个环节,反而避开这些权力之间的现实冲突,遁入想象的'有机的统一',这不过是一套空洞神秘的遁术"。⑤ 类似的,如果在考察社会有机体演变时避开了客观物质生产情况,也将成为一种想象的、空洞的"遁术"。

(二) 社会有机体演变的主观选择能动性

物质生产的决定性作用,是唯物史观的一个侧面,其辩证的另一侧面则是,

---

① 马克思、恩格斯著:《马克思恩格斯文集》(第3卷),人民出版社2009年版,第601页。
② 马克思、恩格斯著:《马克思恩格斯文集》(第2卷),人民出版社2009年版,第591页。
③ 马克思、恩格斯著:《马克思恩格斯文集》(第8卷),人民出版社2009年版,第31页。
④ 马克思、恩格斯著:《马克思恩格斯文集》(第4卷),人民出版社2009年版,第270页。
⑤ 马克思、恩格斯著:《马克思恩格斯全集》(第3卷),人民出版社2002年版,第74—75页。

人类的主观实践具有能动性和选择性。因为"全部社会生活在本质上是实践的"①,而"历史不过是追求着自己目的的人的活动而已"②。人类的主观"目的"和选择的"活动",会对历史的发展进程产生影响。当然,与黑格尔不同,马克思强调这里的"人"不是纯粹主观的人,而是"从事活动的,进行物质生产的,因而是在一定的物质的、不受他们任意支配的界限、前提和条件下活着的"③个人。具体而言,马克思从以下三个方面阐述了社会有机体演变的这种主观选择能动性:

1. 政治、法律、文化等意识形态对于推动社会有机体演变的关键性作用

当一个阶级想要代替旧的阶级继而推动社会有机体演变时,一个必不可少的环节,便是实现意识形态的变革。马克思指出:"每一个企图取代旧统治阶级的新阶级,为了达到自己的目的不得不把自己的利益说成是社会全体成员的共同利益,就是说,这在观念上的表达就是:赋予自己的思想以普遍性的形式,把它们描绘成唯一合乎理性的、具有普遍意义的思想。"④在不同阶级相互竞争和相互博弈的过程中,在统治阶级不断更换的变化中,意识形态作为左右全体社会成员的利器,也会呈现出动态演变。当然,这一动态演变并不是分散的、多个支线的,而是有其路径和主线,因为"各个世纪的社会意识,尽管形形色色、千差万别,总是在某些共同的形式中运动的,这些形式,这些意识形态,只有当阶级对立完全消失的时候才会完全消失"⑤。也即,每一时期尽管存在不同阶级意识形态的博弈,但最终能确定为主流意识形态的,一定是与这一时期获得统治地位的阶级利益诉求相一致的,因此,不同历史时期、不同社会背景的意识形态均有其特殊性,但均是推动社会有机体演变的重要方面。

2. 主观选择的累积性加强了其对社会有机体演变的能动作用

有机体的主观选择具有一定的累积性,这加强了主观选择对社会有机体演变的能动作用。马克思认为,所谓积累,是指"把已传授下来的、被实现了的东西加以同化、继续保存并同时加以改造",因此动植物等单纯生命有机体是具有累积性的,主要表现为"一切有机体即植物和动物的遗传",正是这种"遗传"的积

---

① 马克思、恩格斯著:《马克思恩格斯文集》(第1卷),人民出版社2009年版,第501页。
② 马克思、恩格斯著:《马克思恩格斯文集》(第1卷),人民出版社2009年版,第295页。
③ 马克思、恩格斯著:《马克思恩格斯文集》(第1卷),人民出版社2009年版,第524页。
④ 马克思、恩格斯著:《马克思恩格斯文集》(第1卷),人民出版社2009年版,第552页。
⑤ 马克思、恩格斯著:《马克思恩格斯文集》(第2卷),人民出版社2009年版,第51—52页。

累,被达尔文视为"推动有机体形成的原理",并且他进一步强调这"只是活的主体的'发明',是活的主体的逐步累积起来的发明",而"活的主体"之所以"活",其关键体现便在于可以根据现实情况进行主观选择。① 可见,马克思在这里实际上强调了有机体尤其是社会有机体的形成和发展的传承性,即"活的主体"已经完成的主观选择,会体现在有机体的后续发展过程中,并不断与新的"活的主体"的主观选择叠加积累,这种"逐步累积起来的发明"影响着社会有机体的具体发展路径和发展方向,使得主观选择对社会有机体演变的能动作用进一步加强。

3. 主观能动选择仍需要遵循客观规律

尽管意识形态对社会有机体的演变起关键作用,尽管"活的主体"的主观选择具有积累效应,但两者均须以符合物质生产客观规律为前提。否则,过于超前或过于落后的意识形态将成为经济基础的桎梏,继而最终发生意识形态革命;脱离实际的主观选择相互叠加,也会加剧这一选择与现实之间矛盾和冲突的积累,继而推动形成新的颠覆性选择。在《德意志意识形态》中,马克思指出,"德意志意识形态家们"满口都是"震撼世界"的语言,但"他们只是用词句来反对这些词句"②,不能理解人的经济生活从本质而言是实践的,更不理解"不是意识决定生活,而是生活决定意识"③。马克思认为,所谓经济生活,是人们在现实经济实践中生产满足吃穿住行等需要的生产行为,即"生产物质生活本身",而作为观念形态的"想象、思维、精神交往在这里还是人们物质行动的直接产物"。④ 也就是说,人的主观选择一方面是在人们生活中生产出来的,是对人们物质生产关系的反映,另一方面也必须符合物质生产的客观要求,遵循客观规律。

(三) 社会有机体演变的最终发展趋势

从原始社会、奴隶社会、封建社会再到资本主义社会,社会有机体始终在不断发生着形成、巩固、衰退、更新的过程,且这种有机体的演变规律正是马克思所要研究和揭示的。马克思虽身处资本主义快速发展的时期,但他仍然看到了资本主义社会有机体必然衰退并被另一种更加高级的共产主义社会有机

---

① 马克思、恩格斯著:《马克思恩格斯全集》(第35卷),人民出版社2013年版,第275页。
② 马克思、恩格斯著:《马克思恩格斯文集》(第1卷),人民出版社2009年版,第516页。
③ 马克思、恩格斯著:《马克思恩格斯文集》(第1卷),人民出版社2009年版,第525页。
④ 马克思、恩格斯著:《马克思恩格斯文集》(第1卷),人民出版社2009年版,第524、531页。

体所替代的未来性,并将其所设想的共产主义社会视为社会有机体的必然发展趋势。

1. 资本主义社会有机体的内在矛盾趋势

马克思用层层递进的逻辑链条,阐明了资本主义社会有机体必然灭亡。马克思从分析商品开始,认为商品是伴随生产力发展、自然经济解体逐渐出现的。伴随商品经济的出现,原有的生产关系发生革命性的变化,特别是随着资本主义的产生,以私有制和雇佣劳动为基础的生产关系在社会中占据统治地位。马克思从历史的维度考察了商品经济的产生,确立了价值这一概念,并对价值进行了革命性意义的研究。通过对商品价值的考察,马克思揭示了货币的本质及其起源,货币作为固定充当一般等价物的商品,从商品中来,又独立于商品。货币一旦产生,商品价值和使用价值的矛盾就外化为商品和货币之间的矛盾。随着劳动者与生产资料的逐渐分离,劳动力成为商品,货币所有者转化为资本家,雇佣劳动关系确立了自身在劳动关系中的主体地位。资本主义生产关系一旦确立,资本家通过占有劳动者在剩余劳动时间内创造的价值而获得增值。但资本主义存在内在矛盾,一方面,资本通过不断提高并占有剩余价值扩大资本规模、集聚社会财富;另一方面,劳动者在创造资本雇佣关系的同时,在资本积累规律下不断面临失业和贫困的境遇,无产阶级和资产阶级的矛盾逐渐显现。马克思认为,资本主义的基本矛盾源于社会化大生产与生产资料私人占有之间的矛盾,这一矛盾的彻底解决将会通过无产阶级的社会主义革命的方式进行。最终资本主义生产关系将会被全新的社会生产关系所替代,这是马克思主义政治经济学揭示的人类社会演变的基本规律。

2. 社会有机体的最终方向是自由人联合体

马克思从资本主义社会有机体的内在矛盾出发,推演出了社会有机体的最终方向是自由人联合体。马克思认为,资本主义社会有机体的内部矛盾无法在资本主义生产方式内部被解决,唯有当"交换价值不再成为物质生产的限制",且"物质生产的限制取决于物质生产对于个人的完整发展的关系"时,"这全部历史及其痉挛和痛苦"才能终止。[1] 而这便要求"私有制的消灭"以及"人们对于自己产品的异己关系的消灭"[2],继而使得"社会生活过程即物质生产过程的形态,作为自由联合的人的产物,处于人的有意识有计划的控制之下"[3],这时"人们将使

---

[1] 马克思、恩格斯著:《马克思恩格斯全集》(第31卷),人民出版社1998年版,第11页。
[2] 马克思、恩格斯著:《马克思恩格斯文集》(第1卷),人民出版社2009年版,第539页。
[3] 马克思、恩格斯著:《马克思恩格斯文集》(第5卷),人民出版社2009年版,第97页。

交换、生产及他们发生相互关系的方式重新受自己的支配"①,每个人将"获得全面发展其才能的手段"②。当然,马克思也强调了这一最终社会有机体形态并非轻易可以实现,而是"需要有一定的社会物质基础或一系列物质生存条件",而且"这些条件本身又是长期的、痛苦的发展史的自然产物"。③

总的来说,马克思关于社会有机体的思想,阐明了人类经济社会内部各要素之间的有机统一性、与外界环境的持续交互性以及动态演变性等基本特征,并揭示了社会有机体的一般演变规律,即受到客观物质生产力的决定性作用,主观选择能动性的重要反作用,并存在向自由人联合体不断演变的总体发展趋势。

第二节 社会有机体理论对超大城市的适用性分析

相比马克思经典逻辑所分析的社会有机体,城市或超大城市这类经济社会空间有着明确的地理、行政和经济的界限,具有一定的局部性。但马克思关于社会有机体的理论分析仍对超大城市经济发展问题有极强的启示意义,继而也成为分析超大城市高质量发展的有效视角和理论基础。

一、社会有机体理论的科学性及适用范围

恩格斯在马克思墓前的讲话中总结了马克思一生的两大发现,其中第一点就是"他在整个世界史上实现了变革",即"正像达尔文发现有机界的发展规律一样,马克思发现了人类历史的发展规律"④。而这一发展规律的集中体现便在于马克思对社会有机体尤其是资本主义社会有机体发展演变的科学分析。

(一) 社会有机体理论对人类社会发展变化的系统性揭示

马克思社会有机体理论的科学性首先体现在其对人类社会发展变化的系统

---

① 马克思、恩格斯著:《马克思恩格斯文集》(第1卷),人民出版社2009年版,第539页。
② 马克思、恩格斯著:《马克思恩格斯文集》(第1卷),人民出版社2009年版,第571页。
③ 马克思、恩格斯著:《马克思恩格斯文集》(第5卷),人民出版社2009年版,第97页。
④ 马克思、恩格斯著:《马克思恩格斯文集》(第3卷),人民出版社2009年版,第457、601页。

性揭示。马克思对社会有机体的分析依托唯物辩证法,其不仅将黑格尔倒立着的辩证法整理过来,从而阐明了"历来为繁芜丛杂的意识形态所掩盖着的一个简单事实",即"直接的物质的生活资料的生产,从而一个民族或一个时代的一定的经济发展阶段,便构成基础,人们的国家设施、法的观点、艺术以至宗教观念,就是从这个基础上发展起来的,因而,也必须由这个基础来理解,而不是像过去那样做得相反"①;而且突破了以费尔巴哈等为代表的用物理的、机械的眼光看待人类社会发展变化的思想局限,将"人"明确为社会经济发展的主体,并强调人的主观能动性和主观选择对人类社会发展的关键性作用,从而实现了真正的方法论上的"扬弃"。在此基础上,该理论既关注到社会有机体内部要素的相互作用,又考察了有机体与外部环境之间的交互作用;既强调物质生产层面对社会有机体的决定性作用,又探讨了人的主观能动性对其的重要反作用以及由此带来的独特性;既注重对社会有机体内部规律的静态分析,又强调社会有机体的动态演变及发展趋势,为此构建了分析人类经济社会运动的系统性分析框架。

(二) 社会有机体理论的中介性和可迁移性

马克思社会有机体理论的科学性还体现在其所具有的较强的中介性和可迁移性上,且这一点决定了该理论具有极强的适用范围。

所谓中介性,是指社会有机体具有连接抽象方法论与具体现实分析的中间层次意义,即社会有机体可以理解为将唯物史观基本方法论应用于某个经济社会发展问题的理论通道。实际上,国内外有不少学者都持有这一观点,如陈志良和杨耕(1990)认为,"马克思的'社会有机体'理论是历史唯物主义渗透到人的发展、社会活动等领域中去的中介理论",同时也是"历史唯物主义渗透到经济学、社会学、历史学、人类学、文化学等具体社会科学中去的中介理论"②;王立胜和刘刚(2021)系统阐述了社会有机体原理的中介范畴,强调它"是一定时间和空间范围内相对稳定的阶段性范畴,可作出时间上的阶段性和空间上的多样性划分"③,并对分析中国经济发展特性以及理解习近平总书记提出的系统观念均有重要启示意义;美国的资本积累社会结构理论和法国调节学派正是基于这种中介性构

---

① 马克思、恩格斯著:《马克思恩格斯文集》(第3卷),人民出版社2009年版,第601页。
② 陈志良、杨耕著:《论马克思的社会有机体理论》,《哲学研究》1990年第1期。
③ 王立胜、刘刚著:《论坚持系统观念的科学性——基于马克思社会有机体原理的思考》,《马克思主义与现实》2021年第1期。

建了分析资本主义社会形态内阶段性演变的中间层次分析框架,并试图进一步将这一分析框架延伸至社会主义国家的分析。可见,借助社会有机体理论,不仅能够阐释不同经济体运行之间的一般性规律,同时能依据社会有机体所具有的继承性、多样性等特征,从而将不同经济体的历史、文化、经济等特殊因素纳入分析框架,实现本质层面分析与现实层面分析的统一与结合。

正因如此,不同于"社会形态"范畴更多适用于原始社会、奴隶社会、封建社会、资本主义社会、社会主义社会等更为宏观和长时期的考察对象,"社会有机体"既可以分析一国的宏观经济运行规律,也可以扩大到全球有机体层面,考察全球经济交往的相互联系,更可以聚焦到区域经济、城市经济等层面,探讨其发展演变的一般性和特殊性规律。且借助社会有机体理论的分析,既可以探讨较为长期的有机体形成、发展、衰退的过程,也可以分析相对较短时期的有机体阶段性变化特征。这一点在马克思和恩格斯的诸多阐述中均有所体现,如恩格斯曾将家庭理解为"罗马人所发明,用以表示一种新的社会机体"[1];马克思不仅用社会有机体来描述国家生活,认为不能"只看见国家表面地、机械地包括的那些不同的部分共存"[2],而且也将其用于对工场手工业的分析,指出有机的工场手工业与混合的工场手工业的区别;并且马克思尤其强调社会有机体的多样性,认为"无数不同的经验情况、自然条件、种族关系、各种从外部发生作用的历史影响等",会使得社会有机体"在现象上显示出无穷无尽的变异和色彩差异"。[3] 此外,不少学界研究者也已尝试将社会有机体理论用于分析不同的经济对象,如孙迪亮和杨烁(2020)运用社会有机体理论探讨乡村社会治理问题;胡华和史志钦(2022)基于社会有机体理论考察构建人类命运共同体的思想溯源、时代价值及实践遵循;朱颖(2022)从社会有机体理论出发分析新时代政府生态治理问题等。但目前来看,尚未有研究将社会有机体理论聚焦于超大城市经济发展这一特定对象,这是一个亟待拓展的研究方向。

由上可见,社会有机体理论能够适用于分析超大城市经济发展问题,且运用这一理论来分析超大城市的优势在于,既能够阐述超大城市经济运行和高质量发展的一般性逻辑和规律,又可以遵循有机体所具有的继承性、多样性等特征,将不同的超大城市的历史、文化因素进行融入分析。

---

[1] 马克思、恩格斯著:《马克思恩格斯文集》(第4卷),人民出版社2009年版,第69页。
[2] 马克思、恩格斯著:《马克思恩格斯全集》(第40卷),人民出版社1982年版,第333页。
[3] 马克思、恩格斯著:《马克思恩格斯文集》(第7卷),人民出版社2009年版,第894页。

二、超大城市经济体的有机属性分析

从超大城市这一主体来看,由于其在地理空间、人口资源、经济体量等方面均具有较大的规模,经济内部呈现出更强的结构性和完备性,且具有更强的独立运行能力,为此相比中小城市而言更具有社会有机体的属性,从而也更适合运用社会有机体理论加以分析。

(一)超大城市是人的聚集地

根据马克思的逻辑,社会有机体之所以"有机",关键在于人,因为"全部社会生活在本质上是实践的",而"历史不过是追求着自己目的的人的活动而已"。[①] 如若没有人的主观能动性,以及其与生产力发展之间的相互作用,便失去了社会经济发展演变的根本动力。与此同时,马克思也曾明确指出,城市的出现,本身就是"人口、生产工具、资本、享受和需求的集中"[②]的产物。

而超大城市则是相比一般城市而言更大规模的人的聚集,从而也是更大规模的人的生产、生活和商业活动的聚集,为此必然具有更加突出的内部要素相互作用、与外部环境相互交互、动态演变性等社会有机体的属性。正如习近平总书记在湖北省考察新冠肺炎疫情防控工作时强调,"城市是生命体、有机体,要敬畏城市、善待城市,树立'全周期管理'意识,努力探索超大城市现代化治理新路子"[③]。这一阐述将超大城市的社会有机体属性进行了破题。正是基于这一逻辑,习近平总书记明确提出了"人民城市"的发展理念,并着重强调了超大城市的人民城市建设问题。他曾明确指出:"城市是人民集中生活的地方,城市建设必须把让人民宜居安居放在首位,把最好的资源留给人民。要坚持广大人民群众在城市建设和发展中的主体地位,探索具有中国特色、体现时代特征、彰显我国社会主义制度优势的超大城市发展之路。"[④]

(二)超大城市具有更强的复杂巨系统特征

与中小城市较为简单的经济结构相比,超大城市聚集了超大规模人口、资源

[①] 马克思、恩格斯著:《马克思恩格斯文集》(第1卷),人民出版社2009年版,第295页。
[②] 马克思、恩格斯著:《马克思恩格斯文集》(第1卷),人民出版社2009年版,第556页。
[③] 习近平著:《在湖北省考察新冠肺炎疫情防控工作时的讲话》,《求是》2020年第7期。
[④] 习近平著:《在浦东开发开放30周年庆祝大会上的讲话》,《人民日报》2020年11月13日。

和要素,为此具有更强的复杂巨系统特征,而且还是一个开放的复杂巨系统。

超大城市作为一个总系统,其内部包含了诸多子系统,如生产系统、分配系统、交换系统、消费系统、行政系统、生态系统等,且这些子系统之间存在着密切的相互关系,任何一个系统的失衡或紊乱,均会显著影响其他系统的正常运行。超大城市的总系统和子系统相比中小城市而言规模大得多,涉及的元素也更多,因此元素与元素之间的相互作用关系将呈现几何级数的增加。这一方面会增加超大城市总系统的韧性,即可以通过关系传导来分散和消化部分冲击;另一方面也会增加超大城市总系统的惰性,即很难推动这一巨系统进行显著性的改革和转变。

此外,超大城市承担着城市群建设、区域经济发展、国际交往中心等战略使命,为此其与外部环境之间的交互也是极为频繁和多元的,这进一步增加了超大城市巨系统的复杂性。这意味着,超大城市的改革发展更需要依赖于总体性设计,要统筹考虑各个层面的现实特征和相互作用,而不能仅考虑局部变革。有学者曾基于马克思社会有机体理论提出,"社会越是发展,有层次、纵横交错的诸系统之间的联系就越是复杂和紧密,社会的有机性特征就越是明显和突出"[1],这一分析对于超大城市而言十分贴合。即超大城市作为一个复杂巨系统,其社会有机体的属性和特征远超过其他中小城市。

(三) 超大城市具有更长的发展历程

我国超大城市的形成是城镇化不断推进的产物,相比中小城市的"幼年形态",超大城市已成长为城市的"中年形态",为此其所具有的独特的历史、文化也更加根深蒂固。这使得我国超大城市具有不同于西方国家大城市的鲜明中国特色,同时我国不同超大城市之间也具有显著不同的城市基因。正是由于对超大城市的有机体属性认识的不足,我国超大城市在很长一段时间内存在同质化建设、忽视其独特性甚至一味模仿国外现代城市发展模式的误区。新时代以来,习近平总书记十分重视城市文化的继承和发展,他不仅将文化比喻为"城市的灵魂",而且强调,"城市历史文化遗存是前人智慧的积淀,是城市内涵、品质、特色的重要标志",要"像对待'老人'一样尊重和善待城市中的老建筑,保留城市历史文化记忆"[2]。

---

[1] 马俊峰、陈海欧著:《马克思社会有机体理论及其当代启示》,《湖北大学学报(哲学社会科学版)》2023年第2期。

[2] 习近平著:《深入学习贯彻党的十九届四中全会精神 提高社会主义现代化国际大都市治理能力和水平》,《人民日报》2019年11月4日。

总之，马克思的社会有机体理论可以适用于超大城市经济体的分析，且超大城市经济体也更适合用社会有机体理论进行解析。超大城市是有机体而非结晶体，在我国从高速增长转向高质量发展、迈向全面建设社会主义现代化国家新征程的时代背景下，超大城市作为一国宏观经济的重要拉动力和关键实践主体，必须进一步转变发展思路，从过去偏向结晶体视角的改革思路转向社会有机体视角的改革思路，提升对超大城市经济体的系统理论分析和综合改革治理。

第三节 超大城市有机体的提出及"三重体系"分析框架

根据马克思社会有机体的理论思想以及其对超大城市经济问题的适用性，本书进一步提出超大城市有机体的概念，以更好分析超大城市经济运行规律。在此基础上，构建分析超大城市有机体的"三重体系"分析框架，从而为后续分析超大城市有机体的高质量发展内涵及路径奠定基础。

一、超大城市有机体的提出及其概念界定

根据以上分析，借鉴马克思社会有机体理论，可进一步提出"超大城市有机体"的概念，以此强调超大城市是伴随城镇化发展进程的不断推进以及人的持续聚集而逐步形成的，内部要素相互作用、复杂多元，与外部生态空间和外部经济空间多维交互，且具有一定历史发展周期和发展独特性的城市经济活动总体。超大城市有机体概念的提出，有助于更深入地理解超大城市经济发展运行的本质内涵，突破现有的从现象、特征等层面来界定超大城市经济体的局限性。根据社会有机体理论的基本逻辑，至少可以从以下四个层次来刻画超大城市有机体的基本内涵：

（一）超大城市有机体是由相互作用的、复杂多元的内部要素所构成的统一体

如前所述，超大城市是由多个子系统构成的复杂巨系统，且这些子系统之间有着密切的相互作用。如果进一步用生命有机体来进行比喻，则超大城市中的人是这一有机体运行发展的"细胞"，企业、政府、机构等组织则构成这一有机体

的"器官",资本、劳动、土地等多元的生产要素和生活要素如同超大城市有机体的"血液",物质生产、基础设施、自然生态等组成的物理空间则是这一有机体的"骨骼"和"肌肉"。在此之上,还存在着超大城市有机体的各个运行系统,包括循环系统、运动系统、神经系统、呼吸系统等。而且,正如其他生命有机体一样,超大城市有机体的这些细胞、器官、骨骼、系统之间并非简单的排列组合关系,也不是独立运行的板块式关系,而是有着相互依存、相互制约等复杂作用逻辑的集合体。也即,任何一个组成部分,如果脱离了超大城市有机体这一总体,均无法独立发挥其功能,且城市规模越大,城市内部的要素便越多,要素之间的有机性也越强。

(二) 超大城市有机体是与所处生态环境之间持续物质交换的生命体

超大城市作为一个有机体,必然要与城市所处生态空间发生交互,包括生产生活过程中从自然界的物质索取和对自然界的污染排放以及对生态环境的治理与改造等。相比中小城市,超大城市有机体与生态环境的物质交换规模更大,这会带来双重结果。

一方面,更大规模的物质交换更容易导致对生态系统的破坏,尤其是超大城市往往具有更加发达的市场经济,马克思所阐述的资本的运行规律也将更加凸显,从而更容易出现"在社会的以及由生活的自然规律所决定的物质变换的联系中造成一个无法弥补的裂缝"[①]。

另一方面,超大城市所具有的更先进的绿色技术、生态治理水平等,也会使得这种交互更有效率、更加拓展。相比中小城市,超大城市具有更高的生产力基础,为此更有条件推进绿色技术研发、生态产品市场化探索、绿色金融制度、绿色消费转型升级等,因而也成为践行习近平总书记所提出的"绿水青山就是金山银山,改善生态环境就是发展生产力"的重要主体。可见,协调超大城市有机体与其所处生态环境之间的物质交换更具复杂性,同时也更具重要性。

(三) 超大城市有机体是与区域经济、国际经济等多维交互的开放体

作为一个复杂巨体系,尽管超大城市有机体具有更强的自我演变和发展能力,但绝非封闭体,而会与外部经济发生双向交互作用。从区域经济层面来看,

---

[①] 马克思、恩格斯著:《马克思恩格斯文集》(第7卷),人民出版社2009年版,第919页。

超大城市作为区域经济的中心城市,其不仅会吸纳大量的生产要素,同时也会通过优化配置、产业链带动、创新外溢等渠道拉动周边城乡和区域经济发展。从国家宏观经济层面来看,超大城市是一国经济的重要组成部分,其发展速度是带动一国经济的重要引擎,同时又会受到国家总体经济发展思想和宏观经济政策的方向引导。从国际经济层面来看,超大城市往往也是一国对外经济的窗口和枢纽,为此存在国际投资、国际贸易、国际金融等多种形式的国际交互关系。

可见,超大城市有机体是一个超级开放体,这一方面使得超大城市有机体的发展变化更具复杂性和风险性,另一方面也为其不断发展提供了更多可供选择的要素资源和分工合作空间,且其经济运行和发展还能够发挥区域外溢和带动作用,提升所在城市群、经济带的总体发展水平,而这又会反过来激发超大城市自身的经济发展。为此,对于超大城市有机体的发展演变问题,其与区域经济、国际经济等之间的交互作用是不可忽视的重要方面。

(四)超大城市有机体是具有一定历史演变周期且具有一定独特性的发展体

超大城市有机体并非一蹴而就,而是在城市自身发展扩张以及国家政策导向作用下逐步形成的,其形成过程具有较长的历史脉络和成长周期。为此,不能仅关注超大城市这一完成形式,还须从我国经济发展尤其城市发展的长期历史线索中理解超大城市的出现及其特征。超大城市经济体形成后也并非相对静止,而是在内部要素的相互作用以及与外部环境的交互作用之中呈现动态发展和变化。为此,考察超大城市经济发展尤其是高质量发展问题,还须立足于动态视角,考察其演变机制。与此同时,不同的超大城市有机体也呈现出一定的独特性,在理清超大城市经济发展一般规律的基础上,还须充分考察其特殊性和独特性,防止出现样板式、标准化的超大城市改革和建设思路。

超大城市有机体的提出不仅有助于理解超大城市经济体的本质内涵,还能够为分析超大城市经济发展的演变规律提供较好的分析框架和分析思路,而这是分析超大城市转向高质量发展的必要环节。根据马克思社会有机体理论,超大城市有机体的演变规律,应综合考察客观物质生产的决定作用和主观能动选择的关键反作用,后者又可进一步区分为经济关系和意识形态两大方面。

第一,应考察客观物质生产的水平和结构对我国超大城市有机体发展演变的决定性作用。不论是超大城市内部要素的数量与结构,还是其与生态环境、外部经济之间的交互方式与交互能力,均建立在一定的生产力发展水平之上,并伴随生产力水平和结构的提升而演变发展。

第二,应注重城市经济关系改革对我国超大城市有机体发展演变的直接推动作用。经济关系同样受到生产力的决定性作用,为此具有客观性,但其同时也蕴含着较大的主观能动选择空间,即可通过正式制度构建和非正式制度倡导,实现对经济关系继而城市经济发展的自觉性和前瞻性改革。

第三,应分析意识形态层面对我国超大城市有机体发展演变的关键推动作用。改革开放以来,无产阶级执政党领导下以维护人民利益为宗旨的意识形态,与社会主义市场经济条件下存在的以资本增值为导向的意识形态之间的博弈始终存在。这一博弈过程和博弈趋向会与不同城市的特色意识形态相结合,继而通过影响城市经济主体的主观选择而引致城市经济的不同发展走向。

总的来说,基于马克思社会有机体理论的超大城市有机体概念的提出,能够为分析超大城市经济发展的本质内涵、演变规律等提供一个较为科学的分析视角,为进一步构建超大城市有机体的系统分析框架从而分析我国超大城市高质量发展问题提供了重要理论基础。

二、超大城市有机体"三重体系"分析框架

以上对超大城市有机体的概念范畴和基本内涵进行了界定和分析,为进一步解析超大城市有机体的高质量发展逻辑,可进一步将此概念拓展为分析超大城市有机体运行特征的"三重体系"分析框架。

(一) 第一重:超大城市基本经济体系

超大城市有机体是由相互作用的、复杂多元的内部要素所构成的统一体,但这并不意味着这些内部要素是混沌的,抑或是无法进行结构性分析的。基于马克思经典逻辑以及我国超大城市经济改革实践,这些内部要素至少包括生产体系、分配体系、交换体系、消费体系四方面内容。正如马克思所揭示的,生产、分配、交换、消费是"一个总体的各个环节,一个统一体内部的差别"[1],而这也构成

---

[1] 马克思、恩格斯著:《马克思恩格斯文集》(第8卷),人民出版社2009年版,第23页。

我国超大城市有机体的基本经济体系。

1. 生产体系是超大城市基本经济体系运行的决定性维度

马克思在《政治经济学批判》导言开篇中便提出，"摆在面前的对象，首先是物质生产"[1]。生产过程不仅是衡量生产力发展水平的重要维度，同时对于经济社会的整体运行而言也具有决定性作用，即"一定的生产决定一定的消费、分配、交换和这些不同要素相互间的一定关系"[2]。对于超大城市而言，其生产体系包括生产力和生产关系（狭义）两个基本维度。

其中，生产力维度囊括劳动者、劳动对象、劳动工具三个微观层面，以及产业分工、政策支持两个宏观层面。对人才的吸引和培养、对各类原材料和基础材料的使用效率和研发创新、生产技术的数字化和高端化等决定了超大城市的生产能力和生产水平，所容纳的产业类型及布局、产业之间的相互支撑、新兴前沿产业的发展程度以及城市对产业发展的政策支持等则反映了超大城市的生产结构。生产关系维度则以所有制制度为核心，同时包含劳资关系、劳动关系等基本内容。即公有制经济的主体地位是否凸显、非公有制经济活力是否充足、劳动者权益的保障情况、各类劳动者之间的分化程度等，是刻画超大城市生产关系是否协调的主要考量。

生产力和生产关系共同构成超大城市生产体系，其中生产力对生产关系发挥着决定性作用，而生产关系则会反作用于生产力。为此，要推进超大城市生产体系发展，须立足当前的生产力水平和条件，同时充分发挥生产关系改革的积极反作用。

2. 分配体系是超大城市基本经济体系运行的保障性维度

马克思强调，分配既是"一定历史生产的产物"[3]，又是新的生产时期的前提。一方面，分配方式取决于生产，尤其是生产资料所有制，比如"利息和利润作为分配形式，是以资本作为生产要素为前提的""如果劳动不是规定为雇佣劳动，那么，劳动参与产品分配的方式，也就不表现为工资"[4]。这意味着，伴随生产过程中生产要素的不断拓展（比如数据成为当前新的生产要素），分配的逻辑也会不断变化（比如凭借占有数据获得收益成为一种新的分配形式）。另一方面，分配

---

[1] 马克思、恩格斯著：《马克思恩格斯文集》（第8卷），人民出版社2009年版，第5页。
[2] 马克思、恩格斯著：《马克思恩格斯文集》（第8卷），人民出版社2009年版，第23页。
[3] 马克思、恩格斯著：《马克思恩格斯文集》（第8卷），人民出版社2009年版，第21页。
[4] 马克思、恩格斯著：《马克思恩格斯文集》（第8卷），人民出版社2009年版，第19页。

的结果又成为个人生产和社会再生产的前提。对于个人而言,分配结果"决定他在生产中的地位"[①],从而成为后续继续分配的条件;对于社会而言,生产工具的分配、社会成员在各类生产之间的分配等实际上"包含在生产过程本身中并且决定生产的结构"[②]。可见,分配是否合理有序,也将反过来影响生产,从而成为经济运行的保障性维度。

超大城市的分配体系至少包括三个基本维度:

一是初次分配,即由市场机制所决定的面向各类要素所有者的分配过程,如前所述,这一分配过程会受到所有制以及生产要素结构变化的影响;

二是再分配,即由中央政府和地方政府所进行的税收、转移支付、社会保障等收入分配调节过程,这是发挥分配机制反作用的重要环节,当然,财政收入水平同样受到生产力水平的影响;

三是第三次分配,即由企业自发进行的慈善、捐赠等分配过程,这是企业社会责任的集中体现,对于超大城市的分配体系具有补充性作用。

3. 交换体系是超大城市基本经济体系运行的枢纽性维度

马克思深入阐述了流通过程对商品生产者和资本所有者而言的重要性,即商品出售过程作为"惊险的跳跃",其成功与否决定了商品生产者的命运;价值增值同样不能离开流通领域,其"不能从流通中产生,又不能不从流通中产生"[③]。为此,交换体系是支撑超大城市经济运行的必要内容,且发挥着枢纽性作用。具体而言,超大城市的交换体系至少包含以下基本维度:

一是市场交换。所谓市场,即大量交换发生的场所,为此市场交换是交换体系的一般形式。市场交换的主体、对象以及规模,仍取决于生产过程,但与此同时,市场交换的效率高低、多样性程度等又会反过来影响生产的顺利进行。

二是金融体系。金融市场是专门从事货币流通及其配置的特殊市场,并且伴随金融机构规模不断扩大而成为超大城市交换体系的重要组成部分。金融体系是优化资源配置的重要枢纽,但同时也会衍生出更多不确定性和连锁风险。

三是网络交换。数字经济的发展催生出数字平台等虚拟化市场空间,并使得网络交换规模快速增加,成为当前超大城市交换体系的重要内容。网络交换超越了传统交换的时空界限,进一步提升了交换的效率和范围,但同时也引致了

---

① 马克思、恩格斯著:《马克思恩格斯文集》(第8卷),人民出版社2009年版,第19页。
② 马克思、恩格斯著:《马克思恩格斯文集》(第8卷),人民出版社2009年版,第20页。
③ 马克思、恩格斯著:《马克思恩格斯文集》(第5卷),人民出版社2009年版,第193页。

平台垄断、网络安全等新问题。

四是物流体系。数字经济条件下,交换的决策过程和支付过程发生于虚拟空间,但交换的完成仍需依靠现实中的物质转移,为此物流体系逐步成为超大城市交换体系中的重要部分,并成为衡量当前市场交换效率的重要维度之一。

4. 消费体系是超大城市基本经济体系运行的实现性维度

马克思深刻论证了生产和消费的统一性,即"生产是消费;消费是生产"[①],因为生产的过程实际上也是对生产资料和劳动力的消费过程,而劳动力对生活资料的消费又是劳动力再生产的过程,生产和消费互为支撑。当然,生产对消费更具决定性,生产不仅创造了消费对象,而且"也给予消费以消费的规定性、消费的性质,使消费得以完成"[②];同时,消费"创造出生产的观念的内在动机",生产"只有在消费中才能成为现实的产品"[③],为此消费又对生产有着重要的反作用。我国超大城市的消费体系还体现了社会主义生产的目的,即生产不是为了资本服务,而是最终以满足人民的物质和精神需要为落脚点。

超大城市消费体系是一个多元体系,从消费目的而言可以分为生产消费和生活消费,其中前者在生产要素和劳动力市场中实现,后者则对应一般商品市场;从消费主体而言可以分为个人消费和公共消费,其中个人消费受分配结果的直接决定性作用,公共基础设施、公共教育和医疗等公共消费则很大程度由地方财政水平决定;从消费对象而言可以分为物质消费、精神消费、生态消费等,其对应于人的多样化需求,在不同时期对应着不同的范围和内涵,最终由城市生产力水平所决定。

超大城市的基本经济体系便是由上述生产体系、分配体系、交换体系和消费体系构成的统一体,这是对超大城市有机体内部运行规律的体系化勾勒,为后续进一步分析超大城市有机体高质量发展问题提供了最内层的分析框架。值得注意的是,四个体系之间是相互影响、相互作用的,且这种相互作用具有多维交错、动态变化的特征。实际上,不仅生产与分配、交换、消费之间有着作用和反作用,四个体系之间均有着密切、交错的相互作用。例如,改革开放以来,分配制度改革直接影响了城市居民收入分配情况,收入的大幅提高极大地推动了交换关系和消费关系的结构性升级,而收入的不均衡则引致了交换关系和消费关系的差

---

① 马克思、恩格斯著:《马克思恩格斯文集》(第8卷),人民出版社2009年版,第16页。
② 马克思、恩格斯著:《马克思恩格斯文集》(第8卷),人民出版社2009年版,第16页。
③ 马克思、恩格斯著:《马克思恩格斯文集》(第8卷),人民出版社2009年版,第15页。

异化发展；我国城市流通领域的市场机制完善和国内外市场拓展，直接影响着消费关系的变革，同时也推动了市场型分配的逐步完善和发展；城市消费需求、消费能力的升级对于交换关系改革有直接的推动作用，同时也为分配制度改革提供了激励。从长期视角来看，生产、分配、交换、消费四个体系之间的相互作用并不是简单的线性结构，而是多维交织的网状结构。四个体系之间的交错作用还往往呈现从量变到质变的动态过程，且这一过程中存在着不同层次的交融作用，即在四个体系的量变达到一定程度时，四体系之间会出现交融和耦合，继而快速推动城市基本经济体系的整体演变。[①]

（二）第二重：超大城市生态经济体系

超大城市基本经济体系是对超大城市有机体内部经济空间的体系化提炼。在此基础上，超大城市有机体还是与所处生态环境之间持续物质交换的生命体。为此，可以将超大城市有机体的内部经济空间和生态空间的总和称为超大城市生态经济体系。

所谓超大城市的生态空间，可以理解为超大城市中森林树木、湿地水体、草地荒地、城市公园等具有自然属性、能够提供生态服务或生态产品的国土空间，其不仅包括水分、土壤、空气、温度、阳光等无机自然环境，还囊括了植被、动物、微生物等有机自然环境[②]，为此是一个"活"的动态空间。实际上，对于城市的生态空间，目前还没有明确的界定。相比而言，具有更加明确内涵的概念是国土的生态空间，其是指"具有自然属性、以提供生态服务或生态产品为主体功能的国土空间，包括森林、草原、湿地、河流、湖泊、滩涂、岸线、海洋、荒地、荒漠、戈壁、冰川、高山冻原、无居民海岛等"[③]。与之进行类比，部分研究便将城市生态空间限定为森林、湿地、草地和城区公园绿地这四类土地，但也有部分研究对其界定更加宽泛，将生产和生活空间中的林木资源所覆盖的空间也纳入其中。为更好地进行生态空间与经济空间之间的物质交换分析，本书所探讨的超大城市生态空间暂不包含生产和生活空间中的林木资源覆盖空间（如农田、经济林、苗圃等），但将空气、水、能源、动植物等具体生态资源纳入考量。

[①] 王琳、马艳著：《中国改革开放以来的经济关系演变：现实路径与理论逻辑》，《马克思主义研究》2019年第2期。
[②] 叶峻著：《社会生态学与协同发展论》，人民出版社2012年版，第69页。
[③] 《中共中央办公厅国务院办公厅印发〈关于划定并严守生态保护红线的若干意见〉》，中国政府网，2017年2月7日，https://www.gov.cn/xinwen/2017-02/07/content_5166291.htm。

超大城市生态空间与经济空间之间有着密切的物质交换,且这种物质交换的规模和范围相比中小城市而言大得多。根据马克思和恩格斯的生态思想,自然界是先于人存在的,人与自然界的其他生命体一样,都是自然界发展到一定阶段的产物,为此人是自然界的一部分,人的生存和发展不能离开自然界,必须依赖于自然界所提供的各类物质资料。人与自然之间存在着一种物质变换关系,即人从自然界获取物质产品,并向自然界排放废弃物,但正常的物质交换过程必须限制在自然界的自我修复和自我消解能力范围内,如果超出这一界限则会出现"代谢断层"。显然,一定区域内人的生产生活实践越丰富、越多元,则其与生态空间之间的物质交换规模就越大、越复杂,这种物质交换接近或超出这一界限的风险也便越大。为此,超大城市的经济运行不能不考量经济空间与生态空间之间的相互关系。并且,更进一步地,这种物质交换实质上仍是通过经济空间中的生产、分配、交换和消费来实现的。

1. 超大城市的生产体系与生态空间之间存在最直接、最显著的物质交换

所谓生产,即劳动者借助一定的动力,运用劳动工具作用于劳动对象的过程,而不论是劳动者、生产动力还是劳动对象,均与生态空间有着密切联系。

从物质索取的角度来看,劳动者的生存依赖于整个生态空间的存在,生态空间中的煤炭、石油、风、太阳等则是生产动力的重要来源,土地、水、矿物质等自然资源更是诸多生产过程(如农副产品生产、林业生产等)的关键劳动对象。也即,超大城市生产体系从生态空间中获取了自然资源和生产条件,但如若这一索取程度超过生态空间的可再生程度,便很可能造成生态空间的失衡与紊乱。

从物质排放的角度来看,绝大部分生产过程均是一个联合生产,即在生产出符合目的性的产品的同时,也会生产出一定的污染物,包括废气、废水、废渣以及固体垃圾等,这些污染物在进行不同程度的处理后会排放至生态空间,进入生态空间的自我循环。同样的,如若这一排放量超过生态空间所能容纳的程度,也会对生态循环和生态结构造成破坏,甚至是不可逆的破坏。

当然,超大城市生产体系中进行的生态技术研发、生态产品生产等经济活动,在一定程度上也促进了生态空间的稳定和优化,尤其是对于超大城市这类高度分散化的生态空间。此外,生态空间尤其是失衡的生态空间中的部分自然灾害(如地震、火山爆发、海啸等),也会为生产体系带来冲击和破坏。总之,超大城市的生产体系是人改造自然的集中体现,为此也是与生态空间之间物质交换最直接、最显著的层面,要协调超大城市的经济空间与生态空间的交互,调整和改

变生产体系是必要环节,也是关键环节。

2. 超大城市的消费体系与生态空间之间存在间接化、长期化的物质交换

消费体系中的生产消费实际上是生产过程的一部分,为此这里不再赘述,仅就生活消费体系进行分析。

从物质索取的角度来看,除城市周边的农村区域还存在部分直接的物质索取之外(如野外采摘、野外水源获取、个人耕种等),绝大部分城市居民是借助市场实现对自然资源、生态产品、生态服务的索取和消费的,即与生产体系共同形成对生态空间的物质索取。比如,城市居民对纸张的需求会增加纸张生产,从而增加树木砍伐以及污水排放;城市居民在使用水、电、煤气、天然气等自然资源时如若存在浪费、不合理等情况,反过来也会增加生产体系对相关自然资源的索取。

从物质排放的角度来看,城市居民的能源消费过程、交通工具消费过程、日常消费品消费过程中均会产生污染物、生活垃圾等,这些污染物和生活垃圾如若没有得到妥善处理,则很大一部分会排放到生态空间之中。比如,塑料制品的使用和丢弃曾经一度是城市污染的重要难题,居民消费过程中对城市水源的污染也引发了诸多负面影响,尽管近年来在各项生态保护制度下这些现象有所缓和,但仍任重道远。

3. 超大城市的分配体系和交换体系是中间环节,影响着前述两个层面的物质交互程度

超大城市的分配体系作为保障性维度,对于生产体系和消费体系与生态空间的物质交换关系也具有一定的影响和调节作用。从初次分配层面来看,如若并未将资源滥用、环境污染作为一种具有负外部性的经济行为纳入初步分配过程,则必然激励相关经济行为,从而导致更容易出现对生态空间的过度物质索取和过度污染排放。从再分配层面来看,税收、缴款、转移支付等再分配政策是调节生产者和消费者的利益驱动,从而影响生产体系与消费体系与生态空间之间的物质交换程度的重要路径。

超大城市交换体系作为枢纽性维度,也是生产体系和消费体系与生态空间交互作用的中介,即在现代市场经济条件下,生产体系和消费体系对生态空间的物质索取大多是借助市场来完成的。为此,生产体系和消费体系对生态空间的物质索取和污染排放可以借助生态产品市场、碳交易市场、二手物品交易市场等新型市场予以调节;金融体系对于生产体系与生态空间之间的物质交换程度也

有重要影响,即若资金更多配置和流向污染型产业,则必然加剧经济与生态之间交换断裂的可能,而如若更多资金配置和流向环保型产业,则可能缓和甚至转变经济与生态之间的矛盾。

总之,超大城市的基本经济体系并非孤立运行,而是始终与所处生态空间发生着双向的物质交换,且这种物质交换相比中小城市而言规模更大、频率更高,也更具复杂性和多元性。超大城市经济空间与生态空间之间的物质交换仍通过生产、分配、交换、消费四个基本环节来实现,两个空间共同构成的统一体即为超大城市生态经济体系。

(三) 第三重:超大城市开放经济体系

超大城市生态经济体系阐述了超大城市有机体内部要素与其所处生态空间之间的物质交换关系。在此基础上,超大城市有机体还是与区域经济、国际经济等多维交互的开放体,为此可进一步将超大城市生态经济体系与其外部经济交互统称为超大城市开放经济体系。

1. 超大城市有机体与其所处区域经济间的交互关系

超大城市有机体与其所处区域经济之间存在着多层次的经济交互关系。

一是城乡经济交互关系。超大城市周边往往存在着一些乡镇地区,这些地区的企业、个体经营者以及劳动者通常成为超大城市所需农产品、初级加工制品、劳务等的重要供给者,而超大城市则对这些地区有着资本、人才、技术、要素等多方面的外溢和辐射带动作用。

二是都市圈经济交互关系。大都市圈是全球范围内城市发展的现代形式和未来趋势,也是一国经济竞争力的重要体现。超大城市必然是所处都市圈的中心城市,并与都市圈内的其他大中小城市之间存在密切的产业分工、要素流动、贸易往来等。

三是区域经济带交互关系。区域经济带是比都市圈范围更广的经济地域单元,其内可包括多个都市圈,通常以交通便利、产业互促互补、要素相互流动为基本特征。超大城市在其所处区域经济带中通常发挥引领性作用,与经济带中的其他城市形成密切的经济往来。

对于超大城市而言,对其经济运行规律的分析必然要考量其与所处区域经济之间的密切关系,既包括区域经济向超大城市输送的各类生产要素以及提供的产业补充,也包括超大城市对区域经济的技术、人才、资金、产业等外溢和辐射带动作用。此外,生态空间本身也具有开放性和公共性,超大城市与生态空间的物质交换会对周边区域的生态空间造成外溢影响,而周边区域的生态空间状况也会反过来影响超大城市生态经济体系,这也是超大城市有机体与所处区域经济之间相互关系的一个体现。

2. 超大城市有机体与国际经济间的交互关系

超大城市有机体还是一国与国际市场进行经济往来的关键窗口。

一是国际贸易窗口。超大城市作为一国经济文化政治的中心,其与国际市场的贸易往来也是更为频繁的,且通常是设立自由贸易区、承办世界博览会、举办进出口商品交易会、创新进出口贸易激励政策等的先行先试区,为此在一国与国际市场的商品交换过程中发挥着窗口和平台的作用。在数字经济条件下,国际贸易突破了时间和地理的空间束缚,为此超大城市所具有的地理空间层面的窗口作用有所减弱,但在资源、制度等层面的优势使得其仍是国际贸易的主力军。

二是国际投资窗口。超大城市由于聚集了一国的优质人才、资源和要素,且具有更加有利的制度环境,为此是外资开设跨国公司、进行国际直接投资的重要场所;与此同时,超大城市中的优质企业也是对外投资的重要主体。为此,超大城市与国际经济之间有着更加频繁的人才、资源和要素的双向流动,这一方面有利于超大城市更好利用国内国际两个市场的优质资源,但另一方面也使得其经济运行过程更具复杂性、风险性。

三是国际金融窗口。超大城市往往是一国金融中心所在,是参与国际金融市场的核心窗口,包括国际资本市场、国际外汇市场、国际黄金市场等。这使得超大城市与国际经济之间形成更多货币资本层面的经济往来,在一定程度上促进了资本的配置效率,但同时也带来了更多外部冲击和风险。

总之,超大城市有机体与外部经济之间有着频繁且多元的交互作用,且通过分析不难发现,这些交互作用从本质而言同样依托生产、分配、交换、消费四个基本环节得以实现。具体而言:(1)超大城市与周边区域之间的产业分工与合作、生产要素的流动与配置,以及超大城市作为国际投资的重要窗口,均是其生产体系开放的体现;(2)超大城市与周边区域的贸易往来,以及超大城市作为国际贸易、国际金融窗口,则是其交换体系开放的表现形式;(3)超大城市在参与区域经济合作、国际经济合作中的利益分配,是其分配体系开放的结果,且受到生产体系开放格局的决定性作用;(4)超大城市生产体系和交换体系的开放,决定了其消费体系的开放,同时消费体系的开放又反过来促进了生产和交换的进一步开放。也即,超大城市开放经济体系的实质在于,超大城市的生产、分配、交换、消费与外部经济之间的交融和结合。

综上,超大城市有机体是伴随城镇化发展进程的不断推进以及人的持续聚集而逐步形成的,由基本经济体系、生态经济体系、开放经济体系叠加构成的,具有一定历史发展周期和发展独特性的城市经济活动总体。人的聚集是超大城市有机体的根本立足点,生产、分配、交换、消费则构成链接和贯穿超大城市"三重体系"的内在线索,使其成为一个相互影响、相互作用、动态变化的"活"的统一体(见图 2-1)。

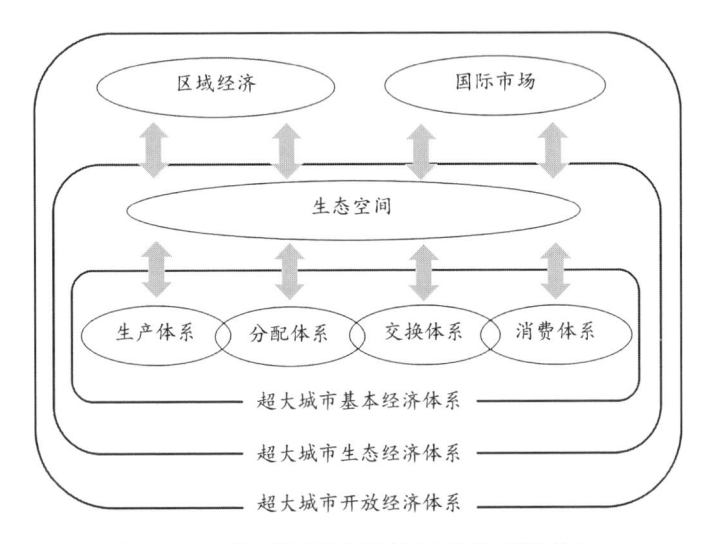

图 2-1 超大城市有机体的"三重体系"结构图

理论篇

第三章　我国超大城市有机体高质量发展的理论内涵

超大城市从高速增长转向高质量发展,并非是在现有发展方式上的布局调整,而是意味着超大城市有机体的总体演进和系统升级,其背后是超大城市"三重体系"的耦合性变革。以下基于"三重体系"分析框架,对超大城市有机体高质量发展的理论内涵进行解析,以阐明其转向高质量发展的目标参照系。

第一节　构建畅通有序、运行高效的高质量基本经济体系

由生产、分配、交换、消费构成的基本经济体系,是决定超大城市经济运行质量的根本维度,也是进一步影响超大城市生态经济体系和开放经济体系运行情况的基础。为此,首先要对何为高质量的超大城市基本经济体系进行界定和解析。

一、决定性维度:高质量城市生产体系

超大城市有机体从高速增长转向高质量发展,必然需要实现各个领域、各个层面的系统性变革,其中,推动社会生产的高质量发展,无疑是这一系统工程的枢纽和关键所在。正如马克思在《政治经济学批判》导言开篇中所说,"摆在面前的对象,首先是物质生产"[1]。生产过程不仅是衡量生产力发展水平的重要维度,同时对于经济社会的整体运行而言也具有决定性作用,即"一定的生产决定一定的消费、分配、交换和这些不同要素相互间的一定关系"[2]。为此,须构建高质量

---

[1] 马克思、恩格斯著:《马克思恩格斯文集》(第8卷),人民出版社2009年版,第5页。
[2] 马克思、恩格斯著:《马克思恩格斯文集》(第8卷),人民出版社2009年版,第23页。

的超大城市生产体系,以下从微观和宏观两个层面予以阐述。

(一) 微观逻辑

从微观逻辑来看,高质量的城市生产体系囊括高质量的劳动者、高质量的劳动对象以及高质量的劳动工具三个基本内容。其中,高质量的劳动者对生产质量具有决定性作用,正如马克思指出的,"产品的好坏程度、它实际上所具有的使用价值……取决于劳动质量的好坏程度,取决于劳动的完善程度以及劳动与自身目的相一致的性质"[①];高质量的劳动对象对生产质量具有保障性作用,马克思曾以玻璃生产为例阐述了这一思想,即指出"英国的大玻璃工场自己制造土制坩埚,因为产品的优劣主要取决于坩埚的质量"[②];高质量的劳动工具对生产质量具有关键性作用,马克思在论述机器作用时曾引用一个案例,即"纱的质量,由于采用新机器而大大改进了,因此织出的布比用旧机器纺的纱所织出的布又多又好"[③],其中就反映出了劳动工具对生产质量的重要影响。为此,要保证城市生产体系的高质量发展,劳动者、劳动对象和劳动工具的协同质量提升是必要的微观基础。具体而言:

第一,形成多元可持续的人才培育、引进和转化体系。人才是第一资源,超大城市生产体系的高质量发展离不开人才体系的支持。正如习近平总书记在党的二十大强调的:"培养造就大批德才兼备的高素质人才,是国家和民族长远发展大计。"[④]具体而言,高质量的人才体系应具有以下三方面特征:(1)人才的多元化吸入。即应注重各领域、各类人才的统筹布局和吸收,避免同质化人才的恶性竞争以及部分小众人才的短缺问题,要"完善人才战略布局,坚持各方面人才一起抓,建设规模宏大、结构合理、素质优良的人才队伍"[⑤]。(2)人才的可持续成长与培育。即要为人才的长期成长和高端人才培育提供环境支持,不仅要"引得来",而且要"留得住",不仅要"留得住",而且要"发展得好",避免短期主义的人才引进、过快的人才流动等现象。(3)人才的实际生产力转化。即优化人才的配置效率,增强各

[①] 马克思、恩格斯著:《马克思恩格斯全集》(第32卷),人民出版社1998年版,第68页。
[②] 马克思、恩格斯著:《马克思恩格斯文集》(第5卷),人民出版社2009年版,第402—403页。
[③] 马克思、恩格斯著:《马克思恩格斯文集》(第5卷),人民出版社2009年版,第499页。
[④] 习近平著:《高举中国特色社会主义伟大旗帜 为全面建设社会主义现代化国家而团结奋斗:在中国共产党第二十次全国代表大会上的报告》,人民出版社2022年版。
[⑤] 习近平著:《高举中国特色社会主义伟大旗帜 为全面建设社会主义现代化国家而团结奋斗:在中国共产党第二十次全国代表大会上的报告》,人民出版社2022年版。

类人才在不同生产领域的作用发挥,有效提升生产力发展。当然,以上特征的实现,离不开交换体系(如劳动力市场)、分配体系(如人才激励)、消费体系(如人才生活保障)等层面的配套性支持。

第二,形成高质量的初级产品和基础材料供给体系。初级产品和基础材料本身便是城市生产体系的重要部门,同时其作为诸多生产过程的劳动对象,又会进一步影响其他部门的发展质量。为此,高质量的生产要求构建初级产品和基础材料的高质量供给体系。一方面,保障初级产品的高质量生产。即通过提高全要素生产率、提升产品质量标准等方式,持续推进农林牧渔等初级农产品和轻纺、橡胶、矿业等初级工业制品生产的提质增效,从而为其他部门的高质量生产提供原料支撑。另一方面,保障关键基础材料的高质量生产。高端稀土功能材料、高性能合金、集成电路用光刻胶等关键基础材料,是部分新兴产业和战略性产业进一步发展的基础和前提,为此,超大城市能否成为这些关键基础材料的研发者和供给者,不仅关系到超大城市自身的高质量发展,而且还是一国经济实力和国际竞争力的重要体现。值得注意的是,初级产品的高质量供给和关键基础材料的有效供给,往往无法自发实现,而是需要分配体系(如专项补贴)、交换体系(如金融支持)等层面的配套性政策方能有所推动。

第三,形成数字化、智能化软件硬件的应用体系。党的二十大强调,要"加快发展数字经济,促进数字经济和实体经济深度融合"[①],其中数字技术在生产领域中的运用和融合是关键所在,其集中体现便是数字技术与劳动工具的有机结合。具体而言:(1)数字技术与机器体系的充分结合,即通过生产企业自主研发、数字技术服务企业的技术支持、数字技术平台的资源对接等方式,实现生产领域机器体系的数字化转型与升级。(2)数字技术与管理体系的充分结合,即将传统的生产管理模式转变为数字化甚至智能化的管理体系,从而实现生产过程的实时数据获取、分析及反馈,增强生产管理体系的科学性和有效性。(3)智能化生产方式,即将人工智能等前沿技术充分运用到生产过程,进一步提升城市生产效率和生产质量。类似的,上述特征的实现也需要分配体系(如增强利益驱动、制定鼓励支持政策)和交换体系(如数据市场的规范建设、数字技术平台的发展)的充分支撑。

---

① 习近平著:《高举中国特色社会主义伟大旗帜 为全面建设社会主义现代化国家而团结奋斗:在中国共产党第二十次全国代表大会上的报告》,人民出版社2022年版。

（二）宏观逻辑

从宏观逻辑来看，高质量的城市生产体系还要求产业结构均衡、生产质效并重。一方面是生产效率与生产质量的同步提升。这对应于马克思关于内涵的扩大再生产的相关逻辑，即通过技术进步、劳动生产率提高等方式来实现经济增长，在追加资本投入时不仅考虑量的扩大，还包括投资结构的变化。此外，马克思还详细分析了在不增加货币投入的情况下实现扩大再生产的若干途径，包括从内涵方面加强对劳动力的使用、加强对自然物质的利用、更加有效地利用固定资本、发挥自然力的效能、提高劳动生产力、改善社会劳动组织、缩短周转期间等[1]，这些均是提升城市生产质效统一的重要形式和路径。另一方面是产业结构的均衡和匹配。根据马克思经济学的基本逻辑，在社会再生产过程中任何一个产业都不是孤立存在的，而是与其他产业相互影响、相互作用。为此，要实现经济的供需总量平衡，关键在于产业之间的结构和比例，即"只有当全部产品是按必要的比例生产时，它们才能卖出去"[2]。这意味着，高质量的超大城市生产体系应符合以下要求：

第一，构建具有全面性的超大城市产业链。相比中小城市，超大城市更应形成相对全面的产业链布局，包括农业、先进制造业、服务业、战略性新兴产业等，并保持这些产业门类的合理比例以及相互支撑。具体而言：（1）农业是基础性产业，虽一般而言在超大城市中占比较小，但也同样不可忽视，是超大城市在特殊时期得以正常运行的重要基础，为此应"树立大食物观，发展设施农业，构建多元化食物供给体系"[3]。（2）先进制造业是支柱性产业，对此习近平总书记在诸多重要场合均强调，要"着力构建以先进制造业为支撑的现代产业体系"[4]，而超大城市必然要成为先进制造业的先行者和引领者。（3）服务业是主体性产业，习近平总书记多次强调，"现代服务业是产业发展的趋势""要强化高端产业引领功能，坚持现代服务业为主体的战略定位"[5]，超大城市作为一国服务业最为发达的

---

[1] 马克思、恩格斯著：《马克思恩格斯文集》（第6卷），人民出版社2009年版，第393—395页。
[2] 马克思、恩格斯著：《马克思恩格斯文集》（第7卷），人民出版社2009年版，第717页。
[3] 习近平：《高举中国特色社会主义伟大旗帜 为全面建设社会主义现代化国家而团结奋斗：在中国共产党第二十次全国代表大会上的报告》，人民出版社2022年版。
[4] 《中共中央政治局召开会议》，《人民日报》2021年3月31日。
[5] 习近平著：《深入学习贯彻党的十九届四中全会精神 提高社会主义现代化国际大都市治理能力和水平》，《人民日报》2019年11月4日。

地区,应在发展现代服务业方面深化布局。(4)战略性新兴产业是引领性产业,其内涵包括推动传统产业的改造升级、积极培育新兴产业尤其要加快数字产业化和产业数字化进程等,对此超大城市应当发挥排头兵作用,在产业布局中予以重点考量。

第二,构建具有现代性的超大城市产业链。超大城市不仅要构建较为全面的产业链,还应作为引领者和排头兵,着力提升产业链的现代化水平,成为推动中国式现代化的产业支撑。具体而言:(1)构建现代农业产业体系,即通过农业供给侧结构性改革,推动发展农业产业化经营和现代化发展,促进一二三产业交叉融合。对此,习近平总书记明确指出,"要加快建立现代农业产业体系,延伸农业产业链、价值链,促进一二三产业交叉融合"[①]。(2)构建现代制造业体系,包括推动制造业加速向数字化、高端化、国际化发展,推动先进制造业与现代服务业深度融合,这是"增强制造业核心竞争力、培育现代产业体系、实现高质量发展的重要途径"[②]。(3)构建现代服务业体系,尤其在"旅游、互联网、医疗健康、金融、会展"[③]等重点服务业领域,超大城市应发挥引领性作用,持续"提升服务业发展能级和竞争力"[④]。(4)构建现代化新兴产业体系,即要"推动战略性新兴产业融合集群发展,构建新一代信息技术、人工智能、生物技术、新能源、新材料、高端装备、绿色环保等一批新的增长引擎"[⑤],对此超大城市无疑肩负着战略性使命。

第三,构建具有可靠性的超大城市产业链。超大城市聚集了大规模的人口、资源和要素,内部发生着大规模且多元化的经济活动,为此其运行具有更强的复杂性和风险性。这就要求,高质量的超大城市生产体系还需具有较强的可靠性。具体而言:(1)超大城市的产业链应具备更强的承受外部冲击和突发状况的韧性,能够在紧急情况下启用备用产业资源,并具有较为完善的应对突发状况的产业恢复预案。(2)超大城市的产业链应具有更强的安全性,即在高水平开放的情况下仍然保持对城市核心产业和战略性产业的控制力,能够在国际市场出现无端制裁、技术霸权等动荡变化的情况下,保持产业链的相对稳定。正如习近平总

[①] 习近平著:《健全城乡发展一体化体制机制让广大农民共享改革发展成果》,《人民日报》2015年5月2日。
[②] 习近平著:《加强改革系统集成协同高效 推动各方面制度更加成熟更加定型》,《人民日报》2019年9月10日。
[③] 习近平著:《在庆祝海南建省办经济特区30周年大会上的讲话》,《人民日报》2018年4月14日。
[④] 习近平著:《在深圳经济特区建立40周年庆祝大会上的讲话》,《人民日报》2020年10月15日。
[⑤] 习近平著:《高举中国特色社会主义伟大旗帜 为全面建设社会主义现代化国家而团结奋斗:在中国共产党第二十次全国代表大会上的报告》,人民出版社2022年版。

书记所强调的,"打造自主可控、安全高效并为全国服务的产业链供应链"①。(3)超大城市的产业链还应具有更强的外溢性,即其不仅要能够支撑超大城市的稳定、高质量生产,还应与所在区域经济的产业链形成网状交织、相互支撑,从而进一步增强所在区域经济生产体系的韧性和安全性。

总之,高质量的生产体系是超大城市基本经济体系高质量运行的决定性维度,其在微观层面要求,要形成超大城市多元可持续的人才培育、引进和转化体系,高质量的初级产品和基础材料供给体系,以及数字化、智能化软件硬件的应用体系;在宏观层面,则要求超大城市要构建具有全面性、现代性和可靠性的产业链,从而推进产业结构均衡、生产质效并重。

二、保障性维度:高质量城市分配体系

高质量城市生产体系为超大城市有机体的高质量发展提供了物质保障,但如若没有与之匹配的高质量分配,则可能陷入马克思所阐述的生产过剩危机,不仅无法使高质量产品的使用价值充分实现,还会削弱高质量生产的微观和宏观逻辑。正如马克思所强调的,分配既是"一定历史生产的产物"②,又是新的生产时期的前提。分配联系着生产和消费,分配关系一定程度上反映了社会生产关系,它形成并影响着社会财富在社会成员中的分布和占有情况。合理的收入分配关系和科学的收入分配制度有利于经济社会的可持续发展,是经济高质量发展的重要保障。为此,须构建高质量的城市分配体系,其至少包含三层基本内涵。

(一)遵循科学合理的分配方式

分配方式即分配主体按照何种原则对生产结果进行占有,不同的分配方式对应着不同的分配逻辑、分配过程和分配结果。按照马克思的经典理论,在私有制和市场经济条件下,资本主导的分配方式必然趋向于两极分化,即占有生产资料的资产阶级和不占有生产资料的无产阶级之间贫富差距不断拉大。与此同时,马克思也强调了这一分配方式所具有的较强的经济激励性和有效性。与之

---

① 习近平著:《贯彻落实党的十九届五中全会精神 推动长江经济带高质量发展》,《人民日报》2020年11月16日。
② 马克思、恩格斯著:《马克思恩格斯文集》(第8卷),人民出版社2009年版,第21页。

相反，生产资料公有制下的按劳分配是一种更为平等的分配方式，多劳多得、少劳少得，"个人的劳动不再经过迂回曲折的道路，而是直接作为总劳动的组成部分存在着"[①]。按劳分配要以生产资料公有制为前提，且需要建立在较高的社会生产力发展基础之上。为此，对于处在社会主义初级阶段的中国而言，以按劳分配为主体、多种分配方式并存是较为科学合理的分配方式选择。构建超大城市高质量分配体系，应在改革实践中遵循和践行这一分配方式，有效发挥按要素分配的经济激励作用和按劳分配的收入协调作用。

一方面，明确按劳分配方式的主体地位，同时持续完善市场型按劳分配的实现路径。我国超大城市承担着扎实推进共同富裕的战略使命，而要实现这一点，必然要明确和保障按劳分配的主体性地位。其一，分配方式归根结底由所有制决定，公有制经济是实施按劳分配的主要经济领域，为此超大城市须确保公有制经济在关键领域的主导性地位，同时探索国有企业市场化改革的多元化实施路径，从而为实施按劳分配方式提供所有制条件。其二，在社会主义市场经济条件下，按劳分配不是马克思所设想的产品型按劳分配，而是须通过市场来完成，为此是一种中国特色的市场型按劳分配。这便要求，超大城市应探索形成具有可操作性的市场型按劳分配实现方式，在公有制经济内部通过市场化薪酬、利润分红、福利补贴等形式，切实做到"多劳多得、少劳少得"，同时通过社会保障、公共基础设施建设、全民补贴等形式将公有制经济的上缴利润进行全民返还，真正落实按劳分配。

另一方面，激发按要素分配方式的多元活力，同时形成规范资本无序扩张的监督体系。在社会主义市场经济条件下，超大城市分配体系的高质量发展，离不开按要素分配的效率支撑。超大城市应激发资本、土地、管理、数据等多种要素的所有者参与到经济活动之中，保证其要素收益，从而提升各类要素的使用效率和合理配置。当然，这同样受到生产体系的决定性作用，即唯有明确各类要素的所有权，方能保证要素所有者获得要素收益，从而激励各类要素被充分投入生产过程。与此同时，交换体系的高效有序尤其是各类要素市场的规范运行，对于优化要素配置、保障要素收益也具有重要支撑作用。此外，按照马克思主义经济学的基本逻辑，完全在市场机制作用下的按要素分配往往遵循资本积累的一般规律，即造成"一极是财富的积累，同时在另一极，即在把自己的产品作为资本来生

[①] 马克思、恩格斯著：《马克思恩格斯文集》（第3卷），人民出版社2009年版，第434页。

产的阶级方面,是贫困、劳动折磨、受奴役、无知、粗野和道德堕落的积累"[1]。为此,实施按要素分配方式的同时,还必须充分发挥社会主义的制度优势,构建规范资本无序扩张的监督和治理体系,对不合理的要素分配逻辑进行精准识别、及时预警和有效调控。

(二) 保持结构平衡的分配条件

无论是按劳分配还是按要素分配,均涉及分配条件的均衡性问题。按劳分配方式的分配条件即劳动,如果"一个人在体力或智力上胜过另一个人,因此在同一时间内提供较多的劳动",则其能分配到更多,为此"平等的权利,对不同等的劳动来说是不平等的权利"[2]。按要素分配方式的分配条件则是生产要素,即要素所有者依据其对生产要素的所有权参与分配,以提供要素的数量和价格为分配标准。分配条件如若差异过大或布局失衡,则必然引致分配结果的失衡。为此,高质量的城市分配体系,应推动和保持结构平衡、程度合理的劳动差异和生产要素差异,此外还应协调城市内部区域之间的分配条件差异。

第一,构建协调劳动条件差异的教育培训体系。一定范围内的合理劳动条件差异是自然且必然的,甚至能够增强劳动者对自身能力提升的激励。但如若劳动条件差异过大,便会通过收入差异、机会不平等、代际累积等路径形成劳动者的阶层分化。为此,应当缩小、有效协调超大城市内部的劳动条件差异,而这就要求构建均衡化、多元化的教育培训体系。具体而言:(1)教育资源的均衡配置,即合理布局超大城市内部的教育资源,避免出现优质教育资源的过度集中,以及由此衍生的学区房、超前教育、教育机会不平等等问题,为不同个体的劳动条件提供教育资源和教育机会的过程公平。(2)教育体系的分类统筹,劳动条件不应仅考量受教育年限这个单一标准,而应推进人才的多元化培养,即"统筹职业教育、高等教育、继续教育协同创新,推进职普融通、产教融合、科教融汇,优化职业教育类型定位"[3]。(3)全学段的教育资助体系,即推进教育资助的全学段覆盖,并优化各学段教育资助的管理流程与动态追踪,为经济困难家庭提供受教育机会,从而协调由此产生的劳动条件差异。

---

[1] 马克思、恩格斯著:《马克思恩格斯文集》(第5卷),人民出版社2009年版,第743—744页。
[2] 马克思、恩格斯著:《马克思恩格斯文集》(第3卷),人民出版社2009年版,第435页。
[3] 习近平著:《高举中国特色社会主义伟大旗帜 为全面建设社会主义现代化国家而团结奋斗:在中国共产党第二十次全国代表大会上的报告》,人民出版社2022年版。

第二，构建平衡要素条件差异的财富积累体系。要素条件差异是造成社会贫富差距的最重要原因,尤其是在金融化、数字化条件下,掌握了资本要素、数据要素的所有者能够凭借对这些特殊要素的占有而快速获得大量财富,且资本的生命在于运动,这些收益和财富还会在资本循环和周转中进一步增值。相反,拥有较少要素尤其是劳动力要素的所有者,其收益的增加则是较为缓慢的,且大多被用于劳动力的再生产。为此,高质量的城市分配体系要求将要素条件差异约束在合理、适度范围内,同时构建财富积累的分类规范体系,包括：保护合法合理的要素条件差异及其带来的财富差异,取缔非法的要素占有及由此带来的财富积累,规范和引导合法但不合理的要素占有及其财富积累。对此,党的二十大首次进行了明确阐述,即提出"要规范收入分配秩序,规范财富积累机制,保护合法收入,调节过高收入,取缔非法收入"[①]。此外,对于资本、劳动力、土地、技术、数据等不同类型的生产要素,也须理清其要素占有和积累的机制,从而构建分类化、精准化的调节举措。

第三，构建约束区域分配条件差异的再分配体系。超大城市通常具有较大的地理空间,为此容易出现城市内部不同区域间较大的分配条件差异,如城市中心与城市边缘之间的工资收入差异、市区与周边乡镇之间的土地价格差异等。这会造成超大城市内部不同区域间经济增长的差异,从而进一步加剧不同区域之间的分配失衡。为此,高质量的分配体系要求构建约束区域分配条件差异持续拉大的有效再分配体系。如加强对城市边缘区域的基础设施建设,尤其是交通运输和公共服务设施；制定税收、补贴等优惠政策,平衡不同区域间的要素流动和要素分布；对城市不同区域间土地价格的差异进行再分配调节等。上海市推动建设的"五大新城"、深圳市规划建设的空港会展海洋新城等实践便是调节区域分配条件差异的典型举措。

（三）实现动态优化的分配结果

分配体系的最终呈现便是分配结果,高质量的分配结果应综合考虑数量与结构、静态与动态。

第一，分配数量须平稳增长。高质量的分配结果并不意味着不注重分配的数量,我国仍处于社会主义初级阶段,增长与发展是始终的主旋律,为此,保证分配数量的平稳增长是进一步实现高质量分配的前提基础。当然,这一点要以生

---

① 习近平著：《高举中国特色社会主义伟大旗帜 为全面建设社会主义现代化国家而团结奋斗：在中国共产党第二十次全国代表大会上的报告》,人民出版社 2022 年版。

产体系的财富创造增长为前提，同时也需要高效的交换体系为支撑。

第二，分配结构须分层合理。即协调和平衡分配结果的激励特征和平等特征，限制与约束过高收入群体、扩大中等收入群体、减少低收入群体，形成"橄榄型"的分配结构和分配层次。对此，党的二十大进行了明确阐述，要求要"努力提高居民收入在国民收入分配中的比重，提高劳动报酬在初次分配中的比重""坚持多劳多得，鼓励勤劳致富，促进机会公平，增加低收入者收入，扩大中等收入群体"[①]。

第三，分配格局须动态优化。个体的分配结果不应是固定、僵化的，而应与分配条件、分配方式形成多元联动，在个体分配的动态变化中实现分配格局的相对稳定和持续优化。这便要求：在分配渠道上，要"探索多种渠道增加中低收入群众要素收入，多渠道增加城乡居民财产性收入"[②]；在分配机制上，要"破除妨碍劳动力、人才流动的体制和政策弊端，消除影响平等就业的不合理限制和就业歧视，使人人都有通过勤奋劳动实现自身发展的机会"[③]；在分配形式上，要"引导、支持有意愿有能力的企业、社会组织和个人积极参与公益慈善事业"[④]，从而激发企业这一重要主体在动态优化分配格局中的能动作用。

可见，高质量的分配体系是超大城市基本经济体系高质量运行的保障性维度，其基本内涵包括遵循科学合理的分配方式、保持结构平衡的分配条件、实现动态优化的分配结果等。唯有各经济主体得到合理且相对均衡的分配激励，方能支撑超大城市的高质量再生产以及高水平消费；而分配体系的高质量发展也并非孤立的，其归根结底由生产体系所决定，同时又依赖于交换体系和消费体系的高质量运行。

三、枢纽性维度：高质量城市交换体系

高质量的交换或流通对于超大城市有机体的高质量发展而言同样必不可少。马克思深入阐述了流通过程对商品生产者和资本所有者而言的重要性，即

[①] 习近平著：《高举中国特色社会主义伟大旗帜 为全面建设社会主义现代化国家而团结奋斗：在中国共产党第二十次全国代表大会上的报告》，人民出版社 2022 年版。

[②] 习近平著：《高举中国特色社会主义伟大旗帜 为全面建设社会主义现代化国家而团结奋斗：在中国共产党第二十次全国代表大会上的报告》，人民出版社 2022 年版。

[③] 《实施就业优先战略》，《中华人民共和国人力资源和社会保障部网》，2022 年 11 月 2 日，http://www.mohrss.gov.cn/SYrlzyhshbzb/dongtaixinwen/buneiyaowen/rsxw/202211/t20221102_489250.html。

[④] 习近平著：《高举中国特色社会主义伟大旗帜 为全面建设社会主义现代化国家而团结奋斗：在中国共产党第二十次全国代表大会上的报告》，人民出版社 2022 年版。

商品出售过程作为"惊险的跳跃",其成功与否决定了商品生产者的命运;价值增值同样不能离开流通领域,其"不能从流通中产生,又不能不从流通中产生"[①]。为此,高质量的城市交换体系是超大城市高质量发展的必要内容,且发挥着枢纽性作用。具体而言,其应囊括以下基本内涵:

(一) 高效市场交换与合理计划交换的有机统一

在社会主义市场经济条件下,市场交换是我国超大城市交换体系的基本形式,但与此同时,市场机制存在的功能弱点使得政府须在公共品、战略产业、民生产业等领域发挥积极作用,采取一定的计划型交换方式。为此,超大城市的高质量交换体系,首先要求形成高效市场交换和合理计划交换的有机统一。

一是边界清晰的交换方式。根据马克思主义的经典逻辑,市场的交换方式虽然导致了"人的社会关系转化为物的社会关系"[②],但在私有制和社会分工条件下具有必然性,且在剩余价值规律作用下是相对有效率的。然而,市场并非没有边界,对于那些不以最大化增值为目标或影响国计民生的行业或部门(如教育、医疗、基础设施等),则不能完全遵循市场的交换方式,而须采用一定的计划交换方式。为此,高质量的城市交换体系应遵循和坚持两种交换方式的合理边界,在竞争性行业充分发挥市场的资源配置作用,正如习近平总书记在党的二十大所强调的,要"构建全国统一大市场,深化要素市场化改革,建设高标准市场体系。完善产权保护、市场准入、公平竞争、社会信用等市场经济基础制度,优化营商环境"[③];而在非竞争性和战略性行业则严守不能过度市场化的底线。

二是多元高效的交换渠道。高质量的城市生产体系决定了交换客体及其规模,高质量的城市分配体系则明确了交换主体及其交换能力,但两者之间仍需交换渠道予以链接,其包含交换平台、支付手段、物流运输等系列内容。如若交换渠道相对单一、交易费用较高,则无论市场交换还是计划交换均会受阻,继而反过来约束生产过程和分配过程的顺利进行。为此,高质量的城市交换体系须构建多元有效的交换渠道,包括多样化的交换平台、便捷安全的支付手段、互联互通的物流体系等。在当前数字经济条件下,还应充分发挥数字交换渠道的优势

[①] 马克思、恩格斯著:《马克思恩格斯文集》(第5卷),人民出版社2009年版,第193页。
[②] 马克思、恩格斯著:《马克思恩格斯全集》(第30卷),人民出版社1995年版,第107页。
[③] 习近平著:《高举中国特色社会主义伟大旗帜 为全面建设社会主义现代化国家而团结奋斗:在中国共产党第二十次全国代表大会上的报告》,人民出版社2022年版。

作用,即利用数字交换的跨时空性、非接触性、智能运行性等特征,发展多样化、高效率的数字交换平台、数字支付手段和智能物联体系。

三是规范有序的交换环境。无论市场型交换还是计划型交换,其有效运行均依赖于一定的交换环境。前者要求明晰的产权和健全的法律法规,尤其须对数字交换条件下的数字代号脱实化、交换价值溢出垄断化等现象进行规范,对数字产品、数据要素等新型交换客体的产权认定、定价机制等进行规范。后者则要求对其计划程度和市场运用的功能边界进行较为明晰的规范和限定,既不能过度集权、僵化,也不可过度自由市场化。而这又要求政府及相关部门,充分运用大数据、人工智能、仿真模拟等数字技术,持续增强对市场运行的监测和调控能力,持续提升计划决策和计划实施的能力和效果。

(二) 脱虚向实、安全有效的城市金融体系

经济是肌体,金融则是血脉,两者共生共荣。为此,构建高质量的金融体系是超大城市高质量交换体系的重要内容。与西方国家"脱实向虚"的过度金融化不同,我国超大城市的金融体系应立足于服务实体经济,并以多元有效、安全可控为基本要求。

其一,构建服务实体经济的城市金融体系。实体经济是国民经济发展的基石,金融则是现代经济的核心,为实体经济服务是金融的天职。习近平总书记曾多次重申金融体系服务实体的内在本质,强调"要把为实体经济服务作为出发点和落脚点,全面提升服务效率和水平,把更多金融资源配置到经济社会发展的重点领域和薄弱环节,更好满足人民群众和实体经济多样化的金融需求"[1]。这便对超大城市金融体系提供了明确要求:一方面要畅通和激励金融进入实体经济尤其是先进制造业的通道,为实体经济发展创造良好的金融环境。对此,习近平总书记曾指出,要"疏通金融进入实体经济的渠道,积极规范发展多层次资本市场,扩大直接融资,加强信贷政策指引,鼓励金融机构加大对先进制造业等领域的资金支持,推进供给侧结构性改革"[2]。另一方面要引导金融进入创新型企业、中小企业和小微企业,从而为这些企业的持续发展提供资金支持。一般而言,这一过程难以通过市场自发实现,还需要积极发挥地方政府的重要作用,如"设立

---

[1] 《习近平:深化金融改革 促进经济和金融良性循环健康发展》,《人民日报》2017 年 7 月 16 日。
[2] 习近平著:《金融活经济活金融稳经济稳 做好金融工作维护金融安全》,《人民日报》2017 年 4 月 27 日。

国有资本风险投资基金,用于支持创新型企业包括小微企业"[①]等。

其二,构建多元有效的城市金融体系。服务实体经济是超大城市金融体系的内在本质和发展方向,在明确这一方向的基础上,还须持续增强其作用效力,构建多元有效的现代化城市金融体系。一方面要建设多元化的融资体系和多层次的资本市场,即避免同质化、重复化的金融机构布局,而应契合市场的多样化金融服务需求,"构建多层次、广覆盖、有差异的银行体系",同时"积极开发个性化、差异化、定制化金融产品"[②],进一步增强金融体系的资金优化配置功能,并"不断提高金融业竞争能力"[③]。另一方面要形成市场和政府共同发挥作用的金融体系,既要坚持"市场导向,发挥市场在金融资源配置中的决定性作用",在不影响金融稳定的前提下,赋予金融机构和企业更大的自主权,同时还要"坚持社会主义市场经济改革方向,处理好政府和市场关系,完善市场约束机制,提高金融资源配置效率"[④]。

其三,构建安全可控的城市金融体系。提高防范化解金融风险的能力是构建现代金融体系的基本底线。金融业本身便是经营和管理风险的行业。近年来随着世界经济的波动和中国经济新变化,我国金融领域进入风险易发高发期。为此,提高防范化解金融风险的能力成为我国超大城市进一步建设现代化金融体系的必然要求。要防止发生系统性金融风险,必须建立现代金融监管体系,通过"深化金融体制改革……加强和完善现代金融监管,强化金融稳定保障体系,依法将各类金融活动全部纳入监管,守住不发生系统性风险底线"[⑤]。对此,一方面要符合中国国情,即"实行什么样的金融监管体制,国际上有不同做法,我们要从我国国情出发,特别是要坚持问题导向,较快确定思路,不要争来争去、久拖不决"[⑥];另一方面要符合现代特点和要求,即要"加快建立符合现代金融特点、统筹协调监管、有力有效的现代金融监管框架"[⑦]。

[①] 中共中央文献研究室编:《习近平关于社会主义经济建设论述摘编》,中央文献出版社2017年版,第141页。
[②] 习近平著:《深化金融供给侧结构性改革 增强金融服务实体经济能力》,《人民日报》2019年2月24日。
[③] 习近平著:《金融活经济活金融稳经济稳 做好金融工作维护金融安全》,《人民日报》2017年4月27日。
[④] 《习近平:深化金融改革 促进经济和金融良性循环健康发展》,《人民日报》2017年7月16日。
[⑤] 习近平著:《高举中国特色社会主义伟大旗帜 为全面建设社会主义现代化国家而团结奋斗:在中国共产党第二十次全国代表大会上的报告》,人民出版社2022年版。
[⑥] 中共中央文献研究室编:《习近平关于社会主义经济建设论述摘编》,中央文献出版社2017年版,第65页。
[⑦] 习近平著:《关于〈中共中央关于制定国民经济和社会发展第十三个五年规划的建议〉的说明》,《人民日报》2015年11月4日。

（三）流转畅通、现代高效的城市物流体系

物质流通是连接生产和消费的中间环节，高效的现代物流体系能够在更大范围内把生产和消费联系起来，扩大交易范围、推动分工深化。对此，党的二十大明确强调，要"加快发展物联网，建设高效顺畅的流通体系，降低物流成本"①。由此可见，高质量的物流体系也是超大城市高质量交换体系的重要内容之一。

其一，构建流转畅通的城市物流体系。2020年突然出现的新冠肺炎疫情，使相对稳定有效的国内经济循环面临前所未有的挑战。在内外多重压力叠加作用下，我国经济循环过程中原本正常的商流、物流、资金流、信息流出现局部断流现象，产业链、价值链、供应链、服务链等也出现不同程度断裂。正是在此背景下，习近平总书记及时提出加快形成以国内大循环为主体、国内国际双循环相互促进的新发展格局，以应对中国现阶段发展环境和条件的系统性深层次变化。而构建现代物流体系并提升其畅通性，是加快构建新发展格局的重要方面，也是作为国内经济中心的超大城市应当发挥引领作用的重要领域。这便要求，应充分利用现代数字信息技术，整合优化城市物流资源，打通堵点、补充断点，尤其要"加快交通基础设施智能化升级。推进交通基础设施移动通信网络覆盖，加快铁路、公路、港航、机场等交通基础设施数字化改造和网联化发展"②。如在陆运方面，"有序推进智慧公路、智能铁路建设，在具备条件的地区研究推进城市地下货运系统建设"③；在航运方面，"全面推动智能航运建设，打造智慧港口，提升港口装卸、转场、调度等作业效率"④；在空运方面，"推进智慧机场建设，在有条件的地区开展航空电子货运试点，研究部署服务区域流通的大型无人机起降点。推进综合交通运输信息平台建设"⑤。

其二，构建现代高效的城市物流体系。构建现代物流体系必须以提高流通

---

① 习近平著：《高举中国特色社会主义伟大旗帜 为全面建设社会主义现代化国家而团结奋斗：在中国共产党第二十次全国代表大会上的报告》，人民出版社2022年版。
② 国家发展改革委编：《"十四五"现代流通体系建设规划》，http://www.gov.cn/zhengce/zhengceku/2022-01/24/5670259/files/fc791db5595f4b3494ff1c24250649f3.pdf。
③ 国家发展改革委编：《"十四五"现代流通体系建设规划》，http://www.gov.cn/zhengce/zhengceku/2022-01/24/5670259/files/fc791db5595f4b3494ff1c24250649f3.pdf。
④ 国家发展改革委编：《"十四五"现代流通体系建设规划》，http://www.gov.cn/zhengce/zhengceku/2022-01/24/5670259/files/fc791db5595f4b3494ff1c24250649f3.pdf。
⑤ 国家发展改革委编：《"十四五"现代流通体系建设规划》，http://www.gov.cn/zhengce/zhengceku/2022-01/24/5670259/files/fc791db5595f4b3494ff1c24250649f3.pdf。

效率为主要出发点和落脚点。对此,习近平总书记进行了明确阐述,即"在社会再生产过程中,流通效率和生产效率同等重要,是提高国民经济总体运行效率的重要方面。高效流通体系能够在更大范围把生产和消费联系起来,扩大交易范围,推动分工深化,提高生产效率,促进财富创造。国内循环和国际循环都离不开高效的现代流通体系"①。为此,须构建现代高效的超大城市物流体系。一方面应充分发挥市场的作用,即"构建统一开放有序的运输市场,优化调整运输结构,创新运输组织模式"②,从而借助市场机制下企业对超额剩余价值的追逐,有效推动物流产业的高效化、数字化、智能化转变,尤其是"加快发展智慧物流,积极应用现代信息技术和智能装备,提升物流自动化、无人化、智能化水平"③。另一方面应推进物流与相关产业协同创新发展,即要"加强物流基础设施与工业园区、商品交易市场等统筹布局、联动发展,推进国家物流枢纽经济示范区建设,培育壮大枢纽经济。支持物流企业与生产制造、商贸流通企业深度协作,创新供应链协同运营模式,拓展冷链物流、线边物流、电商快递等物流业态"④。

总之,高质量的交换体系是超大城市基本经济体系高质量运行的枢纽性维度,其基本内涵是形成高效市场交换与合理计划交换的有机统一,同时应在两个重点领域发挥战略性作用,即构建脱虚向实、安全有效的城市金融体系,以及构建流转畅通、现代高效的城市物流体系。之所以是枢纽性维度,原因在于唯有形成以上所述的高质量交换体系,方能保证生产体系的高效周转、分配体系的规范有序以及消费体系的通畅实现。

四、实现性维度:高质量城市消费体系

超大城市有机体的高质量发展最终要落脚到高质量的消费体系,否则高质量的生产体系也将成为空中楼阁,因为消费"创造出生产的观念的内在动机",是

---

① 习近平著:《统筹推进现代流通体系建设 为构建新发展格局提供有力支撑》,《人民日报》2020年9月10日。
② 习近平著:《习近平在全面推动长江经济带发展座谈会上强调 贯彻落实党的十九届五中全会精神 推动长江经济带高质量发展》,《人民日报》2020年11月16日。
③ 国家发展改革委编:《"十四五"现代流通体系建设规划》,http://www.gov.cn/zhengce/zhengceku/2022-01/24/5670259/files/fc791db5595f4b3494ff1c24250649f3.pdf。
④ 国家发展改革委编:《"十四五"现代流通体系建设规划》,http://www.gov.cn/zhengce/zhengceku/2022-01/24/5670259/files/fc791db5595f4b3494ff1c24250649f3.pdf。

生产的前提,且生产"只有在消费中才能成为现实的产品"①。高质量的消费体系体现了我国超大城市所追求的"高质量"的价值判断,即高质量发展绝不是为少数人服务,而是"把人民对美好生活的向往作为奋斗目标"②,以最广大人民群众的需要为根本旨趣。

(一) 构建层次升级、现代均衡的私人消费体系

在社会主义市场经济条件下,消费体系是个体收入分配和商品市场交换的结果,但与此同时,消费需求的层次和差异又会反过来影响生产的动机、分配的条件、交换的实现等。为此,高质量的城市消费体系首先要求构建层次升级、现代均衡的私人消费体系。

一是消费层次的升级化。消费层次升级意味着消费结构应从"基本温饱需求"到"高层次物质需求和基本精神需求"再到"美好生活需求和高层次精神需求"转变。其微观逻辑基础在于要实现劳动力价值的提升,包括推动劳动力价值基本内容(即劳动者自身及子女生活资料以及教育培训费用)的提质增量,以及持续拓展劳动力价值新内容(如更高水平的精神消费、医疗消费、发展消费等)。为此,超大城市应构建与劳动力价值新内容相匹配的消费体系,尤其是形成更高质量的旅游消费、文化消费、体育消费等精神消费内容。但这依赖于相关产业的充分发展以及高质量产出,同时需要合理有序的分配体系以及相关市场的高效交换作为支撑条件。如要提升文化消费质量,则需"推动文化产业高质量发展,健全现代文化产业体系和市场体系,推动各类文化市场主体发展壮大,培育新型文化业态和文化消费模式"③。

二是消费差异的合理化。消费差异的合理化是结构均衡的分配体系的另一侧面,两者相互支撑、相互加强,保障城市内不同群体、不同区域之间消费水平的合理化差异。这要求:(1)协调超大城市内部不同收入群体的消费差异,即一方面应合理限制高收入群体的过高消费和浪费式消费,另一方面应保障低收入群体所需要的足够消费规模以及合理的消费结构,实现健康、高质量的劳动力再生

---

① 马克思、恩格斯著:《马克思恩格斯文集》(第 8 卷),人民出版社 2009 年版,第 15 页。
② 习近平著:《决胜全面建成小康社会 夺取新时代中国特色社会主义伟大胜利》,《人民日报》2017 年 10 月 28 日。
③ 习近平著:《举旗帜聚民心育新人兴文化展形象 更好完成新形势下宣传思想工作使命任务》,《人民日报》2018 年 8 月 23 日。

产。当然,消费差异归根结底取决于分配体系的差异程度,为此需要进行协同推进。(2)平衡超大城市内部不同区域的消费差异,即避免出现城市中心区域消费旺盛而边缘区域消费疲软的失衡现象,根据不同区域的产业和生态特征,打造不同类型的消费业态,形成"遍地开花"的超大城市消费格局。这同样需要消费体系与生产体系的协同推进方能实现。

三是消费方式的现代化。伴随数字经济和平台经济的迅速发展,数字化的生产方式推动消费新业态、新模式不断显现,包括网络购物、移动支付、线上线下融合和智能化商品等新型消费蓬勃发展,为我国消费市场注入全新活力。为此,超大城市应积极引领消费方式的现代化升级。一方面是提升消费内容的现代化,即"要加快释放新兴消费潜力,积极丰富 5G 技术应用场景,带动 5G 手机等终端消费,推动增加电子商务、电子政务、网络教育、网络娱乐等方面消费"[1]。另一方面是拓展消费与生产的融合式发展,即通过数字经济与实体经济融合以及互联网平台的纵深发展,推动智能制造、无人配送、在线消费、远程办公等"虚实结合"的新型消费过程,在变革民众生活消费方式的同时催使生产企业不断创新。消费方式的现代化同样取决于生产过程的现代化发展,并需要借助现代化交换体系来实现,同时这些新兴消费又反过来促进了生产和交换的数字化升级。

(二)构建全面覆盖、动态更新的公共消费体系

作为全社会最终消费的两大组成部分之一,我国公共消费率长期低于全球平均水平,有较大提升空间。为此,构建高水平的公共消费体系是超大城市高质量消费体系的应有之义。其中,教育医疗和公共服务是两个重点内容。

其一,构建多层次、全覆盖的教育医疗体系。教育医疗体系不仅是影响劳动力再生产进而影响生产体系高质量运行、劳动条件均衡发展的重要保障,也是居民消费需求的重要组成部分,是实现人民美好生活需要的重要支撑。为此,超大城市应发挥资源集聚优势,构建高质量的教育体系和医疗体系。在教育体系建设方面,前文分配体系部分已有论述,此处不再重复,仅强调一点,即教育是公共消费体系的重要组成部分,为此超大城市应进一步优化公立教育的水平、质量及

---

[1] 习近平著:《在中央政治局常委会会议研究应对新型冠状病毒肺炎疫情工作时的讲话》,《求是》2020 年第 4 期。

布局,满足绝大多数城市居民对优质教育的需求。在医疗体系建设方面,则应做到三个基本维度:(1)医疗服务的分类发展,即形成公立医院、私立医院、社区医院、养老机构、健康管理机构等多元化医疗服务有机统一的格局,尤其要"深化以公益性为导向的公立医院改革,规范民营医院发展"[1],从而满足城市居民的多样化医疗服务需求。(2)医疗资源的全面覆盖,即在确保医疗服务充分供给的基础上,持续优化分层次的医疗保障机制,包括"完善大病保险和医疗救助制度,落实异地就医结算,建立长期护理保险制度,积极发展商业医疗保险""深化医药卫生体制改革,促进医保、医疗、医药协同发展和治理"等[2],使得城市居民均有机会获得必要的医疗服务。(3)医疗机构的均衡布局,即合理布局各类医疗机构,尤其是平衡优质医疗资源的区域分布,避免优质医疗服务过度集中带来的资源挤兑、医患关系等问题。

其二,构建均等化、高水平的公共服务和公共基础设施体系。公共服务和公共基础设施是城市居民公共消费的最集中体现,也是我国作为社会主义国家将发展成果全民共享的重要实现路径之一。为此,超大城市应发挥带动作用,率先推动构建均等化、高水平的公共服务和公共基础设施。(1)实现基本公共服务的均等化,即"办好就业、教育、社保、医疗、养老、托幼、住房等民生实事,提高公共服务可及性和均等化水平"[3],避免出现公共服务的真空地带或多部门分管下的责任虚化等问题。对此,习近平总书记曾明确指出,要"坚持人人尽责、人人享有,坚守底线,突出重点、完善制度、引导预期,完善公共服务体系"[4]。(2)实现公共基础设施的均衡化和多样化,即对城市边缘区域的公共基础设施进行重点投入,拉齐不同区域公共基础设施的基础配置,同时根据不同区域的产业和生态特征,推进公共基础设施的多样化布局。(3)提升公共服务和公共基础设施的现代化,即要"优化基础设施布局、结构、功能和系统集成,构建现代化基础设施体系"[5],满足城市居民对高水平休闲娱乐、交通出行、通信服务等的消

---

[1] 习近平著:《高举中国特色社会主义伟大旗帜 为全面建设社会主义现代化国家而团结奋斗:在中国共产党第二十次全国代表大会上的报告》,人民出版社2022年版。
[2] 习近平著:《高举中国特色社会主义伟大旗帜 为全面建设社会主义现代化国家而团结奋斗:在中国共产党第二十次全国代表大会上的报告》,人民出版社2022年版。
[3] 习近平著:《坚定不移走高质量发展之路 坚定不移增进民生福祉》,《人民日报》2021年3月8日。
[4] 习近平著:《决胜全面建成小康社会 夺取新时代中国特色社会主义伟大胜利》,《人民日报》2017年10月28日。
[5] 习近平著:《高举中国特色社会主义伟大旗帜 为全面建设社会主义现代化国家而团结奋斗:在中国共产党第二十次全国代表大会上的报告》,人民出版社2022年版。

费需求。

高质量的消费体系是超大城市基本经济体系高质量运行的实现性维度,体现了我国超大城市高质量发展的价值指向,即归根结底是为了满足人民日益增长的对美好生活的需求。高质量消费体系的基本内涵包括"层次升级、现代均衡的私人消费体系",以及"全面覆盖、动态更新的公共消费体系"两大方面,且其实现并非孤立的,需要高质量的生产体系、分配体系以及交换体系作为系统性支撑。

综上,高质量的生产体系、分配体系、交换体系和消费体系相互交融、彼此加强,共同构成支撑超大城市有机体高质量发展的基本经济体系。这一基本经济体系既规定了超大城市高质量经济发展的核心架构和基本内涵,也成为进一步分析超大城市高质量发展的生态内涵和开放内涵的基础和前提,即无论生态内涵还是开放内涵,均建立在高质量基本经济体系基础之上,否则将失去其功能(见图3-1)。

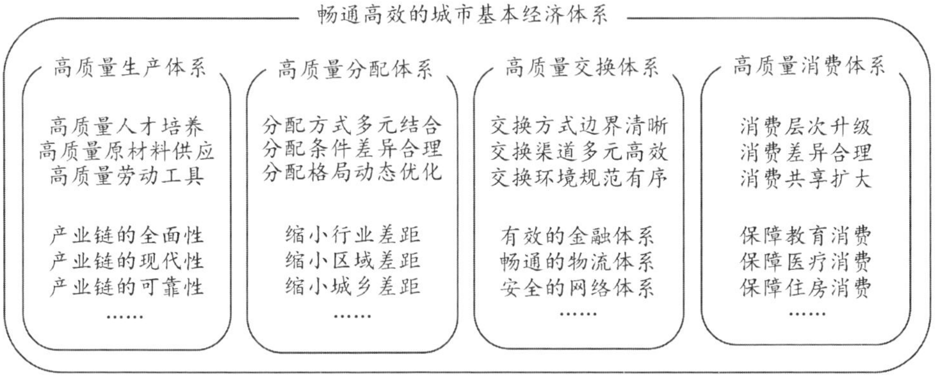

畅通高效的城市基本经济体系

高质量生产体系	高质量分配体系	高质量交换体系	高质量消费体系
高质量人才培养 高质量原材料供应 高质量劳动工具	分配方式多元结合 分配条件差异合理 分配格局动态优化	交换方式边界清晰 交换渠道多元高效 交换环境规范有序	消费层次升级 消费差异合理 消费共享扩大
产业链的全面性 产业链的现代性 产业链的可靠性 ……	缩小行业差距 缩小区域差距 缩小城乡差距 ……	有效的金融体系 畅通的物流体系 安全的网络体系 ……	保障教育消费 保障医疗消费 保障住房消费 ……

图3-1 高质量的城市基本经济体系示意图

第二节 形成良性循环、优美宜居的高质量生态经济体系

根据社会有机体理论,要完整阐述超大城市有机体高质量发展的理论内涵,不能仅考虑有机体的内部要素,还须充分考察其与外部环境之间的交互作用,因

为这种交互不仅影响超大城市有机体的发展质量结果,甚至还会改变其动态演变路径及方向。在当前全球均面临严峻生态挑战的条件下,城市所处的生态环境是其必然要考虑的外部环境之一,超大城市有机体的高质量发展还须依托高质量的生态经济体系。

一、本质要求:经济空间与生态空间高质量交互

从第二章对超大城市生态经济体系的基本分析,可以看出,高质量的城市生态经济体系,应实现超大城市所处的生态环境、超大城市中的人以及人的经济社会活动之间的相互协调。其中,超大城市中的人以及人的经济社会活动可统称为城市经济空间,与之相对应的则是城市生态空间。为此,可将高质量的城市生态经济体系界定为,城市生态空间与城市经济空间的高质量交互统一体,其包含城市生态空间的高质量"人化"以及城市经济空间的高质量"对象化"两个基本方面。

(一)实现城市生态空间的高质量"人化"

所谓城市生态空间的高质量"人化",是指人对自然界的有意识地改造,应以自然空间的自我再生能力和自我净化能力为底线和前提。马克思和恩格斯强调自然是人劳动实践的产物,也即人化自然。尤其工业革命之后,人对自然界的改变和影响日益增强,人与自然之间的物质交换更加紧密,自然界被越来越多地打上了"人"的烙印,这就是自然的人化过程。然而,如若这一人化过程愈发以趋利性为主导,则必然引致生态的严重破坏以及人与自然物质交换的断裂。为此,高质量的生态经济体系,要求人对自然界的改造应以自然界的良性运行为底线。

其一,城市经济空间对生态空间的索取应与生态空间的自我再生能力相匹配。生态系统不仅包括水分、土壤、空气、温度、阳光等无机自然环境,还囊括了植被、动物、微生物等有机自然环境[1],是一个活的动态系统,具有一定的自我再生能力。但其再生能力具有一定界限,且建立在足够的物种、景观、遗传等生态多样性基础之上。为此,要实现高质量的城市生态空间,要求城市对

---

[1] 叶峻著:《社会生态学与协同发展论》,人民出版社 2012 年版,第 69 页。

自然资源、植物、生物等生态要素的使用速度、规模和结构维持在生态再生界限之内,同时开展全方位的生态多样性保护措施,并构建较为完善的法律制度。

其二,城市经济空间对生态空间的污染排出应与自然空间的自我净化能力相匹配。生态系统具有一定的自我净化功能,即可通过生态循环将排入废弃物进行净化和消解,但这种净化功能同样具有一定的边界,如若超出边界则会导致污染累积且净化功能持续减弱。为此,要实现高质量的城市生态空间,要求城市须将污染排放维持在生态边界之内,同时要对"山水林田湖草系统"进行系统谋划、统筹治理,保护好、发挥好这一自然活过滤器的净化作用。

(二) 实现城市经济空间的高质量"对象化"

所谓城市经济空间的高质量"对象化",即生态空间作为人的本质力量的对象化,须满足人对自然的高质量需要。在自然界人化的同时,人的本质能力也在不断对象化,即"一切对象对他来说也就成为他自身的对象化,成为确证和实现他的个性的对象,成为他的对象,这就是说,对象成为他自身",因此"人不仅通过思维,而且以全部感觉在对象世界中肯定自己"。[①] 这便意味着,高质量的生态空间不仅有自然科学层面的高质量内涵,还有着基于人的视角的社会科学内涵,即应满足人对生态空间的高质量需要。

其一,满足人对宜居生活环境的需要。城市生活空间的高质量发展首先由城市生产、分配、交换、消费等经济维度所决定,但除此以外,当城市中的人还原为生命体的一般属性,则其也对所处的生存环境有一定的诉求,包括气候适宜、空气清新、水源清洁、绿化充足等。这要求城市不仅要发展和满足人的经济需要,还须通过生态规划和治理,充分满足人对宜居环境的需要。

其二,满足人对优美生态环境的需要。人的生命活动是有意识的,为此相比其他生命体,人对优美的生态环境有更强的主观需要。且人的"所谓精神感觉、实践感觉(意志、爱等),一句话,人的感觉、感觉的人性,都是由它的对象的存在,由于人化的自然界,才产生出来的"[②],这意味着,优美的城市生态空间反过来还

---

① 马克思、恩格斯著:《马克思恩格斯文集》(第1卷),人民出版社2009年版,第191页。
② 马克思、恩格斯著:《马克思恩格斯文集》(第1卷),人民出版社2009年版,第191页。

能进一步发展和丰富人的本质的客观展开。为此,要通过生态投资、景观规划、生态保护等举措,持续优化城市生态环境。

通过以上分析,不难发现,城市生态空间的高质量"人化"以及城市经济空间的高质量"对象化",有着内在的一致性和统一性,即无论从生态空间的客观角度还是从人的主观角度,均要求城市经济与生态形成良性循环,也即形成高质量的生态经济体系。

二、基本内容:绿色生产、绿色分配、绿色交换与绿色消费

超大城市经济空间与生态空间的物质交换,归根结底是通过生产、分配、交换、消费等经济活动实现的。为此,高质量的超大城市生态经济体系,需要依赖于生产的绿色化、分配的绿色化、交换的绿色化以及消费的绿色化方能实现,这也构成高质量的超大城市生态经济体系的主要内容。

(一) 绿色生产

绿色生产是对马克思内涵式生产的拓展和延伸,进一步强调了内涵式生产中的绿色意蕴,是符合习近平新时代中国特色社会主义发展要求的生产方式。绿色生产首先以人民为中心,是一种以"人与自然"和谐发展为路径的生产方式;其次以绿色劳动为基本脉络,强调劳动力、劳动对象和劳动资料的绿色化发展;最后以绿色技术创新为动力,以绿色制度创新为依托,旨在经济系统的绿色化运行中进行生产。具体来看,包括以下三点内涵:

其一,绿色生产是以人民为中心,强调"人与自然"和谐发展的生产路径。资本主义条件下生产模式是以"资本"为中心,着重追求资本的累积。而社会主义市场经济将以"人的发展"为中心,生产是为了实现人的全面发展。绿色生产正是社会主义市场经济的必然要求。绿色生产不仅强调劳动主观条件变化式技术创新所带来的资源节约,也强调直接将绿色理念融于经济发展过程,从而在生产的过程中实现生态环境保护。

其二,绿色生产以绿色劳动为基本脉络,强调劳动力、劳动对象和劳动资料的绿色化发展。劳动力的绿色化是绿色可持续生产之源泉,它强调健康劳动力发展。只有健康的劳动力才能为后续经济生产过程提供源源不断的劳动。劳动

资料的绿色化是指劳动工具的节约化、高端化和智能化,而劳动对象的绿色化是指劳动资源的新型化、集约化和可再生化。比如,以新能源这种储量几近无限的能源形式替代传统数量有限的化石能源形式。

其三,绿色生产以绿色技术创新为动力,以绿色制度创新为依托,在经济系统的绿色化运行中进行生产。绿色生产不同于以往的生产路径,它将成为第四次工业革命的主要表现形式,绿色技术创新也将成为这次工业革命的核心。技术创新是工业革命的动力源。绿色技术创新主要是以新能源技术、智能化技术为主的创新技术体系。绿色制度创新是指减排、节约资源、生态文明等生态制度体系,包括绿色正式制度和绿色非正式制度两大方面。绿色生产是与传统以资本积累为中心的制度体系的根本性决裂,是强调经济系统的绿色化运行而进行的生产。

(二)绿色分配

绿色分配是实现绿色发展的关键一环,是绿色发展的内在要求与基本保障。绿色分配的具体践行主要体现在绿色收入、绿色支出和绿色转移支付三个方面。其中,绿色收入是指政府为履行其职能、实施绿色公共政策和提供绿色公共物品与服务需要而筹集的"绿色资金",其来源主要是绿色税收。绿色支出是指在绿色经济条件下,政府为提供绿色公共产品和绿色服务,满足社会共同需要而进行的"绿色"财政支付。绿色转移支付又称生态转移支付,包括纵向绿色转移支付,如"退耕还林""退耕还草""天然林保护工程"等都是政府财政通过纵向转移开展的生态补偿;横向转移支付,即按照"谁受益谁付费"的原则,由生态服务的受益区向该服务的提供区支付一定的财政资金,使后者提供的生态服务成本与效益基本对等,从而激励其提高生态产品或服务的有效供给水平。

以上三个支点相互联系、相辅相成。绿色收入是绿色支出的来源,绿色转移支付是合理进行绿色支出的一种方式,而绿色支出同时为绿色收入提供了依据。从作用范围来看,每一个支点又作用于三个层面:一是个人层面的绿色分配,主要包括个人绿色收入、个人绿色消费品补偿等;二是企业层面的绿色分配,主要包括征收企业环境税、分配绿色排放权等;三是政府层面的绿色分配,主要包括改革创新绿色财政体制机制、出台绿色财政支持政策等。

绿色分配是马克思主义生态文明思想在分配领域的拓展和应用,同时也

是对生态补偿理论的具体实践,更是对可持续发展理论的继承和发展。具体而言:

(1) 绿色分配要求健全支持生态文明建设的财政领导和组织机制,加大财政支持生态环保的投入倾斜力度,这一举措不仅继承了马克思生态文明的相关理论,同时也是将其在分配领域的延伸应用。

(2) 绿色分配要求建立生态补偿机制等来实现生态环境的保护,如"探索政府主导、企业和社会各界参与、市场化运作、可持续的生态产品价值实现路径,开展试点,积累经验。要健全环保信用评价、信息强制性披露、严惩重罚等制度"[①]等,这是对生态资本理论的具体实践。

(3) 绿色分配要求以保障和改善民生为重点,大力发展各项社会事业,加大收入分配调节力度,保证当代人的基本生活需求,同时将人类的最大社会福利作为分配的目的和动力进行资源的配置,这又与可持续发展理论的目标指向具有高度一致。

(三) 绿色交换

交换作为社会再生产四环节中的中间环节,不仅是沟通生产与消费的桥梁与纽带,而且能够对生产起到反作用。在绿色发展理念的指导下,绿色金融和绿色网络是推进交换体系绿色化发展继而推动超大城市生态经济体系高质量发展的两个重要方面。

绿色金融是推动绿色经济发展、有效防范经济中各种叠加风险的重要措施。党的十九大将"推进绿色发展"作为"建设美丽中国"的战略部署,并提出了"发展绿色金融"的要求。金融应在推动经济实现绿色发展的过程中有所作为,特别是要注重维护、引导、支持有助于人与自然和谐共生的经济活动,约束向一切不利于人与自然和谐相处的经济项目提供金融支撑。在此基础上,还应改变传统绿色金融仅关注环保经济活动的狭隘做法,将一切有益于生态环保的空间格局、产业结构、生产方式、生活方式乃至价值观念、社会风尚等都纳入绿色金融的支持范围,引导和激励更多社会资本投入与此相关的绿色产业中,让绿色金融真正实现"绿色"的目标。此外,绿色金融在发挥生态保护功能

---

① 习近平著:《坚决打好污染防治攻坚战 推动生态文明建设迈上新台阶》,《人民日报》2018年5月20日。

的同时,还应注重自身的风险。由于绿色金融是主要为环保服务的金融体系,"金融"与"环保"是其内涵中最基本的两个因素,为此其也必然同时蕴含着这两个方面的风险,而且有风险叠加的可能性。为此,在绿色金融的发展过程中,应通过持续推进相关理论研究、持续完善具体的防范策略,把防范叠加风险作为基本原则长期贯彻下去。

绿色网络则是指构建清朗高效且有利于绿色发展的网络环境。根据马克思主义经济学的基本逻辑,可以从生产力、生产关系、意识形态三个层面对绿色网络的影响和作用进行分析。从生产力层面来看,绿色网络对应着一种更加集约有效的生产方式,减少网络环境中劳动力和生产资料的浪费,同时对现实经济活动产生正向的反馈和激励作用。发展绿色网络,关键在于正确认识网络技术的力量,重视新的互联网生产方式对效率和利用率的作用,提高网络生产的节约、高效和便捷能力。从生产关系层面来看,绿色网络要求建立更加高效完善的网络平台,促进资本的高效流动、资源的有效利用以及社会分工的有序进行,从而建立起生产和消费之间良性的沟通桥梁,促进实体生产领域中的资源整合和分工。从意识形态层面来看,加强传统文化的网络化建设、规范发展网络文化,也是绿色文明、绿色发展的必然选择。伴随网络生产的普及和成熟,网络中的文化、艺术发展和法律规范等逐步形成,促进绿色网络内容建设,建设有效的综合治理体系,才能构建起有利于绿色文化传播的绿色网络平台。

(四) 绿色消费

党的十九大报告提出,"人类必须尊重自然、顺应自然、保护自然"[1],应在坚持节约资源和保护环境等国策的基础上,倡导"简约适度、绿色低碳"[2]的消费观。据此可以提出绿色消费的概念,其是在各种支撑条件下,劳动力基于绿色消费理念所进行的由生活、教育、医疗等多方面构成的绿色消费系统。

马克思劳动力价值理论为深入理解绿色消费体系这一概念的本质内涵提供了一个很好的分析视角。我们可以将基于绿色消费和支出的劳动力价值称为

---

[1] 习近平著:《决胜全面建成小康社会 夺取新时代中国特色社会主义伟大胜利》,《人民日报》2017年10月28日。
[2] 习近平著:《决胜全面建成小康社会 夺取新时代中国特色社会主义伟大胜利》,《人民日报》2017年10月28日。

"绿色劳动力价值"。其内涵为,以绿色的方式再生产劳动力所需要的消费和支出;其前提条件是,绿色消费理念成为社会的普遍共识,也即"绿色发展"这一历史道德因素要在消费领域发挥作用;其基本构成为,绿色的生活消费支出(包括劳动者本人及其子女)、绿色的教育消费支出(包括劳动者自身的教育培训及其子女的教育)以及绿色的健康消费支出(劳动者的健康也是绿色发展的基本要求);其支撑条件是,绿色发展理念要在社会各个方面得以贯彻,也即"绿色发展"这一历史道德因素要在全社会层面发挥作用。根据这一理论分析,则绿色生活消费、绿色教育消费和绿色健康消费成为绿色消费的核心组成部分,三者相互交融,共同形成绿色消费体系的核心主体。

第一,绿色生活消费,也即对劳动力再生产所需要生活资料的消费,包括劳动力自身的生活消费及其子女的生活消费。生活资料的消费构成了劳动力消费的最大比重,因此其绿色化对绿色消费体系的实现而言至关重要。具体而言,绿色生活消费包括,绿色能源消费、绿色出行、绿色社区、绿色育儿等。

第二,绿色教育消费,也即对劳动力自身及其子女教育培训的相关消费。随着生活水平不断提高、社会竞争日益加剧,教育支出占劳动力总消费支出的比重越来越大,尤其是对子女的教育。在这一过程中,过度教育、重复教育、教育资料浪费等情况逐渐出现且日益突出,因此,教育消费的绿色化也是绿色消费体系实现的重要方面。

第三,绿色健康消费,也即对健康医疗服务及产品的相关消费。健康劳动力是绿色经济发展下对劳动力再生产过程的更高要求,但在市场经济条件经济增长与人类健康的悖论关系下,人类健康已受到严重威胁,这就使得用于恢复健康所进行的支出和消费日益增多,这部分消费也需要进行绿色化,包括绿色体育、绿色饮食、绿色医疗等。

总而言之,超大城市的经济空间与生态空间之间有着其他生物不可比拟的频繁交互。长久以来,伴随城市经济的高速发展,在人与自然之间的交互作用中,往往以人消耗和污染自然为结果和代价,使得生态系统越来越接近其自我净化能力的最大边界。为此,如若城市经济空间与城市生态空间之间的交互关系无法转为良性关系,则无论生态空间还是经济空间均无法真正达到高质量发展。因此,构建高质量的生态经济体系,须通过绿色生产、绿色分配、绿色交换、绿色消费等通道,形成城市生态空间与城市经济空间的高质量交互统一体,这是超大城市有机体高质量发展的必要生态内涵(见图3-2)。

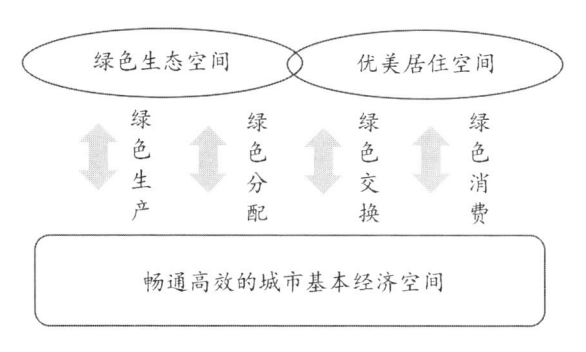

图 3-2　高质量的城市生态经济体系示意图

第三节　打造分层辐射、合作共赢的高质量开放经济体系

除所处的生态环境以外,超大城市还面临着与外部经济环境之间的交互关系。一方面,作为我国宏观经济的重要组成部分,超大城市与国内其他地区经济尤其是与所处的区域经济带之间的交互作用,是其面临的第一种外部经济关系;另一方面,作为我国对外经济开放的重要窗口,超大城市与国外经济之间的交互作用,是其面临的第二种外部经济关系。以上两类开放经济关系通畅与否、质量如何,不仅对超大城市自身高质量发展具有重要影响,而且也是新时代我国加快构建以国内大循环为主体、国内国际双循环相互促进的新发展格局的必然要求和重要路径。

一、国内开放:国内大循环高质量节点

改革开放以来,我国在实现高速经济增长的同时,也衍生和积累了诸多问题和矛盾,如国家创新能力不足、城乡区域发展差距拉大、市场出现分割化现象、产品供给与需求结构性失衡等,这使得全国范围内的生产、分配、交换、消费过程呈现一定的断裂和错配,继而愈发阻碍我国经济的国内总体循环。为此,新时代我国宏观经济高质量发展和构建新发展格局的关键便在于,要畅通国内经济的高质量循环。这一工作涉及宏观经济各个方面,且会改变我国的经济利益格局,故

不可进行一刀切式的改革,而须在系统性顶层设计的基础上进行分层次、有重点、有步骤的改革和推进。其中,超大城市作为我国经济改革实践的引领者和先行者,应发挥和承担畅通国内大循环的高质量节点作用。

一是发挥超大城市在区域经济中的关键性节点作用,带动区域经济分工协作,成为我国高质量发展的核心动力源。我国目前的十个超大城市对应着京津冀、长三角、珠三角(粤港澳大湾区)、成渝城市群等重要的区域经济带,改革开放以来有效发挥了经济增长引擎和改革实践先行区的作用,为此也成为进一步推动中国经济转向高质量发展的核心动力源。这便要求,超大城市应充当区域经济中的关键性节点,在发挥自身的经济积聚、创新辐射、产业带动等功能的同时,推动优化区域内核心城市之间的优势互补、分工协作和改革联动,推动所在区域经济的协同高质量发展。

二是发挥超大城市在都市圈经济中的中心性节点作用,主导构建都市圈经济一体化,成为推动我国高质量发展的重要支撑。所谓都市圈,是指城市群内部以超大特大城市或辐射带动功能强的大城市为中心、以1小时通勤圈为基本范围的城镇化空间形态[1],其中以超大城市为中心的都市圈是区域经济转型升级和高质量发展的重要支撑节点,包括首都都市圈、上海都市圈、深圳都市圈、广州都市圈、重庆都市圈和成都都市圈等。超大城市的高质量节点作用,要求其突破行政壁垒,主导和推动都市圈内的同城化发展,在城间"基础设施一体高效、公共服务共建共享、产业专业化分工协作、生态环境共保共治"[2]等方面发挥积极作用。

三是发挥超大城市在乡村经济中的拉动性节点作用,拉动周边乡村的现代化发展,带动解决我国高质量发展的洼地。相比城市的现代化发展程度,我国乡村经济仍处在加快推进农业农村现代化进程的发展时点上。为此,全面推进乡村产业、人才、文化、生态、组织振兴,通过补齐农业农村现代化短板,推动县域经济高质量发展,为全面建成社会主义现代化强国筑牢根基。对此,除开展系列乡村振兴的配套政策以外,超大城市也须充分发挥其拉动性作用,即通过畅通超大城市与周边乡镇的交通运输、要素流动、基本公共服务共享、产业链整合等方式推动城乡融合发展和乡村特色发展。

---

[1] 《国家发展改革委关于培育发展现代化都市圈的指导意见》,http://www.gov.cn/xinwen/2019-02/21/content_5367465.htm。

[2] 《国家发展改革委关于培育发展现代化都市圈的指导意见》,http://www.gov.cn/xinwen/2019-02/21/content_5367465.htm。

可见,超大城市要实现高质量的国内经济开放,应充分发挥其对区域经济、都市圈经济、乡村经济三层次的高质量节点作用。这一过程的实质是超大城市高质量基本经济体系(即高质量的生产、分配、交换、消费体系)和高质量生态经济体系向外的分层次延展,且伴随这一延展过程的不断深化,又会有效推动超大城市生产、分配、交换、消费环节的总体畅通和质量提升。

二、国际开放:国内国际双循环高质量链接

新发展格局以畅通国内大循环为关键,但绝不是经济封闭,而是在畅通国内循环的基础上推动更高水平、更高质量、更加全面的对外经济开放。对此,超大城市作为我国对外经济开放的重要窗口,应有效承担国内国际双循环的高质量链接作用,这构成超大城市高质量对外开放体系的基本内涵。

何为国内国际双循环的高质量链接?要理解这一点,须先对发达国家主导下的"非高质量"的国际经济秩序进行考察。对此,马克思关于国际分工和国际价值的理论阐述能够提供分析的基础。其基本逻辑在于:(1)私有资本的趋利性必然使其突破国界,并逐步形成国际分工和世界市场。因为"资本的趋势是:不断扩大流通范围;在一切地点把生产变成由资本进行的生产"[1],且"由于机器和蒸汽的应用,分工的规模已使大工业脱离了本国基地,完全依赖于世界市场、国际交换和国际分工"[2]。(2)世界市场中以国际价值为交换衡量的尺度。伴随商品交换从国内市场拓展到世界市场,便会出现商品的国别价值和国际价值,前者由国内生产商品的社会必要劳动时间来决定,后者则"由世界市场上的平均必要劳动时间来决定"[3],且商品在世界市场中应按照国际价值进行交换。(3)国家之间存在国际不平等交换问题。由于各国的劳动生产率不同,为此会出现国别价值与国际价值的不一致,继而引致国际交换不平等的发生,即"两个国家可以根据利润规律进行交换,两国都获利,但一国总是吃亏……一国可以不断攫取另一国的一部分剩余劳动而在交换中不付任何代价"[4]。(4)存在超额剩余价值从发展中国家向发达国家的转移。发达国家相比发展中国家具有更高的劳动生

---

[1] 马克思、恩格斯著:《马克思恩格斯全集》(第46卷上),人民出版社1979年,第391页。
[2] 马克思、恩格斯著:《马克思恩格斯全集》(第4卷),人民出版社1958年,第169页。
[3] 马克思、恩格斯著:《马克思恩格斯全集》(第47卷),人民出版社1979年,第405页。
[4] 马克思、恩格斯著:《马克思恩格斯全集》(第46卷下),人民出版社1980年,第401—402页。

产率,为此在国际交换中会获得超额剩余价值,且发达国家会利用霸权和垄断手段维持甚至不断拉大这一差异,继而不断加剧国际不平等性。

由上可得,二战以来由发达国家主导的国际经济秩序,本质而言是一种基于零和博弈思路,以维护发达国家垄断利益为立足点,以维持甚至扩大国际利益非均衡发展为路径的国际经济关系。从近年来西方国家的新殖民主义行为,尤其是针对我国所采用的抬高关税、限制高技术出口、加严投资审查、实施金融制裁等一系列遏制措施,均可看出这一本质逻辑。显然,这种国际经济秩序并非良性关系,其会不断加剧全球不平衡、增加经济政治军事全方面冲突、恶化全球生态环境等,继而最终不可避免地引致全球性矛盾和危机。

所谓高质量的国际经济关系,即要突破以上这种加剧国际不平等的国际经济秩序,形成以正和博弈为思路,以互利共赢为立足点,促进国际利益均衡发展的良性国际经济关系。为此,我国超大城市要承担国内国际双循环的高质量链接作用,即要发挥其缩小国际不平等、推动互利共赢的良性国际经济关系的作用。

要做到这一点,要求超大城市在生产、分配、交换、消费四个环节均高质量融入国际经济之中,实现更高质量的"引进来"链接作用和"走出去"链接作用。一是更好发挥高质量的"引进来"链接作用。要发挥超大城市在全球范围内的要素集聚和产品整合功能,持续提升利用国外要素的质量,优化国内外要素使用的结构,真正将国外要素为我所用,服务于我国生产、分配、交换、消费的高质量循环。二是更好发挥高质量的"走出去"链接作用。要全面提升超大城市的要素链接能力、产品链接能力和规则链接能力,使超大城市成为国内优质的资本、劳动力、技术等要素向国际市场流动和投资的有效窗口,成为国内高质量、高附加值的产品走向国际市场的良好平台,成为我国与国际规则接轨并增强国际规则制定话语权的重要抓手。最终,通过高质量的"引进来"和高质量的"走出去",一方面不断提升我国在国际产业链、价值链、生态链中的合理位置,继而减少我国所面临的国际不平等性;另一方面也在双向的国际贸易、国际投资、国际金融等国际合作过程中,积极倡导和切实践行互利共赢的良性国际关系,继而推动减少其他发展中国家所面临的国际不平等性。

总之,超大城市与外部经济之间有着比其他城市范围更广、规模更大、类型更多的交互关系,这种交互作用不仅影响着超大城市的高质量发展,而且还蕴含诸多宏观战略意义,即发挥超大城市在国内大循环的高质量节点作用以及国内国际双循环的高质量链接作用。超大城市的这两方面作用同时也对应其高质量开放经济体系的两个基本内涵,即高质量国内经济开放和高质量对外经济开放。

综合以上分析,即可得出我国超大城市有机体高质量发展的三重理论内涵,包括基本内涵,即构建囊括生产、分配、交换、消费的高质量基本经济体系;生态内涵,即形成良性循环、优美宜居的高质量生态经济体系;开放内涵,即打造分层辐射、合作共赢的高质量开放经济体系。三者从不同维度刻画和回答了何为超大城市有机体的高质量发展,这实际上为我国超大城市转向高质量发展的改革实践提供了一个目标导向和理论参照系(见图3-3)。

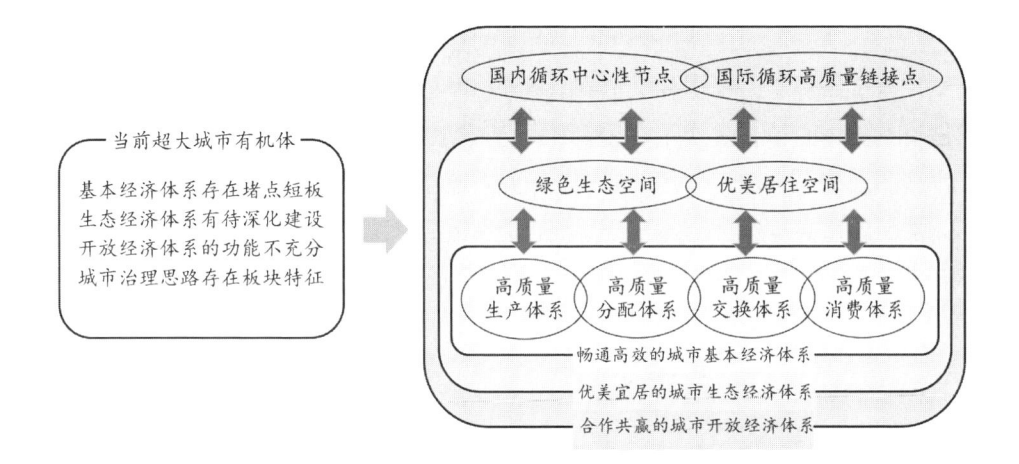

图3-3 超大城市有机体"三重体系"高质量发展示意图

第四章　我国超大城市有机体高质量发展的实现路径

第三章刻画了超大城市有机体高质量发展的目标内涵,这为我国超大城市转向高质量发展提供了一个理论参照系。但目前我国超大城市尚未达到这一目标,为此,一个关键问题便是,如何从当前的数量型超大城市有机体向质量型超大城市有机体转变。根据社会有机体理论和马克思主义经济学的基本逻辑,超大城市有机体的动态演变主要受到三个基本层面的作用和影响,即城市物质生产水平和结构的决定性作用、城市经济关系改革的关键推动作用以及城市意识形态层面的重要反作用。这三个层面也是推动超大城市有机体"三重体系"总体性转变的路径框架。基于此,以下分别对三个层面进行深入解析,提出推动超大城市有机体高质量发展的技术创新力、制度创新力、意识形态引领三大实现路径。

第一节　根本动力:技术创新力

技术创新作为生产力的集中体现,是协同提升我国超大城市基本经济体系、生态经济体系、开放经济体系质量,继而推动超大城市高质量发展的根本动力。为更好地分析技术创新对于推动超大城市"三重体系"总体性转变的作用力,以下提出技术创新力的概念,并对其作用机理进行分析。

一、技术创新力的形成机理分析[①]

技术创新是影响长期经济增长和发展的重要因素之一。在技术创新初期,

---

① 王琳著:《基于技术与制度耦合的经济长波理论与实证研究》,上海财经大学 2016 年博士论文。

出于对超额剩余价值的追逐,资本所有者纷纷引进新技术,加快资本积累,继而促进社会总价值的提高。到了技术创新后期,新技术的普及使得超额剩余价值消失,此时资本积累增长减缓,其对经济增长和发展的促进作用也不断减小。为了方便分析,我们将技术创新对经济活动的效用(或效力)称为技术创新力。技术创新力的概念看似简单,但要深入了解和认识技术创新力的内涵及作用路径,则必须考察影响技术创新力的主要变量,包括驱动技术创新的原动力、限制技术创新上限的约束力,以及技术发明、扩散和应用过程中的决定性因素等。

(一)技术创新的原动力:利益驱动

技术创新并非自发进行,而是由利益所驱动,为此利益是技术创新的原动力。一般来说,只有当新技术的发明有利可图时,科研机构或企业的科研部门才愿意进行技术研发;同样的,只有当新技术的应用能够带来超额利润时,企业才会更加积极地引进和采用新技术;利益越可观,则技术创新速度就越快。

利益驱动的最初来源主要是企业,技术创新能够通过提高劳动生产率使企业不断争取更高的市场份额并获得更多超额利润,因此企业有较强的利益动机来从事新技术的研发,这构成了技术进步的原发动力。然而,当社会发生巨大变革或者技术创新活动规模过大、资金需求过高时,企业的利益驱动可能不足以支撑,这时就需要政府起到或辅助或主导的作用,为技术创新提供额外的利益驱动。此外,对于与公共产品以及准公共产品相关的技术创新,由于其成本与收益的特殊性,企业往往不愿意承担其研发工作,这种情况下也需要政府承担大部分研发活动。

(二)技术创新的约束力:基础科学发展程度

技术创新力在利益驱动下并不能无限提高,而会受到既有科学知识尤其是基础科学发展程度的约束和限制。技术创新并不是空中楼阁,其实现首先需要足够的科学知识积累作为地基,地基越坚实,楼阁才有可能建得越高耸,而一旦地基已达到其承载极限,则楼阁也无法继续提升,可以说,知识基础为技术创新活动限定了上限。因此,如果科学知识积累处于相对停滞状态时,那么它会限制技术创新的进步空间从而成为其约束条件。但从另一方面来看,若科学知识出现突破性发展,那么更高阶的知识基础也会成为技术创新高速繁殖的沃土,它能够打破技术创新的桎梏,推动技术创新呈蜂聚式发展。也即,知识基础对于技创新力的作用具有两面性,发展缓慢的知识基础会成为技术创新力的囚笼,但快速提高的知识基础则是技术创新力增长的强力催化剂。

(三) 技术创新的承载力:创新成果的知识承载程度

在利益驱动和知识基础支持下,创新成果所承载的技术含量以及创新程度是技术创新力的主要内容。在有了足够的利益驱动及知识基础之后,创新活动也就开始了。创新活动无论以何种方式展开,最终会得到相应的创新成果。创新活动的成果具有多种表现形式,它可能是一张图纸,也可能是一组数据,抑或仅仅是一个构想,但只要它成为一个"物",它就成了利益驱动下科学知识的载体。创新成果只是潜在的技术进步,它并没有转化成真正的生产力,但其中的承载能力,也即创新成果中所承载的技术含量以及创新程度的大小却是至关重要的,它决定了创新活动的质量和效果,从而影响了技术创新的实际效用。承载能力的大小主要与三方面因素有关:创新资源的投入(包括经费、科研人员、设备等)、创新管理能力(包括创新战略、创新机制、评价体系等)以及创新意识。承载力越大,则技术创新对经济活动所具有的潜在作用力就越大。

(四) 技术创新的转化力:创新成果的实际应用程度

作为潜在生产力的创新成果转化为现实生产力的程度,衡量了技术创新力的实现性。不论承载能力大小如何,创新成果仅仅表现为潜在的技术进步,要想使其对经济活动发挥实实在在的作用,则需要将其转化为现实的生产力,这是决定技术对经济活动作用效力的关键环节,也是最终环节。这一环节主要受到三方面因素的影响,分别为科学技术本身、企业对科研的参与程度以及创新意识。科学技术有不同的类型,有些能直接促进生产力的提高,如蒸汽机、发电机,但有些则注重长期效果,如与教育、生态等方面相关的新科技,因此科学技术本身的性质会影响其转化为生产力的效果。企业是创新成果转化为现实生产力的直接力量,而企业对科研的参与程度大大影响着其应用新技术的倾向,因此激励企业参与到科研活动之中对创新成果转化为生产力有着重要促进作用。此外,创新意识也是影响企业引入新技术从而影响创新成果转化为生产力的重要因素。

总的来说,技术创新力是由利益所驱动,以知识基础为条件,以承载能力为主要内容,通过转化能力来实现的技术对经济活动的效用,技术创新力最终表现为现实的生产力。技术创新力并不是一个纯粹的单变量,而是由原动力、限制条件、创新过程以及现实作用等多个变量有机构成的统一体。从动态的视角来看,我们认为技术创新力是一个连续的、持续向上的力,但其上升速度有快有慢。

二、技术创新力对超大城市高质量发展的作用分析

技术创新力的提升,是推动我国超大城市基本经济体系、生态经济体系和开放经济体系总体性质量提升,从而推动实现我国超大城市高质量发展的根本动力。

(一)技术创新对于构建超大城市高质量基本经济体系的根本动力作用

技术创新力的稳步提升和质量导向,是推动城市生产、分配、交换、消费四环节质量协同提升的根本动力。前文已对高质量城市生产体系、分配体系、交换体系和消费体系的内涵和要求进行了阐述,但无论是高质量的生产要素、动态优化的分配结果、多元高效的交换渠道,还是高质量的生产生活消费,其实现均非自发进行、自主演变,而需要足够的技术创新力推动。

比如,当高质量生产的相关技术支撑缺失或成本较高时,以盈利为目标的私营企业不可能自发选择更高质量的生产形式,此时高质量生产的企业反而被迫退出市场,高质量的消费也随之难以实现;抑或当技术创新水平持续提升但并非质量导向而以资本的趋利性为主导时,易导致生产过程趋向于降低成本而非提高质量、分配过程趋向于两极分化而非结构均衡、交换过程趋向于为资本增值服务、消费过程也呈现出阶层分化拉大。可见,唯有保障技术创新力的稳步提升和质量导向,方能为城市生产、分配、交换、消费四环节质量的协同提升提供技术和成本条件,继而保障质量协同提升的利益基础。此外,四环节之间的动态交融作用,也需要一个驱动力方能展开运行,而技术创新则可有效承担这一驱动力作用。

(二)绿色技术创新对于构建超大城市高质量生态经济体系的根本动力作用

绿色技术创新的持续提升,是推动超大城市经济空间与生态空间协同高质

量发展的根本动力。一方面,当生态系统受到一定破坏的条件下,需要人为进行一定的合理干预,以修复和改良生态系统,重构生态系统的自我净化机制和生态多样性链条,而这需要基于足够的生态修复技术水平,否则将难以有效实施;另一方面,绿色生产、绿色分配、绿色交换和绿色消费作为沟通城市基本经济体系与生态经济体系的重要通道,也同样需要依托足够的技术创新力。其中最典型的便是绿色生产,所谓绿色生产,即要转变以损害社会利益和生态利益为代价、仅考虑个体利益的生产模式,推动个体利益、社会利益和生态利益三者的有机统一。而要做到这一点,须以较高水平的绿色技术创新为基础,否则三者会呈现显著的此消彼长关系,使得绿色生产难以持续。绿色消费也具有类似的逻辑,即如若没有足够的绿色技术作为支撑,绿色产品会由于价格过高而难以形成广泛的消费需求。此外,数字化平台、大数据、人工智能、区块链等新型数字技术的发展,也是绿色交换和绿色分配有效实践的重要支撑。

(三) 高端技术创新对于构建超大城市高质量开放经济体系的根本动力作用

高端技术创新的突破性提升,是推动城市内部经济体系与开放经济体系协同高质量发展的根本动力。从国内开放来看,超大城市要提升对都市圈和区域经济的带动作用,一个重要渠道便是技术创新的外溢和辐射,而实现这一点的前提是超大城市要在高端和前沿技术创新方面具有更强的先进性和活力,在人工智能、集成电路、生命科学等"卡脖子"的重大技术方面具有更强的攻关能力和创新带动能力。从对外开放来看,高端技术创新的必要性更为凸显。根据国际价值理论,国际市场上拥有先进技术的发达国家在与欠发达国家的贸易中可以凭借技术优势,从欠发达国家攫取超额剩余价值,且两国技术水平差距越大,欠发达国家被攫取的超额剩余价值越多,即国际交换的不平等性程度越高。为此,我国超大城市要在对外开放中缩小国际不平等性,提升在产业链与价值链中的地位,推动互利共赢的国际经济关系,根本途径便是提升自主创新能力,尤其是高端技术方面的创新能力和水平。

可见,技术创新力对于推动超大城市基本经济体系、生态经济体系、开放经济体系三个层次的总体性质量提升,继而推动实现超大城市有机体的高质量发展,具有重要的基础性作用。

与此同时,从新时代以来我国推动高质量发展的现实逻辑来看,同样可以得出技术创新力的基础性作用,即持续提升自主创新能力是推动实现我国经济高质量发展的技术支撑。早在 2006 年,我国便提出了"自主创新,建设创新型国家"的战略目标,党的十八大以来则进一步将这一战略目标提升到了新的高度。党的十八届五中全会第二次会议强调了"创新是引领发展的第一动力",再次明确了创新在国家发展全局中的核心地位。在此基础上,近年来我国先后出台了《关于深化科技体制改革加快国家创新体系建设的意见》《中国制造 2050》《国家创新驱动发展战略纲要》等一系列政策方针,进一步明确了我国推动创新发展的长期计划以及改革举措,即坚持自主创新、重点跨越、支撑发展、引领未来的方针,坚定不移走"中国特色自主创新道路"[1]。可见,新时代我国始终将科技创新置于高质量发展乃至国家发展全局的核心地位,强调"加快科技创新是推动高质量发展的需要。建设现代化经济体系,推动质量变革、效率变革、动力变革,都需要强大的科技支撑"[2],且应"走中国特色自主创新道路……加快各领域科技创新"[3],"让创新贯穿党和国家一切工作"[4],即要充分发挥技术创新尤其新一轮科技革命在高质量发展各环节的核心驱动力作用。

第二节　直接动力:制度创新力

制度创新作为生产关系改革的重要体现,是推动超大城市高质量发展的关键性路径。为更好地分析制度创新对于推动超大城市"三重体系"总体性质量提升的作用力,本章提出制度创新力的概念,并对其作用路径进行分析。

一、制度创新力的形成机理分析[5]

制度创新也是影响长期经济增长和发展的重要方面。一方面,制度创新能间接影响剩余价值的生产过程,也即通过设置或解除各种限制来影响资本积累

---

[1] 中共中央文献研究室编:《习近平关于科技创新论述摘编》,中央文献出版社 2016 年版,第 35 页。
[2] 习近平著:《在科学家座谈会上的讲话》,《人民日报》2020 年 9 月 12 日。
[3] 习近平著:《全国科技创新大会两院院士大会中国科协九大在京召开》,《光明日报》2016 年 5 月 31 日。
[4] 《中共十八届五中全会在京举行》,《光明日报》2015 年 10 月 30 日。
[5] 王琳著:《基于技术与制度耦合的经济长波理论与实证研究》,上海财经大学 2016 年博士论文。

的快慢，继而影响剩余价值的生产；另一方面，制度创新能够通过影响劳动力素质继而直接影响剩余价值的生产，也即通过提升劳动者的教育、健康、生活水平等提升劳动者创新剩余价值的能力。同技术创新类似，制度创新对经济活动的作用同样有大小和方向之分，因此我们赋予制度以大小和方向，从而构建制度创新力的概念，即制度创新对经济活动所产生的效用或效力。分析制度创新力，同样要对其动力源、约束条件、现实作用效果等方面进行一一考察。

（一）制度创新的原动力：利益驱动

制度创新与技术创新具有同源性，利益驱动也是制度创新力的原动力。制度创新的主体可以是政府，也可以是企业或其他微观主体，但不论是哪种制度创新主体，其均为利益最大化的集团。只有当新的制度安排能够为制度变迁主体带来利益时，制度创新才有可能发生；而只有当新制度安排能够为企业及其他微观主体带来足够额外利益时，新制度才能得以无阻碍地扩散和实施；利益越可观，则制度创新的速度就越快。

与技术创新力相比，驱动制度创新力的利益更多来源于政府，尤其是那些具有社会意义或具有一定强制性的制度。政府的利益追求主要体现为两个方面：一是经济增长所带来的税收的增加，二是国家稳定、社会公平所带来的政权的稳定，而好的制度创新应能够协调这两方面利益追求。当然，微观企业也同样存在制度创新的利益驱动，因为更为有效的制度能够为企业节约成本、提高劳动生产率，从而使企业获得更多的利润。

（二）制度创新的约束力：利益集团博弈

一项新制度的产生还要经历利益集团之间的反复博弈，这是决定制度创新力主要内容以及理论方向的关键因素。一项新制度的产生常常需要经历反复并且长期的博弈过程。每一项制度安排的背后都会有一些利益集团的存在，其既得利益的实现需要以现有制度继续实施为前提，因此，尽管新制度下的潜在利益集团具有制度创新的动力，但最终制度是否能够得以出台则还要取决于各方利益集团的博弈。博弈的结果可能是制度创新顺利实施，但也可能是制度创新向后延迟甚至取消。

在现实经济中也确实如此，小幅度的制度改良总是可以较为容易地出台，但影响较大、具有突破性的制度创新提案往往需要经过较长时间才能得以通过。例如，20 世纪 20 年代美国经济进入下行阶段，但胡佛政府坚持反对国家对经济的干预，迟迟未采用有效的制度创新，使得美国经济陷入了长达 4 年的经济危机时期，直到 1933 年罗斯福实施新政才开启了所谓的管制的资本主义时期。

（三）制度创新的转化力：制度实施程度

制度创新要想真正对经济活动发挥作用，还需经历制度实施这一关键环节，这决定了制度创新力的最终方向和大小。即使在利益的驱动以及利益集团的博弈之下，一项制度创新得以出台，也并不意味着该制度创新一定能够对经济活动产生较大的效用，其中的另一个关键环节就是制度的实施。制度的实施实际上就是理论的制度创新转化为现实生产关系的过程，唯有成为真实存在的生产关系之后，制度创新才能对经济活动起到应有的作用。

制度实施的效果主要取决于两个方面：一是政府的推行力度；二是微观主体的实际执行力度。然而不论是哪一方面，制度的实施总离不开人的主观作用，也正是由于人的许多主观局限性，如有限理性、机会主义行为、道德祸害等，使得一项制度创新在实施的过程中很可能发生扭曲、偏离甚至中途夭折。因此，同一个制度创新方案，其实施效果的方向是存在多种可能性的，可能是进步的，也可能是倒退的。

综上，制度创新力是由利益所驱动，由博弈过程所决定，通过实施程度来实现的制度对经济活动的效用，其最终表现为现实的生产关系。这里我们所说的制度创新力也是一个系统层面的概念，它并不是一个单变量，而是由原动力、限制条件、现实作用效果等多方面组成的统一体。与技术创新力不同，制度创新力通常不是一个连续变化的力，在外部作用的条件下，它有可能发生突变或者跨越性的发展；制度创新力的变化方向也并不是始终向前的，它可能是进步的，也可能是退后的。

二、制度创新力对超大城市高质量发展的作用分析

制度创新力的提升，是推动我国超大城市基本经济体系、生态经济体系和开放经济体系总体性质量提升，从而推动实现我国超大城市高质量发展的直接动力。正如 2019 年中共上海市第十一届委员会第八次全体会议上所强调的，"要突

出制度这条主线,突出现代化这个根本要求,既要学习借鉴,更要主动创新,努力在基本规范、制度设计、运行机制上形成一整套完善的体系,率先探索出一条具有中国特色、体现时代特征、彰显社会主义制度优势的超大城市治理之路"[①]。

(一) 制度创新对于推动超大城市"四环节"质量协同提升的直接动力作用

质量提升导向的制度创新,是推动城市生产、分配、交换、消费四环节质量协同提升的直接动力。即使达到一定技术创新水平,高质量的城市生产体系、分配体系、交换体系和消费体系也不一定会有效形成,因为在市场经济条件下,资本自身的趋利性总是倾向于追逐个别成本的降低,继而出现以次充好、劣币驱逐良币等现象。为此,发挥以质量提升为导向的制度创新力作用,是推动生产、分配、交换、消费四大环节质量提升的必要动力。

如通过供给侧结构性改革,可以推动城市产业结构优化,提升城市生产对消费的匹配程度,继而有助于高质量生产和高质量消费;通过反垄断、再分配等制度,可以缩小分配条件之间的过大差异,优化分配结果,也保障了市场的有效运行,有利于消费差异的合理化,继而推动高质量分配、交换和消费;通过教育制度改革,可以提升劳动者质量,缩小劳动者的受教育差异,继而有助于高质量生产和高质量分配等。可见,以质量提升为导向的制度创新力,是提升四环节质量的必要条件,且基于系统思维的制度创新力是四环节质量协同提升的关键所在。

(二) 制度创新对于推动超大城市生态经济体系高质量发展的直接动力作用

绿色发展导向的制度创新,是推动超大城市经济空间与生态空间协同高质量发展的直接动力。对于生态系统的保护和治理,绿色技术进步仅提供了前提和基础,而对相关经济行为的约束和推动,还须围绕生态污染的预防和保护、生态资源的管理和节约、生态环境的治理和考核、生态损失的补偿和追究等进行一系列制度和法律构建。

[①] 《上海市委全会通过重磅〈意见〉! 超大城市治理、明年开局起步都定了》,澎湃新闻,2019 年 12 月 21 日,https://m.thepaper.cn/baijiahao_5316069。

更进一步分析可得,这些制度构建归根结底通过影响绿色生产、绿色分配、绿色交换、绿色消费,从而推动城市基本经济体系与生态经济体系的协同质量提升。如排污权交易制度的实施,会通过改变企业的成本收益而促使其转向绿色生产,同时这也推动了绿色交换和绿色消费;生态损失的补偿和追究制度,能够通过增加经济主体生态破坏的惩罚费用,约束其污染行为,继而有助于推动绿色生产、绿色交换和绿色消费;绿色产业的支撑制度,如对新能源产业的补贴政策,政府主导的以支持绿色产业为战略目标的绿色金融政策、绿色产品的消费补贴政策等,有助于推动绿色生产、绿色分配、绿色交换、绿色消费的协同发展等。此外,对于绿色技术创新的提升,也需要一定的制度予以保障和推动,如专利制度的完善、绿色技术创新的政策支持等。

(三) 制度创新对于推动超大城市开放经济体系高质量发展的直接动力作用

开放发展导向的制度创新,是推动城市内部经济体系与开放经济体系协同高质量发展的直接动力。在市场经济条件下,城市开放经济体系的发展具有一定的必然逻辑,即资本总是倾向于走向开放。但高质量的开放经济体系不是自由放任的资本开放,而是要有效发挥超大城市在国内大循环中的节点作用和在国内国际双循环中的链接作用,这便需要一定的制度创新予以引导。

从国内开放层面来看,区域经济制度、乡村振兴制度、都市圈发展政策等一系列制度创新,能够引导超大城市基本经济体系国内开放的战略方向和关键功能;跨地区生态治理机制和立足全国的生态保护布局等制度创新,则能够保障超大城市生态经济体系国内开放的良性运行。从国际开放层面来看,制定更加完善的外商投资法、推进自由贸易区和自由贸易港制度、对标国际规则等制度创新,是更高质量的"引进来"和"走出去"的制度保障,有利于提升超大城市参与国际经济的规模和质量,优化我国在国际产业链和价值链中的地位;人类命运共同体、地球生命共同体等制度倡议,则是推进生态保护的全球共治的重要基础。

综上可知,制度创新力对于推动超大城市基本经济体系、生态经济体系、开放经济体系三者的总体性质量提升,继而推动实现超大城市有机体的高质量发展,具有极为重要的直接推动力作用。

以上结论也蕴含在新时代我国推动高质量发展的现实逻辑之中。新时代高质量发展的一个关键性特征便是以系统性、全局性、前瞻性的制度创新为基础，即"按照高质量发展的要求，统筹推进'五位一体'总体布局和协调推进'四个全面'战略布局"①，同时强调要"研究谋划中长期战略任务和战略布局，有针对性地部署对高质量发展、高效能治理具有牵引性的重大规划、重大改革、重大政策"②，继而在推动高质量发展过程中充分发挥制度创新在各环节的能动性和保障性。以优化收入分配合理有序配置方面的制度创新为例，实施乡村振兴战略和区域协调战略，是 2017 年中央经济工作会议上提出围绕高质量发展所需要做好的两项重点工作，这两大战略的宗旨均在于平衡我国城乡、区域之间的收入分配差距，推动我国经济的协调和共享发展。这一要求是由我国社会主义基本制度所决定的，我国的高质量发展，绝不是建立在少数人的需求之上，而是旨在让广大人民享受到高质量消费和美好生活，这就要求我国必须推进收入分配不断趋于合理、有序。党的十八大以来，我国积极推进收入分配的合理、有序配置，进行了一系列顶层制度设计，并围绕就业政策、税收政策、社会保障机制、教育工作、扶贫工作等方面提出具体改革举措。在社会主义市场经济条件下，这些引导收入分配合理有序配置的制度举措是极其必要的，同时也是推动我国转向高质量发展的必要制度支持。

第三节　关键动力：意识形态引领

意识形态引领是上层建筑的重要体现，其对超大城市经济发展有重要反作用，是推动超大城市高质量发展的保障性路径。为更好分析意识形态引领对于推动超大城市"三重体系"总体性质量提升的作用力，以下对意识形态进行马克思主义解析，并在此基础上阐明其对超大城市高质量发展的作用路径。

一、意识形态的理论内涵分析

意识形态，其基本含义是对事物的认知和理解，是一定时期的观念、概念、思

---

① 《中央经济工作会议在北京举行》，《光明日报》2017 年 12 月 21 日。
② 习近平著：《习近平参加内蒙古代表团审议》，人民网，2020 年 5 月 22 日，http://jhsjk.people.cn/article/31720160。

想、价值观等要素的总和。根据唯物史观的基本逻辑,意识形态的发展变化,一方面取决于物质利益关系的动态变化;另一方面又会作用于经济基础,继而共同推动社会的变革过程。

(一) 意识形态的本质是以思想的形式表现出来的一定历史时期的物质利益关系

马克思对意识形态的分析是基于阶级社会这一历史条件的,并认为意识形态是阶级社会的必然产物。正如有学者将马克思的意识形态"描述为'副现象概念',因为他把意识形态视为取决于和来自经济条件与阶级生产关系"[1]的一种形式。更进一步,马克思通过分析资本主义社会中的普遍存在物"商品"来揭示剩余价值的秘密和资本的本质,并在这一过程中指出,资本主义社会中政治、经济、法律、道德、艺术等观念形态反映的内容,不过是阶级社会中占统治地位的资本家的利益诉求,是统治阶级编造出的自我"幻想",其目的是为资本主义社会做合法性辩护。这意味着,意识形态实质上反映着统治阶级与被统治阶级之间的利益关系,且这与物质生产过程中的劳资利益关系有着逻辑一致性。

在资本主义生产方式下,资本所有者是"支配着物质生产资料的阶级",雇佣劳动者为了维持生存,不得不将其劳动力出卖给资本所有者,随着资本雇佣劳动过程的开始,资本与劳动之间的利益对立便成为必然,且资本的利益会成为社会生产过程的主导。然而,这种利益的对立和支配并不会止步于物质生产领域,因为"一个阶级是社会上占统治地位的物质力量,同时也是社会上占统治地位的精神力量",作为"支配着精神生产的资料"的统治阶级,其将会通过各种途径支配"那些没有精神生产资料的人的思想"[2],而这一支配与被支配过程的结果,便是一定时期意识形态的形成。因此,意识形态实质上是统治阶级通过对精神生产资料的占有和支配,保障其对物质生产资料的占有和支配的"手段",其由物质利益关系决定,同时又会影响和改变物质利益关系。

(二) 阶级之间的利益博弈使得意识形态具有显著的历史性和动态性

阶级社会并不是静态发展的,而是始终伴随着阶级之间的对立和冲突,当一

---

[1] 约翰·汤普森著,高铦等译:《意识形态与现代文化》,译林出版社 2012 年版,第 41 页。
[2] 马克思、恩格斯著:《马克思恩格斯文集》(第 1 卷),人民出版社 2009 年版,第 550 页。

个阶级想要代替旧的阶级成为统治阶级时,一个必不可少的环节便是实现意识形态的变革。对此,马克思明确指出,"每一个企图取代旧统治阶级的新阶级,为了达到自己的目的不得不把自己的利益说成是社会全体成员的共同利益,就是说,这在观念上的表达就是:赋予自己的思想以普遍性的形式,把它们描绘成唯一合乎理性的、具有普遍意义的思想"①。这意味着,意识形态在一定时期内存在相对稳定的可能,但从长期来看,必然伴随着不同阶级之间的利益博弈过程。

实际上,马克思关于科学的意识形态理论的深刻认识,便是在与资产阶级唯心主义所代表的"颠倒的、虚假的"意识形态的批判和博弈中逐步形成的,其中也蕴含着无产阶级与资产阶级之间的利益关系对立。通过阐明意识形态背后的阶级利益博弈关系,马克思进一步论述了意识形态的历史性和动态性,即在不同阶级相互竞争和相互博弈的过程中,在统治阶级不断更换的变化中,意识形态作为左右全体社会成员的利器,也会呈现动态演变。当然,这一动态演变并不是分散的、多个支线的,而是有其路径和主线,因为"各个世纪的社会意识,尽管形形色色、千差万别,但总是在某些共同的形式中运动的,这些形式,这些意识形态,只有当阶级对立完全消失的时候才会完全消失"②。每一时期尽管存在不同阶级意识形态的博弈,但最终能确定为主流意识形态的,一定是与这一时期获得统治地位的阶级利益诉求相一致的,因此,不同历史时期、不同社会背景的意识形态均有其特殊性。

(三)意识形态与经济基础之间形成相互作用并推进社会发生变革

马克思基于唯物史观,揭示了生产力与生产关系之间、经济基础与上层建筑之间的决定与反作用关系,其中,意识形态所处的逻辑地位非常明确——它是上层建筑的一部分。这便揭示了物质生产方式与意识形态之间的辩证逻辑关系,即意识形态的形成建立在物质生产方式之上,一定的物质生产方式便衍生出与之相适应的意识形态,而意识形态又会对物质生产方式形成反作用,滞后的意识形态会成为生产关系变革继而成为生产力发展的束缚,自觉变革的意识形态则会推动生产关系变化继而促进生产力发展。对此,马克思的如下经典表述提供了明晰的表达:"社会的物质生产力发展到一定阶段,便同它们一

---

① 马克思、恩格斯著:《马克思恩格斯文集》(第1卷),人民出版社2009年版,第552页。
② 马克思、恩格斯著:《马克思恩格斯文集》(第2卷),人民出版社2009年版,第51—52页。

直在其中运动的现存生产关系或财产关系(这只是生产关系的法律用语)发生矛盾。于是这些关系便由生产力的发展形式变成生产力的桎梏。那时社会革命的时代就到来了。随着经济基础的变更,全部庞大的上层建筑也或慢或快地发生变革。"①

在此基础上,马克思还进一步强调社会变革时两个不同的层面,"一种是生产的经济条件方面所发生的物质的、可以用自然科学的精确性指明的变革;一种是人们借以意识到这个冲突并力求把它克服的那些法律的、政治的、宗教的、艺术的或哲学的,简言之,意识形态的形式"②。可见,要想完整刻画经济社会的变革过程,不仅要考察生产关系的变化,也要注重意识形态等上层建筑的改变,且两者无论在理论上还是现实中,均可能出现不同步性,当意识形态超前或滞后于社会物质生产方式时,会对物质生产方式形成显著的反作用。此外,从现实社会变革来看,意识形态的变革往往是社会变革的鲜明标志,其决定了社会变革的关键时间节点,也是这一变革最终发生的直接推动力。

二、意识形态引领对超大城市高质量发展的作用分析

在新时代背景下,我国意识形态的方向主要由以新发展理念为逻辑框架的习近平新时代中国特色社会主义经济思想主导,意识形态引领的大小也即这一思想对经济活动的反作用力。意识形态引领的强化,是推动我国超大城市基本经济体系、生态经济体系、开放经济体系全面质量提升的关键推动力。对此,习近平总书记也进行过明确的论述,强调"以推动高质量发展为主题,必须坚定不移贯彻新发展理念"③,须"把新发展理念贯穿发展全过程和各领域,构建新发展格局,切实转变发展方式"④。

(一) 创新发展理念的意识形态引领作用

创新发展理念,强调了创新的重要意义,即"创新始终是推动一个国家、一个

---

① 马克思、恩格斯著:《马克思恩格斯文集》(第2卷),人民出版社2009年版,第591—592页。
② 马克思、恩格斯著:《马克思恩格斯文集》(第2卷),人民出版社2009年版,第592页。
③ 《关于〈中共中央关于制定国民经济和社会发展第十四个五年规划和二〇三五年远景目标的建议〉的说明》,《光明日报》2020年11月4日。
④ 《中共中央关于制定国民经济和社会发展第十四个五年规划和二〇三五年远景目标的建议》,《光明日报》2020年11月4日。

民族向前发展的重要力量,也是推动整个人类社会向前发展的重要力量"①。创新发展理念所对应的意识形态,不仅直接对微观经济主体发挥引导作用,继而有助于城市高质量发展,而且还会通过显著提升技术创新力和制度创新力,继而综合推动超大城市高质量发展。

这是因为,创新发展理念包含两个基本层面:一是大力发展科技创新,习近平总书记强调,"科技创新,就像撬动地球的杠杆,总能创造令人意想不到的奇迹"②,"是人类社会发展的重要引擎,是应对许多全球性挑战的有力武器,也是中国构建新发展格局、实现高质量发展的必由之路"③,这一思想会对技术创新力的提升形成反作用力;二是推动构建创新体系,正如习近平总书记所指出的,"创新是一个复杂的社会系统工程,涉及经济社会各个领域,必须不断推进理论创新、制度创新、科技创新、文化创新等各方面创新"④,这意味着创新发展理念并不局限于科学技术创新,还涉及诸多制度创新内涵,为此也会对制度创新力的提升形成反作用力。此外,总书记还强调,"科技创新、制度创新要协同发挥作用,两个轮子一起转"⑤,这是协同提升技术创新力和制度创新力的重要思想支撑。

(二)协调发展理念的意识形态引领作用

协调发展理念,强调补齐短板、增强发展整体性,这是在当前我国经济发展不充分不平衡的现实背景下提出的重要发展理念。从补齐短板来看,这一理念强调,"协调发展就是找出短板,在补齐短板上多用力,通过补齐短板挖掘发展潜力、增强发展后劲"⑥,并进一步指明了"十三五"时期必须紧扣全面建成小康社会存在的短板,即贫困人口脱贫、生态环境保护、民生保障提升等。从发展整体性来看,习近平总书记指出,"从当前我国发展中不平衡、不协调、不可持续的突出

---

① 习近平著:《习近平主持召开中央财经领导小组第七次会议》,中国政府网,http://www.gov.cn/xinwen/2014-08/18/content_2736502.htm。
② 中共中央文献研究室编:《习近平关于科技创新论述摘编》,中央文献出版社2016年版,第81页。
③ 习近平著:《习近平在世界经济论坛"达沃斯议程"对话会上的特别致辞》,人民网,http://jhsjk.people.cn/article/32011490。
④ 中共中央文献研究室编:《习近平总书记关于科技创新论述摘编》,中央文献出版社2016年版,第9页。
⑤ 习近平著:《全国科技创新大会两院院士大会中国科协第九次全国代表大会在京召开 习近平发表重要讲话》,《人民日报》2016年5月31日。
⑥ 习近平著:《习近平总书记系列重要讲话读本》,学习出版社、人民出版社2016年版,第134页。

问题出发,我们要着力推动区域协调发展、城乡协调发展,物质文明和精神文明协调发展,推动经济建设和国防建设融合发展"①。

由此可见,协调发展理念所对应的意识形态,是推动我国制定脱贫攻坚政策、生态文明政策、社会保障政策、区域经济政策、乡村振兴政策等一系列政策举措的思想引领和意识支撑,对于我国制度创新力的提升有显著推动作用,同时也是超大城市高质量开放经济体系中国内维度的直接意识引领。

(三)绿色发展理念的意识形态引领作用

绿色发展理念,强调要处理好经济发展与环境保护之间的关系,扭转过去牺牲生态环境来获取经济利益的旧观点,理解"绿水青山既是自然财富、生态财富,又是社会财富、经济财富。保护生态环境就是保护自然价值和增值自然资本,就是保护经济社会发展潜力和后劲,使绿水青山持续发挥生态效益和经济社会效益"②。这一理念所对应的意识形态,可直接推动超大城市生态经济体系的质量提升。

此外,绿色发展理念还包含两个层面的具体内涵:一是要推进绿色的发展方式和生活方式,因为"生态环境问题归根结底是发展方式和生活方式问题","加快形成绿色发展方式,是解决污染问题的根本之策"③;二是要建设资源节约型、环境友好型社会,"全面节约和高效利用资源,树立节约集约循环利用的资源观,建立健全用能权、用水权、排污权、碳排放权初始分配制度,推动形成勤俭节约的社会风尚"④。这两方面具体理念所对应的意识形态,对于绿色生产、绿色分配、绿色交换和绿色消费具有重要推动作用,从而有助于城市基本经济体系与生态经济体系的耦合性质量升级。

(四)开放发展理念的意识形态引领作用

开放发展理念,强调中国应主动顺应经济全球化的浪潮,推动双向开放、全

---

① 习近平著:《在省部级主要领导干部学习贯彻党的十八届五中全会精神专题研讨班上的讲话》,《人民日报》2016年5月10日。
② 习近平著:《习近平出席全国生态环境保护大会并发表重要讲话》,中国政府网,http://www.gov.cn/xinwen/2018-05/19/content_5292116.htm。
③ 习近平著:《习近平出席全国生态环境保护大会并发表重要讲话》,中国政府网,http://www.gov.cn/xinwen/2018-05/19/content_5292116.htm。
④ 习近平著:《中共十八届五中全会在京举行》,《人民日报》2015年10月30日。

面开放和共赢开放:一是双向开放,即"统筹国内国际两个大局,利用好国际国内两个市场、两种资源,发展更高层次的开放型经济"①;二是全面开放,尤其强调"推进金融、教育、文化、医疗等服务业领域有序开放"②,"形成面向全球的贸易、投融资、生产、服务网络"③;三是共赢开放,即"树立人类命运共同体意识,推进各国经济全方位互联互通和良性互动,完善全球经济金融治理,减少全球发展不平等、不平衡现象,使各国人民公平享有世界经济增长带来的利益"④。

可见,开放发展理念所对应的意识形态,是促进城市生产、分配、交换、消费的高水平对外开放,继而提升超大城市开放经济体系发展质量的重要推动力,也有助于城市内部经济体系与开放经济体系的耦合性质量升级。

(五) 共享发展理念的意识形态引领作用

共享发展理念,其宗旨是"发展为了人民、发展依靠人民、发展成果由人民共享",从具体内涵来看可总结为全民共享、全面共享、共建共享三个基本方面:首先是全民共享的内涵,突出"全民"而非"少数人",即强调"共享发展是人人享有、各得其所,不是少数人共享、一部分人共享"⑤;其次是全面共享的内涵,突出"全面"而非"部分领域",即强调"共享发展就要共享国家经济、政治、文化、社会、生态各方面建设成果,全面保障人民在各方面的合法权益"⑥;最后是共建共享的内涵,突出"共建"而非"不劳而获",即指出共享并非意味着平均主义,而是与共建互为条件,"共建才能共享,共建的过程也是共享的过程"⑦。

共享发展理念所对应的意识形态,是实现超大城市高质量分配体系的直接推动力,与此同时,其所蕴含的人民利益导向也是协调超大城市高质量发展多元体系的内在轴心,对于整体推动多元体系的耦合性转变具有重要作用。

由上可见,新时代以新发展理念为主导的意识形态对于推动超大城市基本经济体系、生态经济体系、开放经济体系三者的总体性质量提升,继而推动实现超大城市有机体的高质量发展,具有关键的推动作用。

---

① 习近平著:《不断开拓当代中国马克思主义政治经济学新境界》,《求是》2020年第16期。
② 《中共中央关于全面深化改革若干重大问题的决定(七)》,《人民日报》2013年11月16日。
③ 习近平著:《决胜全面建成小康社会 夺取新时代中国特色社会主义伟大胜利》,《人民日报》2017年10月28日。
④ 习近平著:《习近平总书记谈开放》,《人民日报》2016年3月3日。
⑤ 习近平著:《习近平谈治国理政》(第2卷),外文出版社2017年版,第215页。
⑥ 习近平著:《习近平谈治国理政》(第2卷),外文出版社2017年版,第215页。
⑦ 习近平著:《习近平谈治国理政》(第2卷),外文出版社2017年版,第215—216页。

三、我国意识形态的强自觉性和高适应性逻辑

相比西方国家,我国的意识形态具有更强的自觉性、前瞻性和有效性,成为中国特色社会主义制度优势性的重要体现之一。根据马克思主义的经典逻辑,意识形态的本质是以思想的形式表现出来的一定历史时期的物质关系,是"人们物质行动的直接产物"①。但在不同的经济社会条件下,意识形态是否能够以及何时能够发生符合经济基础适应性要求的变革,仍具有多种可能,这使得意识形态的演变可能呈现曲折性、反复性甚至停滞性。相比而言,我国意识形态的演进与转换历程,呈现出显著的强自觉性和高适应性逻辑。

强自觉性是指意识形态自觉且及时进行变革的状态,高适应性则是意识形态变革符合经济基础要求并形成较强反作用的状态,两者均基于较强的人的主观能动性。马克思强调了人的主观意识具有能动性和选择性,因为"历史不过是追求着自己目的的人的活动而已"②,且正是这种主观意识能动性强弱的不同,使得上层建筑发生"或慢或快"③地变革。显然,我国意识形态的演变与发展,显示出极强的自觉性和适应性。以经济发展质量思想为例,我国不仅在新民主主义革命时期便关注到经济发展质量问题,在新中国成立初期便将其界定为社会主义制度优势的必然要求,而且在改革开放后及时将提高经济效益确定为全部经济工作的中心,探索转变经济增长方式的内涵和路径,其后更是积极进行意识形态的自觉调整,适时提出从高速增长转向高质量发展的战略思想,助推新时代生产力和生产关系的协同升级。

我国意识形态之所以具有如此显著的强自觉性和高适应性,原因在于:

(一) 中国共产党方法论思想的科学性和先进性

作为马克思主义无产阶级政党,中国共产党人对于数量与质量的辩证逻辑有着更为清晰的认识。而且相比斯大林在很长一段时间内将社会主义经济制度理解为生产关系和生产力性质完全适应,中国共产党人则始终清晰认识到,社会主义生产关系和生产力发展、上层建筑和经济基础之间是"既相适应

---

① 马克思、恩格斯著:《马克思恩格斯文集》(第1卷),人民出版社2009年版,第524页。
② 马克思、恩格斯著:《马克思恩格斯文集》(第1卷),人民出版社2009年版,第295页。
③ 马克思、恩格斯著:《马克思恩格斯文集》(第2卷),人民出版社2009年版,第591—592页。

又相矛盾的情况"[①],因此"为着适应生产力继续向前发展的要求,生产关系的各个方面随时需要进行调整""建立在这种经济基础上的上层建筑的各个方面也随时需要进行革新",且"这是一个川流不息、万古常新的辩证法的过程"。[②] 基于这一科学的方法论思想,中国共产党人始终重视意识形态层面的自觉变革及其反作用。

(二) 中国共产党领导下经济改革实践与经济思想创新的有效互动

中国共产党始终坚持唯物史观的基本方法论,坚持实践是检验真理的唯一标准,为此自建党以来,始终重视实践、依靠实践、探索实践,这使得我国的经济改革实践具有更强的先行性和创新性,从而也更具经验启示价值。更为重要的是,无产阶级一党执政使得中国共产党既是经济改革实践的主导者,又是经济思想创新的引领者,这种主体的一致性使得我国的经济改革实践与经济思想创新之间,具有更强的逻辑契合性、更快的结果反馈性以及更好的动态协调性,因此"改革实践-思想创新-新的改革实践-新的思想创新"这一动态发展过程更加有效,这为意识形态的自觉变革提供了直接动力。

(三) 对社会主义基本经济制度的坚持和完善

这是强自觉性和高适应性的制度保障。从改革开放以来对社会主义基本经济规律的探索,到1997年正式确立社会主义初级阶段的基本经济制度,2002年进一步提出"两个毫不动摇",2003年起推动实施混合所有制经济,再到2019年提出社会主义基本经济制度的拓展内涵,我国始终坚持社会主义基本经济制度,并持续探索和完善其理论内涵,这为中国共产党意识形态的强自觉性和高适应性提供了重要的制度支持。一方面,公有制为主体、按劳分配为主体以及有效的国家调控,保障了中国共产党对经济改革实践的能动性和控制力,继而使得"自觉变革"的意识形态能够作用于经济现实;另一方面,多种所有制并存、多种分配制度并存以及不断完善的市场机制,则保障了中国共产党意识形态的包容和开放,而这又反过来提升了其适应性和自觉性。

---

① 中共中央文献研究室编:《建国以来重要文献选编》(第10册),中央文献出版社2011年版,第66页。
② 中共中央文献研究室编:《建国以来重要文献选编》(第12册),中央文献出版社2011年版,第522页。

第四节 技术创新、制度创新与意识形态的系统合力

技术创新力、制度创新力和意识形态引领,是推动超大城市"三重体系"总体质量提升从而实现超大城市高质量发展的基本路径。三个基本路径之间也具有显著的相互作用,如制度创新力对技术创新力有促进和保障作用,技术创新力也成为制度创新力有效发挥作用的支撑条件,意识形态引领更是能同时对技术创新力和制度创新力发挥反作用。"技术创新-制度创新-意识形态"三位一体的系统合力,是推动超大城市有机体高质量发展的总体路径。

一、三大动力的系统逻辑

生产力与生产关系、经济基础与上层建筑之间的矛盾运动逻辑,是马克思对人类社会演变基本规律的科学揭示,即伴随"社会的物质生产力发展到一定阶段,便同它们一直在其中运动的现存生产关系或财产关系(这只是生产关系的法律用语)发生矛盾",当这种矛盾累积到一定程度,便会推动经济基础的变革以及"全部庞大的上层建筑"的变革。[①] 显然,对技术创新力、制度创新力、意识形态引领三者的系统分析,应遵循生产力与生产关系、经济基础与上层建筑之间的矛盾运动逻辑,同时又应对其进行新时代和中国化拓展。

根据马克思主义经济学的基本逻辑,技术创新、制度创新和意识形态之间有着决定与反作用的关系,但这种辩证作用从长期视角来看便是一种交错式互促。当三个系统中任意一个系统的量变达到一定程度时,便会形成对其他系统的适应性调整要求,使得系统之间的矛盾不断累积,最终推动其他系统发生调整和质变,同时反过来助力自身的质变,该系统的质变又会促进其他系统的进一步量变,继而形成三个系统之间的交错式提升和演变。

更进一步,"技术创新-制度创新-意识形态"的交错式互促作用往往呈现出一定的长周期波动性。三者之间的关系并不是永远的"促进"和"加强",而总是处在"促进"和"抑制"的动态变化过程中,正如毛泽东所指出的"生产力和生产关

---

① 马克思、恩格斯著:《马克思恩格斯文集》(第2卷),人民出版社2009年版,第591—592页。

系之间、生产关系和上层建筑之间的矛盾和不平衡是绝对的。上层建筑适应生产关系,生产关系适应生产力,或者说它们之间达到平衡,总是相对的"①。从本质而言,技术创新、制度创新、意识形态三者之间关系的枢纽在于利益,因为三种力的作用均以利益为驱动。当三种力的作用均能够为彼此的利益驱动提供足够的保障和支撑时,三者处于相互促进的适应状态,继而推动技术创新、制度创新、意识形态的进一步演变提升;但由于现有技术的局限性、制度创新主体的有限性抑或意识形态过于僵化缺乏博弈性,技术创新、制度创新或意识形态的演变可能出现某一方面的放缓或停滞,导致三者之间的关系逐步转变为相互抑制的不适应状态;唯有当技术出现突破性创新、制度发生大规模改革或意识形态呈现明显变革时,三者才会转为弱适应的相对调整状态,并在这一调整过程中再次逐渐转为适应状态。技术创新、制度创新和意识形态之间这种"适应-不适应-相对调整-再次适应"的动态过程,以及其所对应的合力变化,是超大城市"三重体系"总体性质量提升从而实现高质量发展的总体动力。

以上逻辑在新中国成立以来我国城市经济现实演变中也有所呈现。新中国成立初期,城市生产力水平过低是当时最为突出的问题,因此技术创新系统的量变成为三个系统交错互促的第一动力。技术创新亟待快速提升的客观需求,决定了新中国成立初期城市制度创新和意识形态向"计划经济"和"马克思主义意识形态绝对主流"发生质变,这一质变极大地推动了城市技术创新力的系统提升,而技术创新力的提升又进一步强化了这一时期的制度体系和意识形态。但是,伴随城市技术创新力的进一步量变,便开始对其他系统形成了新的适应性要求,即要进一步激发经济活力、调动经济主体积极性,这一要求与现存制度体系和意识形态之间形成了不断累积的矛盾,尤其是受到相对封闭的意识形态的束缚。当矛盾累积到一定程度并愈发显性化,便推动了城市意识形态领域的调整和质变,继而反过来助力制度体系向社会主义市场经济发生质变,技术创新力也随之发生跨越式提升,制度创新和技术创新的质变发展则进一步强化了城市意识形态向"开放与动态博弈"发生量变。类似地,伴随城市技术创新和制度创新系统的持续量变,新的适应性要求和内在矛盾也逐步出现,技术创新系统的赶超型提升愈发受限,制度系统中结构失衡、贫富差距分化等问题也日益凸显,正是在这一条件下,我国适时进行意识形态的适应性调整,提出一系列以高质量发展为指向的新理念和新思

---

① 毛泽东著:《毛泽东文集》第 8 卷,人民出版社 1999 年版,第 131 页。

想。当前,我国意识形态的这一质变正在发挥其作用,助力制度创新力继而技术创新力向高质量发展模式发生质变,而这一过程又将进一步强化意识形态向"习近平新时代中国特色社会主义思想主流化"进行量变。可见,"技术创新-制度创新-意识形态"的交错互促,正是决定和推动我国城市经济长期演变的核心机理。

二、超大城市综合治理思路

根据以上对技术创新、制度创新、意识形态交错互促的理论分析,推动超大城市有机体的高质量发展要遵循综合治理的基本思路。超大城市的综合治理思路,一方面蕴含着要推动"三重体系"总体性质量提升的内涵,即要协同推进生产、分配、交换、消费的质量提升,协同促进基本经济体系与生态经济体系之间的高质量发展,协同增强内部经济体系与开放经济体系之间的发展质量,而不能仅考虑某一或某几个方面,即第三章所考察的超大城市高质量发展的目标内涵;另一方面意味着推动超大城市高质量发展的三大实现路径之间,也要综合考虑、协同发力,否则将削弱其作用效果。

(一) 超大城市综合治理思路要求同步提升三种作用力的大小

基于技术创新、制度创新、意识形态的交错互促逻辑可知,仅提升三个作用力中的某一方面,不一定能发挥其作用,尤其是在另外两个方面相对滞后的条件下。为此,须同步进行技术创新、制度创新、意识形态的改革。这要求政府要进行全方位的顶层设计,并采用精细化、智能化的治理手段。

习近平总书记在多次讲话中均对此进行了强调。如在 2017 年 3 月参加十二届全国人大五次会议上海代表团审议时指出,"走出一条符合超大城市特点和规律的社会治理新路子,是关系上海发展的大问题""要强化智能化管理,提高城市管理标准,更多运用互联网、大数据等信息技术手段,提高城市科学化、精细化、智能化管理水平",尤其要"加强综合整治,形成常态长效管理机制"。[①] 2018 年 11 月在上海考察时提出,"一流城市要有一流治理,要注重在科学化、精细化、智能化上下功夫,既要善于运用现代科技手段实现智能化,又要通过绣花般的细

---

① 习近平著:《践行新发展理念深化改革开放 加快建设现代化国际大都市》,《人民日报》2017 年 3 月 6 日。

心、耐心、巧心提高精细化水平,绣出城市的品质品牌"①,其中均蕴含着丰富的城市综合治理的思想。

习近平总书记在 2020 年 11 月浦东开发开放 30 周年庆祝大会上的讲话,更是明确地提出了技术创新、制度创新、意识形态的协同推动问题。他指出:一是要"全力做强创新引擎,打造自主创新新高地",也即提升技术创新力的作用;二是要"加强改革系统集成,激活高质量发展新动力",其包括"要聚焦基础性和具有重大牵引作用的改革举措""统筹推进重要领域和关键环节改革""加强重大制度创新充分联动和衔接配套,放大改革综合效应"等,也即提升制度创新力的作用。而以上这些重要思想均是意识形态引领的体现,习近平总书记尤其强调了在这一过程中要"科学把握新发展阶段,坚决贯彻新发展理念,服务构建新发展格局,坚持稳中求进工作总基调,勇于挑最重的担子、啃最硬的骨头,努力成为更高水平改革开放的开路先锋、全面建设社会主义现代化国家的排头兵,彰显'四个自信'的实践范例,更好向世界展示中国理念、中国精神、中国道路"②,这明确了城市在提升意识形态方面的总体方向和基本要求。

(二) 超大城市综合治理思路要求协同三种作用力的方向

从上一节的分析可知,技术创新、制度创新、意识形态不仅有大小,还有方向之分,如若三者的发展方向并不一致,即使三种作用力均不断增大,但由于相互不适应而出现彼此抵消、彼此削弱的情况,仍会使得改革实践无法得到预期成效。比如,部分科技创新打着高质量发展的名义,但实质上却完全是资本趋利的逻辑,反而损害了广大人民的利益,削弱了制度创新和意识形态的改革;部分意识形态(如躺平、内卷等)在言论自由的幌子下渗透传播,对我国技术创新和制度创新起到了削弱作用;部分制度改革在实践中偏离了方向,继而反而成为技术进步和意识形态的制约。

有效统一技术创新、制度创新、意识形态三者的发展方向,是保障三者合力的关键所在。要实现这一点,须依托两个重要方面:其一,要依靠智能技术手段,建设智慧城市,让城市拥有"大脑"和"神经系统"。这能够保障技术创新、制度创新、意识形态在改革设计时的科学性,实现三者在逻辑起点层面的一致性,同时能够动态监测三者在实际践行中的演变发展,继而快速甄别方向偏离的情况,及时采取应

---

① 习近平著:《习近平在上海考察》,新华社,2018 年 11 月 7 日,http://jhsjk.people.cn/article/30387788。
② 习近平著:《在浦东开发开放 30 周年庆祝大会上的讲话》,《人民日报》2020 年 11 月 13 日。

举措。其二,要依托利益这一协同技术创新、制度创新、意识形态的中间枢纽,将人民利益导向作为三种作用力演变发展的根本遵循,使得三者自发形成一致合力。习近平总书记强调的"人民城市"思想,正是旨在发挥人民利益导向的合力协调作用。

新中国成立以来,人民利益的根本导向始终是保障我国城市经济改革方向、协调三种作用力更快形成一致合力的内在轴心。不论是技术创新、制度创新还是意识形态,其发展和演变均以满足人民需求为最终目标,也即"坚持把人民拥护不拥护、赞成不赞成、高兴不高兴作为制定政策的依据,顺应民心、尊重民意、关注民情、致力民生"[1],这是我国社会主义基本经济制度下的必然要求。正是因为这一内在轴心,使得我国技术创新、制度创新和意识形态发展演变的利益驱动之间出现了一个关联点和重要纽带,保证了我国能够较快实现三种作用力之间的相对调整,继而极大地延长了技术创新、制度创新和意识形态之间的相互促进过程。这同时也为我国超大城市高质量发展标注了社会主义的注脚,规定了其不同于发达资本主义国家的独特内涵。为此,进一步深化城市经济发展的人民利益导向,是保障我国超大城市技术创新力、制度创新力、意识形态引领三个基本路径协同发挥作用,继而推动"三重体系"的总体性质量提升、实现超大城市高质量发展的关键所在。

综上所述,我国超大城市有机体高质量发展的总体实现路径和综合治理思路可以概括为:以超大城市有机体为思想前提,以新发展理念和人民城市理念为逻辑主线,综合运用技术创新、制度创新、意识形态引领三大核心路径,推动超大城市有机体"三重体系"的总体性演进,逐步构建畅通高效的城市基本经济体系、优美宜居的城市生态经济体系以及合作共赢的城市开放经济体系(见图4-1)。

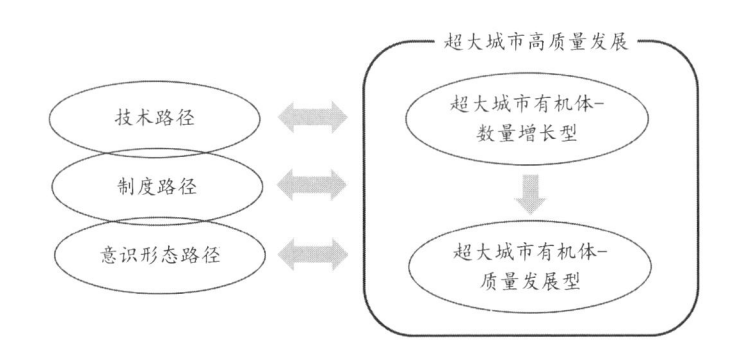

图4-1 超大城市有机体高质量发展的实现路径示意图

---

[1] 习近平著:《在庆祝改革开放40周年大会上的讲话》,《光明日报》2018年12月19日。

现实篇

第五章　我国超大城市有机体高质量发展的现实分析

第三章和第四章的论述分别为我国超大城市高质量发展提供了理论上的目标参照系和动态实现路径,这是推进我国超大城市高质量发展的理论模型。本章将进一步着眼于现实,考察当前我国超大城市高质量发展的程度和状态,以及这一程度和状态背后的技术创新力、制度创新力和意识形态引领作用情况。

第一节　"三重体系"运行质量的现实考察:以上海市为例

在我国目前的十个超大城市中,上海市的综合经济实力居于前列。本章以上海市为例,分别从基本经济体系、生态经济体系和开放经济体系出发,考察其现实运行质量。这一现实考察有助于认识当前我国超大城市高质量发展的进程及其中存在的问题,继而为后续的系统对策分析奠定基础。

一、基本经济体系运行质量考察

囊括生产、分配、交换、消费的基本经济体系的运行质量,是决定超大城市高质量发展水平的基础层面,也是生态经济体系和开放经济体系高质量发展的支撑条件。为此,以下分别从生产、分配、交换、消费四个方面进行考察:

(一)生产体系发展现状

从生产体系的总量上来看,一直以来上海市生产总值均在全国各城市中名列第一,且在国内生产总值的占比始终保持在3.6%~3.9%左右。从生产总值的增长率来看,尽管2012年以来受到国内外经济的双重下行压力,上海市生产总值的增长率有所下降,但也仍保持在6%的增速水平。[①] 也即,从总量和增速上来看,上海经济表现较佳。

从生产体系的结构上来看(见图5-1),上海市以第二产业和第三产业为主,第一产业则占比较低,以2019年数据为例,三大产业占比分别为0.27%、26.99%、72.74%。从变化情况来看,2012—2019年期间,上海市第一产业占比呈现下降趋势(从0.61%下降到0.27%,由于占比较低,其变化在图中没有呈现),第二产业占比略有下降(从38.37%下降到26.99%),第三产业占比呈现上升趋势(从61.03%上升到72.74%)。这反映出上海市产业结构的总体变化方向,即服务业和商业呈现出更好的增长势头,这符合我国经济结构优化的总体方向要求。

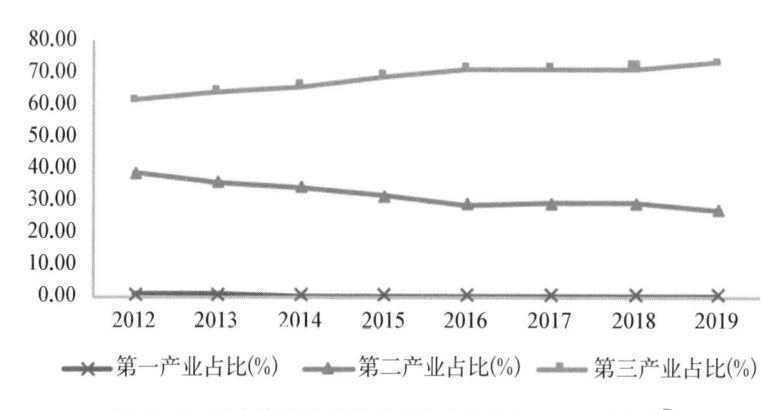

图5-1 三大产业生产总值占比变化(2012—2019年)[②]

从生产体系的质量来看,在工业生产方面,高技术产业的发展在一定程度上代表了生产质量的提升(见图5-2),2012年以来上海市高技术产业工业总产值先呈现一定的下降,而后在2017年以后呈现显著的提升,总体而言从2012年的6780亿元上升到7162亿元,但高技术产业工业总产值在全市的比重仍相对较低,且这一比重在2015年以后呈现明显的下降趋势。此外,都市型工业的发展,由于其环保低耗的特点,也在一定程度上反映了工业发展的质量。从数据来看(见图5-3),2012年以来上海市都市型工业的产值先呈现一定的下降,其后转为上升,总体从2012年的3590.63亿元增加到3694.59亿元,增长情况相对平缓。

---

① 数据来源:《2020年上海市统计年鉴》。
② 数据来源:《2020年上海市统计年鉴》。

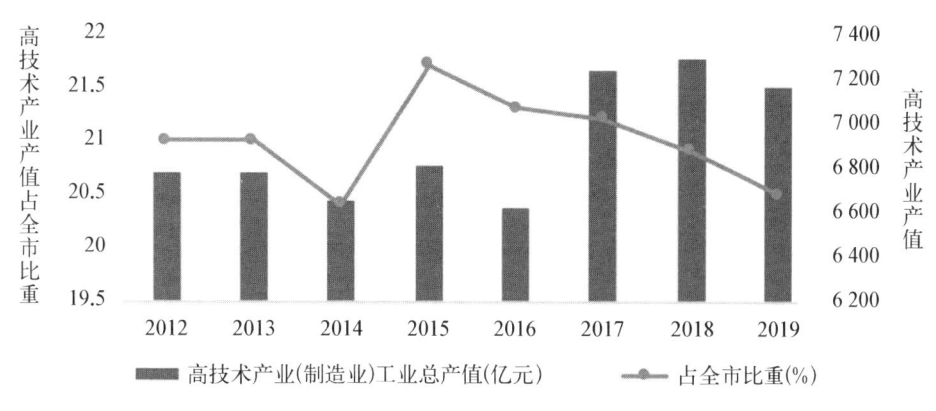

图 5‑2　高技术产业工业总产值及其占全市占比的变化(2012—2019 年)①

图 5‑3　都市型工业总产值变化(2012—2019 年)②

在农业生产质量方面,可从农业机械拥有量、农业技术应用和综合开发情况两个角度进行考察。对于农业机械拥有量,从图 5‑4 可以看出,典型年份的农业机械总动力呈现一定的下降趋势,但近年来已趋于平稳,耕作机械动力和机动植保机械动力总体呈现上升态势,收获机械动力先呈现下降其后转为平稳增加,渔业机械动力总体趋于平稳。这意味着,上海农业机械拥有量总体并未提升,这可能与上海农业产值规模总体趋于下降有关。对于农业技术应用和综合开发情况,图 5‑5 数据显示,典型年份的机耕面积总体呈现一定的下降,但从面积占比来看,无论是粮食机种面积占比还是粮食机收面积占比均有明显上升,到 2019

---

① 数据来源:《2020 年上海市统计年鉴》。
② 数据来源:历年上海市统计年鉴。

年两个数据已分别达到86.3%和98.9%。这证明,虽然上海市机耕面积总体下降,但农业机械化程度已达到较高水平。

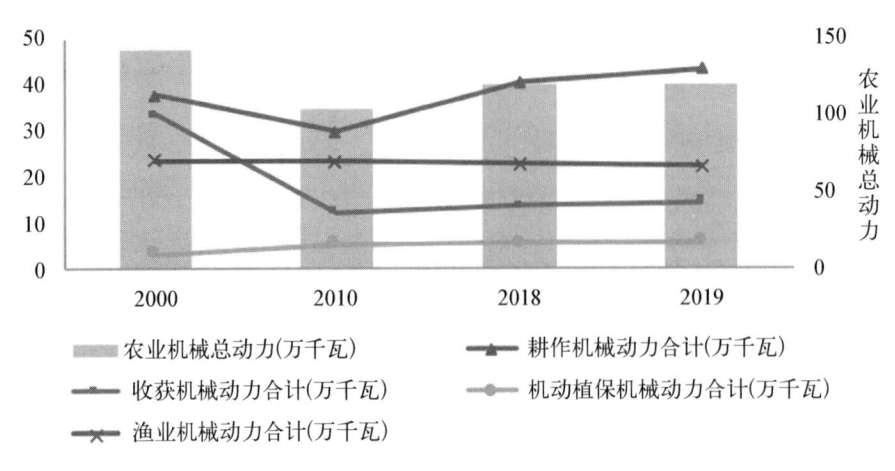

图5-4 典型年份农业机械动力情况①

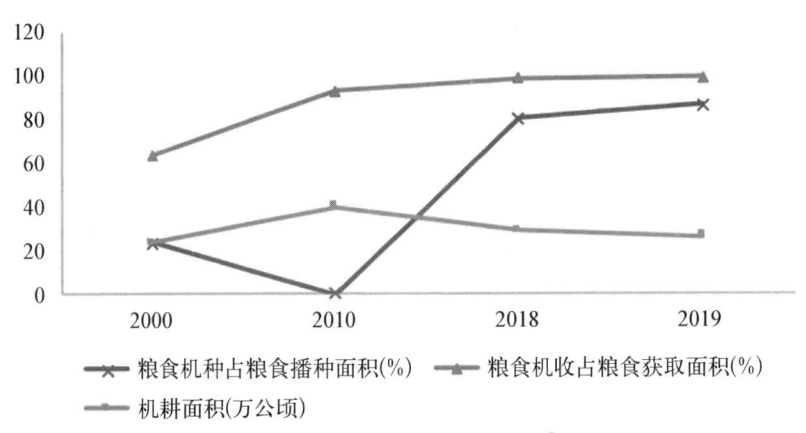

图5-5 典型年份机耕情况②

(二) 交换体系发展现状

从交换体系的总量层面进行考察,上海市的消费市场规模在全国领先,从社会消费品零售总额的变化来看(见图5-6),2000年以来这一数据始终在不断攀升,从2000年的1955.17亿元上升到15932.5亿元;但从社会消费品零售总额增

---

① 数据来源:《2020年上海市统计年鉴》。
② 数据来源:《2020年上海市统计年鉴》。

长率的变化来看,这一数据先呈现上升(从 2001 年的 8.7%上升到 2010 年的 19.3%),其后从 2011 年开始转为下降,随后以 9%左右的增长率维持了近 7 年,2019 年这一比例进一步下降为 6.5%,2020 年仅实现 0.5%的增长率。此外,近年来网络消费市场快速发展,愈发成为交换体系中的重要组成部分。数据显示(见图 5-7),2015—2020 年上海市电子商务交易额从 16 452 亿元上升到 29 417.4 亿元,实现了较快增长,2015—2019 年期间电子商务交易额增长率分别达到了 21.4%、21.9%、21%、19.3%、14.7%,但 2020 年电子商务交易额呈现负增长,下降了 11.4%。

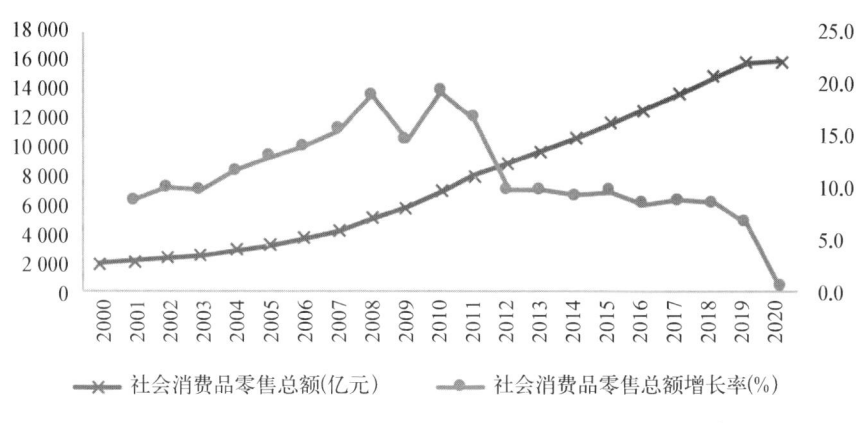

图 5-6 社会消费品零售总额及增长率(2000—2020 年)①

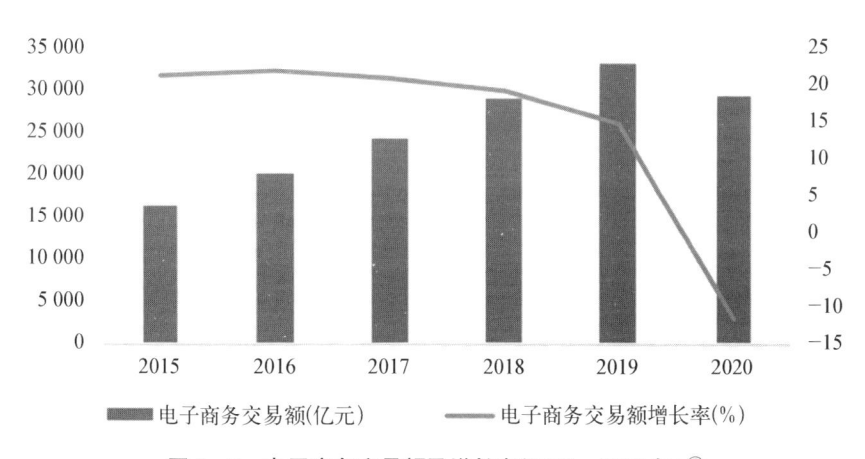

图 5-7 电子商务交易额及增长率(2015—2020 年)②

---

① 数据来源:《2020 年上海市统计年鉴》《2020 年上海市国民经济和社会发展统计公报》。
② 数据来源:历年《上海市国民经济和社会发展统计公报》。

从交换体系的效率层面来考察,选取上海市会展业发展情况、互联网硬件基础设施情况和金融业发展情况三个典型侧面进行分析:

一是会展业发展情况,会展业即会议业和展览业,其作为一种新兴服务业,有利于开拓市场、调整市场结构等,对于提升交换体系的效率有重要意义。上海市的会展业发展在全国领先,从数据来看(见图5-8),2014—2020年上海市各类展览及活动的个数呈现上升态势,但2020年受疫情等影响,出现了明显下降,下降幅度达47.27%。

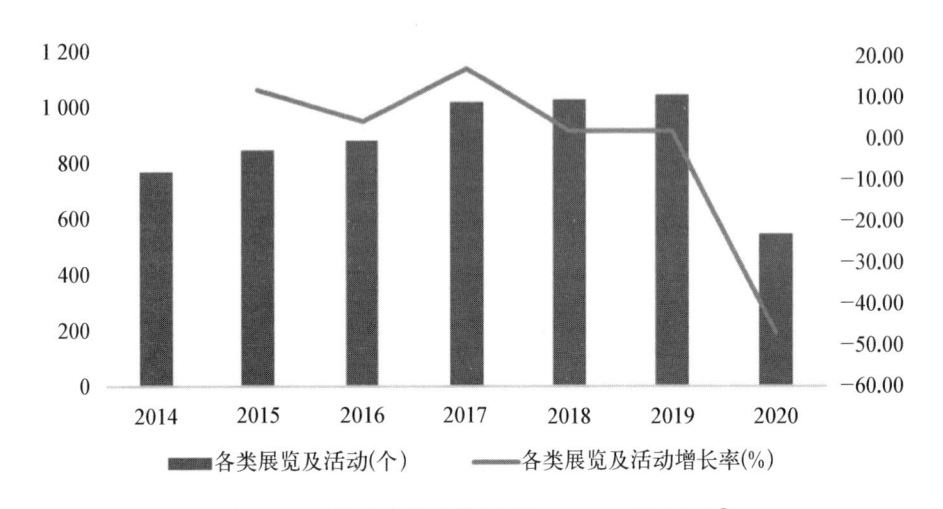

图5-8 上海市会展业发展情况(2014—2020年)[①]

二是互联网硬件基础设施情况,这是电子商务、网络商品交换进一步发展的基础,从数据来看(见图5-9),典型年份上海市的信息通信管线长度、家庭宽带接入用户等均呈现明显的上升趋势。

三是金融业发展情况,上海市是我国金融业发展的中心城市,也是全球性金融中心之一。最新数据显示,2021年上海在全球金融中心排名上升为第三。金融业提供了一种特殊商品的交换,即资金的交换,这一市场的发展有利于交换效率的提升,同时也会对生产和分配带来影响。

(三) 分配体系发展现状

从分配体系的总体情况来看(见图5-10),上海市收入水平在全国居于前

[①] 数据来源:《2020年上海市会展行业发展现状及主要企业经营情况分析》,https://www.chyxx.com/industry/202104/948689.html。

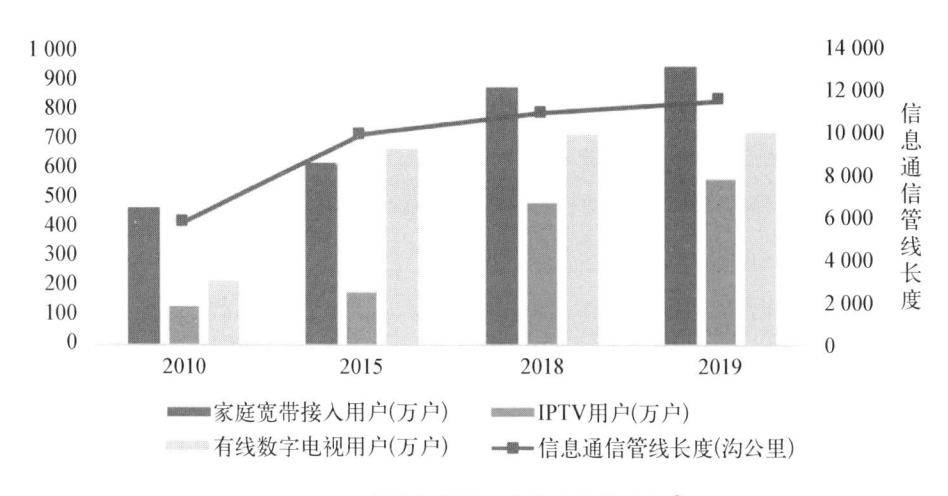

图 5-9 主要年份信息化基础设施情况①

列。以 2020 年数据为例，上海市人均可支配收入为 72 232 元，是全国人均可支配收入 32 189 元的 2.24 倍；从人均可支配收入的变化来看，2015—2020 年全国和上海市人均可支配收入均处于上升趋势，且增长率变化基本趋于一致，即增长率总体较高并相对平稳，但 2020 年增长率出现明显下降。与发达国家相比，上海市的人均可支配收入仍有差距。

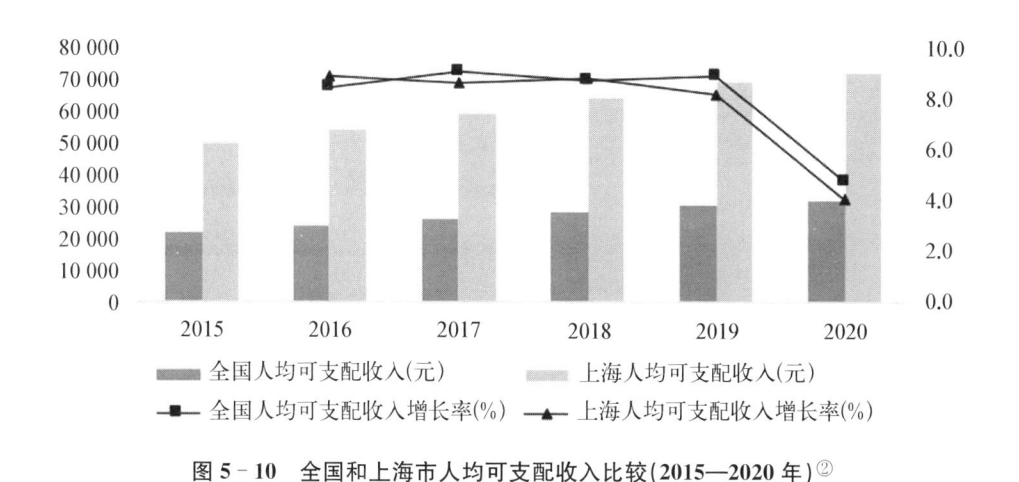

图 5-10 全国和上海市人均可支配收入比较(2015—2020 年)②

---

① 数据来源：《2020 年上海市统计年鉴》。
② 数据来源：历年上海市统计年鉴、中国国家统计局、《2020 年上海市国民经济和社会发展统计公报》。

从分配体系的结构来看,上海市可支配收入中各类收入的占比(如图 5-11 所示),即 2019 年上海市可支配收入中工资性收入占比 58%,经营净收入占比 3%,财产净收入占比 15%,转移净收入占比 25%。这一结构总体较为平稳,但 2016 年以来工资性收入占比有所下降(从 60.3% 下降为 57.6%),财产净收入占比略有上升(从 14.1% 上升到 14.5%),经营净收入占比和转移净收入占比有所上升(前者从 2.6% 上升到 3.2%,后者从 23% 上升到 24.7%)。与国内其他超大城市和美国相比,上海市工资性收入和财产性收入占比略低,转移性收入占比略高,"在工资性收入占比方面:上海比美国低 3.48 个百分点,比北京低 2.57 个百分点;在财产性收入方面:上海比美国低 5.7 个百分点,比北京低 1.96 个百分点;在转移性收入方面:上海比美国高 15.2 个百分点,比北京高 3.62 个百分点"[2]。

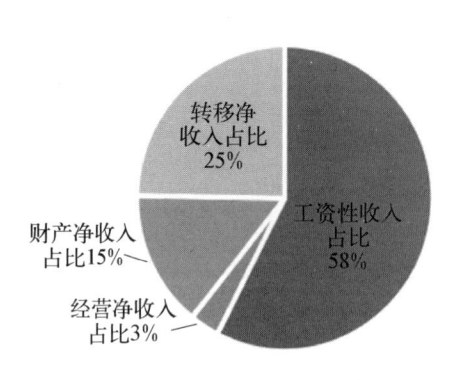

图 5-11 2019 年上海市可支配收入结构[1]

从分配体系的差异来看,可考虑城乡收入差异和行业收入差异两个方面。对于城乡收入差异,从图 5-12 中可以看出,2015—2020 年上海市城乡人均可支配收入均不断提升,且两者的差异倍数逐年下降,从 2015 年的 2.28 倍下降

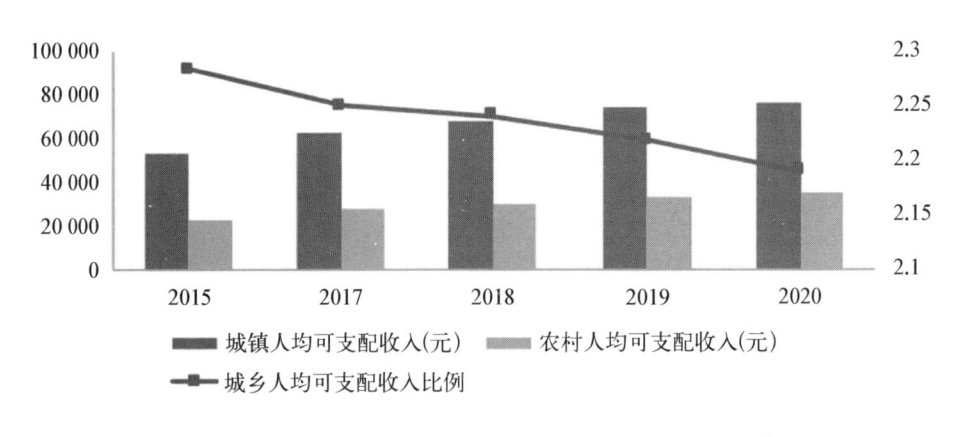

图 5-12 上海市城乡人均可支配收入(2015—2020 年)[3]

---

[1] 数据来源:《2020 年上海市统计年鉴》。
[2] 张勇著:《"双循环"新发展格局下上海促进消费研究》,《科学发展》2021 年第 2 期。
[3] 数据来源:《2020 年上海市统计年鉴》《2020 年上海市国民经济和社会发展统计公报》。

到2020年的2.19倍,这意味着,虽然城乡人均可支配收入仍有明显差异,但这一差异呈现一定的缩小趋势。对于行业收入差距,图5-13展示了2017年上海市典型行业的平均工资和全市平均工资之间的对比,其中平均工资最高的行业是全市平均工资的1.7倍,最低工资行业则是其0.6倍,最高与最低之间相差2.85倍。这些典型行业的平均工资差异相对适中,但其中并未涵盖金融行业、房地产行业等高利润率行业,因此实际的工资差异应高于这一数据呈现的结果。

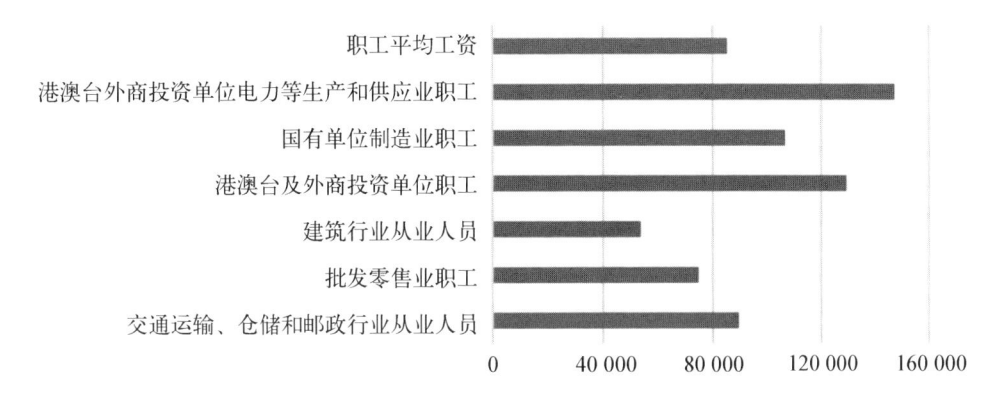

图5-13 2017年上海市典型行业平均工资[①]

(四) 消费体系发展现状

从消费体系的规模进行考察(见图5-14),上海市消费水平在全国同样居于首位。以2020年数据为例,上海市人均消费支出为42 536元,是全国人均消费支出21 210元的2倍;从人均消费支出变化来看,2015—2019年全国和上海市人均消费支出均处于上升趋势,且增长率总体稳定在7%～9%之间;2020年受疫情等因素影响,全国和上海市人均消费支出均出现一定的下降,且上海市人均消费支出下降程度高于全国数据。此外,从平均消费倾向来看,"全国为70.3%,上海为65.67%""从全国主要城市2019年消费倾向比较发现,上海总体上处于中上等水平,成渝地区以及珠三角城市比长三角城市更敢花钱"[②]。

---

① 数据来源:《2017年上海市各行业职工平均工资》,http://tjj.sh.gov.cn/ysqzzdgk/20190125/0014-1003101.html。
② 张勇著:《"双循环"新发展格局下上海促进消费研究》,《科学发展》2021年第2期。

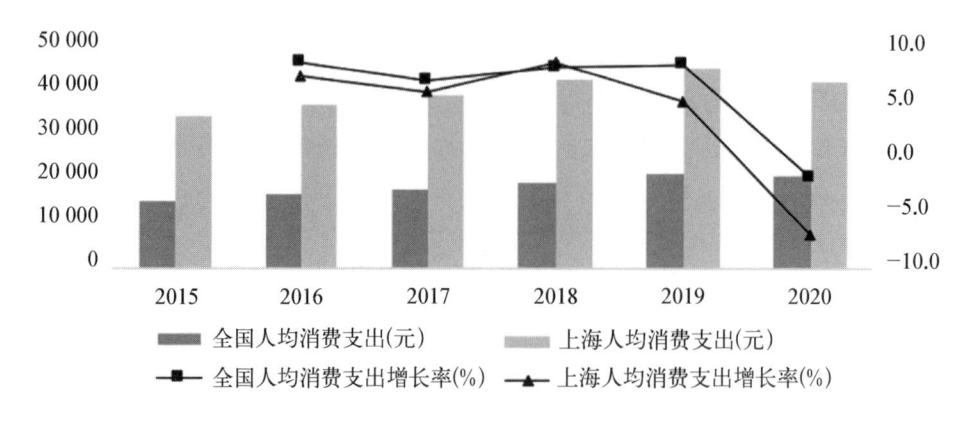

图 5‑14　全国和上海市人均消费支出比较(2015—2020 年)①

从消费体系的结构进行考察(见图 5‑15),以 2019 年为例,上海市消费支出中占比最高的是居住消费(33%),其后依次是食品烟酒消费(24%)、交通通信消费(12%)、教育文化娱乐(12%)、医疗保健(7%)、生活用品及服务(5%)、衣着(4%)和其他用品及服务(3%)。这一结构在 2016—2019 年基本保持相对平稳,但也有渐进式变化,如食品烟酒和医疗健康占比呈现一定的下降趋势,教育文化娱乐和交通通信占比呈现上升趋势,衣着和居住则呈现一定的波动性。由于房价较高,上海市消费支出中居住消费占比相对较高,这对其他消费存在一定的挤压效应。

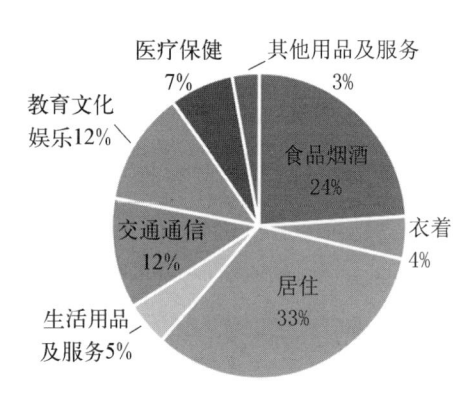

图 5‑15　2019 年上海市消费支出构成②

从消费体系的差异进行考察,图 5‑16 展示了 2015—2020 年上海市城乡人均消费支出的差异情况。除 2020 年以外,城乡人均消费支出均呈现上升趋势,但在 2020 年出现了一定的下降;城乡之间的人均消费支出比例则总体呈现下降态势,从 2015 年的 2.29 倍下降为 2020 年的 2.03 倍。上海市城乡消费差异较为显著,但呈现一定的差异缩小趋势。

---

① 数据来源:《2020 年上海市统计年鉴》、中国国家统计局、《2020 年上海市国民经济和社会发展统计公报》。
② 数据来源:《2020 年上海市统计年鉴》。

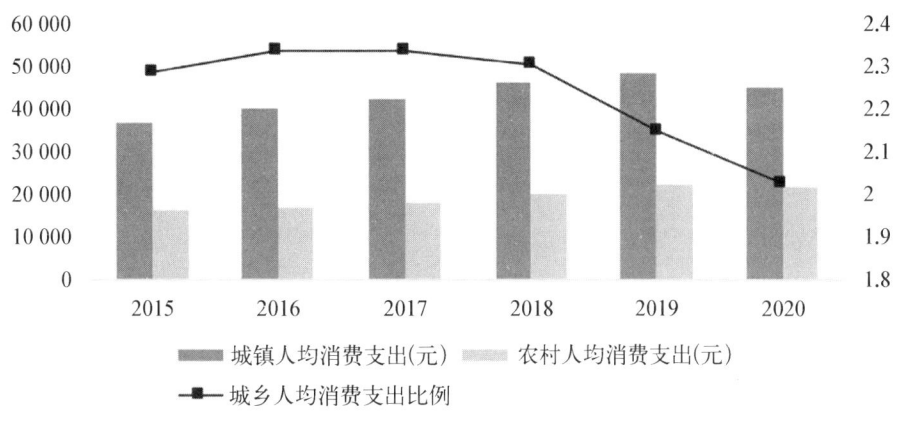

图 5-16 上海市城乡消费支出对比（2015—2020 年）①

总的来说，作为我国经济金融中心，上海在生产、分配、交换、消费四个维度的总体情况均位于全国首位，但从以上数据不难发现：

第一，2020 年四个维度的经济表现均呈现出较为明显的下降，这虽然是由于疫情等宏观因素导致，但作为超大城市，上海应承担起更大的宏观经济支撑作用，这为上海今后的经济发展提出了要求和挑战。

第二，上海市的人均可支配收入和人均消费支出达到全国平均水平的 2 倍以上，这一较大的差异意味着上海应承担更多区域经济带动作用，增强外溢和辐射。

第三，上海市内部的产业结构、市场效率、分配结构和消费结构呈现出一定的优化趋势，但进展相对缓慢，且高技术产业发展速度放缓，收入差异和消费差异仍较为凸显。这意味着，生产、分配、交换、消费之间的循环运行仍存在堵点，如农业生产缺乏相应流通领域的支持，使得农业发展受到较大制约。

二、生态经济体系运行质量考察

生态经济体系的发展质量，是衡量上海总体经济发展质量的重要方面，其不仅决定了城市的可持续发展潜力，而且也是生态污染日益恶化的条件下，挖掘绿色经济这一新的经济发展空间的生态前提。以下分别从自然环境、资源利用、生态宜居三个方面进行考察。

---

① 数据来源：《2020 年上海市统计年鉴》《2020 年上海市国民经济和社会发展统计公报》。

（一）自然环境的质量分析

从总体情况来看，近年来上海市生态之城建设取得显著成效。2019 年上海市生态环境状况指数（EI）为 62.5，生态环境状况评价等级为"良"，植被覆盖度较高，生物多样性较丰富。与 2018 年相比，生态环境状况变化度（|ΔEI|）为 0.1[①]，生态环境状况总体稳定。污染负荷指数、植被覆盖指数、生物丰度指数、水网密度指数、土地胁迫指数均保持稳定。[②] 在此基础上，可从空气质量、水质量和固体废弃物情况三个方面进行具体考察。

对于空气质量，重点考察废气烟尘排放和环境空气质量优良情况两个方面。从 2012—2019 年期间上海市废气排放情况（见图 5-17）可以看出，烟尘排放和二氧化硫排放总体呈现下降趋势，且下降幅度较大，但工业废气排放总量先有所下降其后再次转为上升，尤其 2019 年增加了 8.97%。从重点年份中心城区的空气污染情况来看（见图 5-18），二氧化硫、二氧化碳、可吸入颗粒的年日平均值均呈现下降趋势，但二氧化氮年日平均值的下降并不明显，且 2018 年和 2019 年并无变化。此外，根据环境空气质量优良率这一数据，上海市 2019 年的环境空气

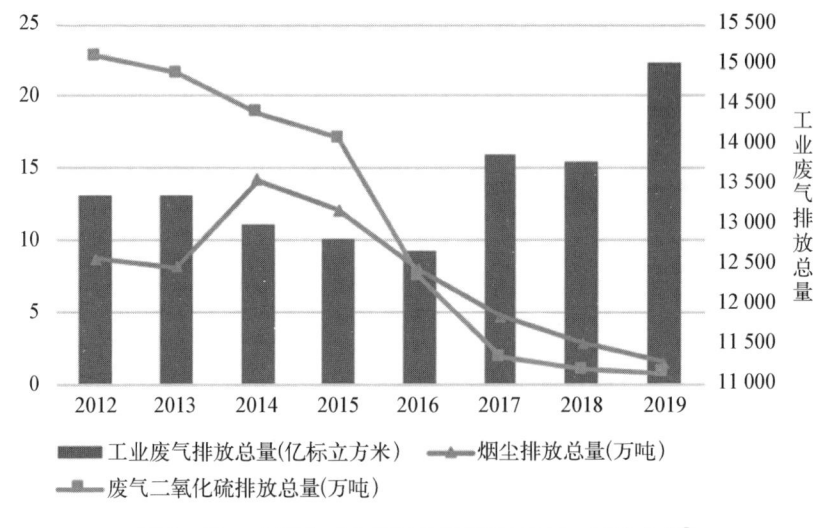

图 5-17　上海市工业废气排放情况（2012—2019 年）[③]

[①] 数据来源：《2020 年上海市生态环境状况公报》。
[②] 数据来源：《2020 年上海市生态环境状况公报》。
[③] 数据来源：《2020 年上海市统计年鉴》。

质量优良率为84.7%,相比2018年的81.1%有所提升。可见,上海市空气质量相比前一阶段有所改善,但近年来这一改善进程存在一定的放缓趋势。

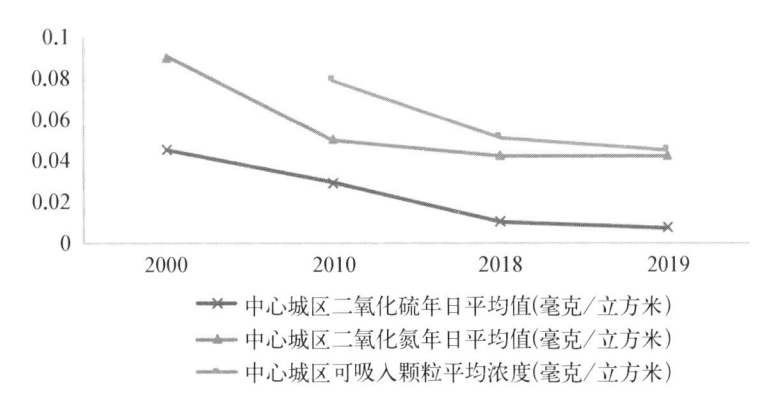

图 5-18　典型年份上海市中心城区空气污染情况[①]

图中数据:
- 中心城区二氧化硫年日平均值(毫克/立方米)
- 中心城区二氧化氮年日平均值(毫克/立方米)
- 中心城区可吸入颗粒平均浓度(毫克/立方米)

对于水质量,可从地表水质量和核污水处理两方面考察。从地表水质量看,地表水环境质量持续改善。2020年上海市首次实现零劣Ⅴ类水,Ⅱ～Ⅲ类水占比较2019年提高了25.8%;Ⅳ类水和Ⅴ类水较2019年分别下降22.8%、1.9%。此外,地表水中高锰酸盐指数、氨氮、总磷平均浓度也呈明显下降趋势。[②] 可见,上海市地表水质改善工作取得显著进步。从污水处理看(见图5-19),2012—2019年污水处理能力显著提高。2012—2019年上海市废水排放总量较为稳定,但污水处理量逐年增加。2012—2019年除2017年和2018年外,污水处理量都呈上升状态。2015年是上海市污水处理能力提高的转折点,但就污水处理厂个数而言,2015年和2014年保持持平,这意味着污水处理厂的处理效率获得极大的提高。此外,2016年到2018年,污水处理量减少可能是由于污水处理厂的个数有所减少。当前,2020年上海市新增污水处理设计规模6万立方米/日、新建83.44公里污水收集管网,全市城镇污水处理厂总设计规模达到840.3万立方米/日[③],污水处理能力进一步增强。

对于固体废弃物的情况,以下从一般工业固体废弃物和生活垃圾两大类别进行考察。

---

① 数据来源:《2020年上海市统计年鉴》。
② 数据来源:《2020年上海市生态环境状况公报》。
③ 数据来源:《2020年上海市生态环境状况公报》。

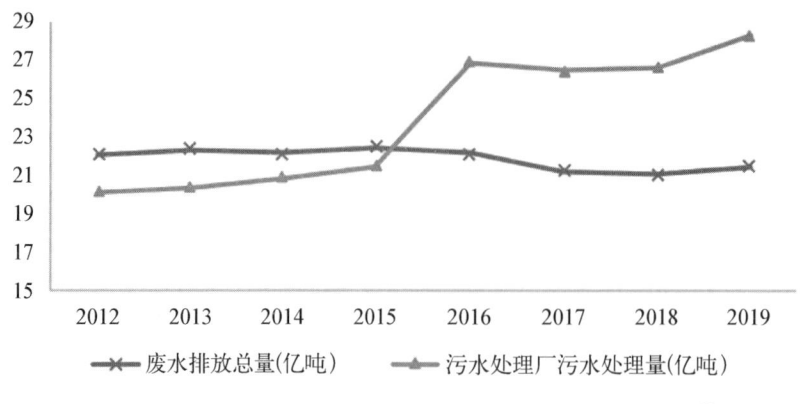

图 5‑19　上海市废水排放和污水处理情况(2012—2019 年)①

在一般固体废弃物方面,由图 5‑20 可见,2016—2020 年上海市一般工业固体废弃物产生量呈现波动增长趋势,2020 年一般固体废弃物产生量为 1 808.75 万吨,较 2016 年增长 8.34%。但与此同时,固体废弃物的综合利用率呈现显著提高,2020 年综合利用量为 1 701.82 万吨,综合利用率为 94.09%,较 2019 年提高 2.88 个百分点。相比 2019 年,四种主要一般工业固体废物中除脱硫石膏利用率有微弱下降外,冶炼废渣、粉煤灰、炉渣的综合利用率均实现较大突破,冶炼废渣、粉煤灰实现百分之百利用,炉渣的综合利用率较 2019 年提高约 16 个百分点。②

在生活垃圾方面,可从生活垃圾总量、垃圾分类、处理能力三方面进行分析。由图 5‑20 可知,2016—2020 年上海市生活垃圾生产量呈上升趋势,2020 年全市生活垃圾生产量达到 1 132.92 万吨,较 2016 年增长比例高达 28.75%,这意味着经济发展和人口激增对城市的环境带来巨大压力。与此同时,垃圾分类政策取得了较为显著的现实成效。上海通过出台《关于建立完善生活垃圾全程分类体系的实施方案》《上海市生活垃圾全程分类体系建设行动计划(2018—2020 年)》《上海市生活垃圾管理条例》等一系列文件,使得垃圾分类实效逐步趋于稳定。以 2020 年数据为例,可回收物回收量较 2019 年增长 57.5%,有害垃圾分出量增加 3 倍,湿垃圾分出量增长 27.5%,干垃圾处置量同比减少 20%。此外,垃圾处理能力显著提高。截至 2020 年底,上海市已建成生活垃圾无害化处置设施 22

---

① 数据来源:《2020 年上海市统计年鉴》。
② 数据来源:《2020 年上海市固体废弃物污染环境防治信息公告》。

图 5-20　上海市固体废弃物产生量(2016—2020 年)[1]

座,总处理能力 26 830 吨/日,湿垃圾处理能力达 32 500 吨/日[2],点站场体系的可回收物回收框架基本形成。

(二) 能源利用的质量分析

在自然资源的利用方面,水资源是生产和生活的必需品,具有重大的经济意义和环境意义,因此本节主要考察水资源利用情况。从用水总量看,2016 年到 2020 年上海用水总量呈下降趋势。2020 年上海用水总量为 97.5 亿立方米,较 2016 年降低约 7%。2020 年上海市人均综合用水量 416 立方米,低于全国平均水平 431 立方米,但却是北京人均综合用水量的两倍多[3],水资源浪费问题仍显著存在。从利用效率看(见图 5-21),2016—2020 年上海市万元地区生产总值用水量、万元工业增加值用水量都大幅下降。相比 2016 年,2020 年上海市万元地区生产总值用水量和万元工业增加值用水量降低比重均达到 1/3,这意味着用更少的水实现更多的产值,有利于缓解水资源短缺的情况。

---

[1]　数据来源:2016—2020 年《上海市固体废弃物污染环境防治信息公告》。
[2]　数据来源:《2020 年上海市固体废弃物污染环境防治信息公告》。
[3]　数据来源:《2021 年中国统计年鉴》。

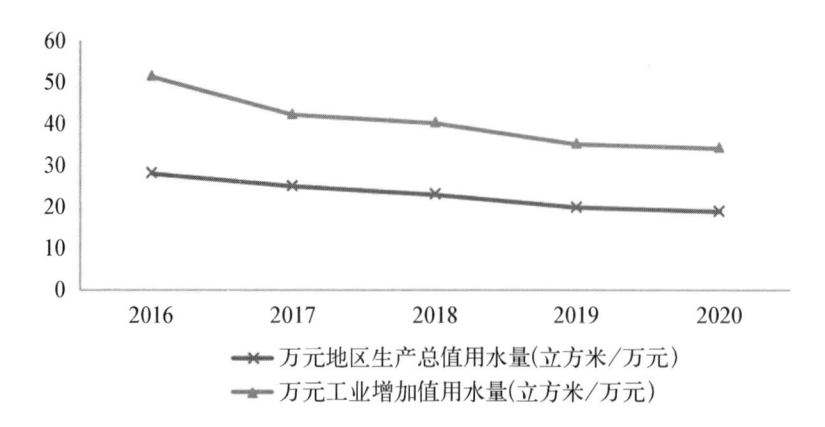

图 5-21　上海市用水量情况(2016—2020 年)①

在能源的利用方面,主要考察能源消费情况。从能源消费的总体情况看(见图 5-22),2015 年到 2019 年上海的能源消费总量已进入了一个低速增长阶段。截至 2019 年,上海市能源消费总量为 11 866.87 万吨标准煤,比 2018 年增长 2.1%。从能源终端消费看,第一产业能源终端消费量为 59.57 万吨标准煤、第二产业为 5 917.61 万吨标准煤、第三产业为 4 606.53 万吨标准煤、生活消费为 1 283.15 万吨标准煤,分别占比 0.5%、49.87%、38.82%、10.81%。尽管第二产业占比在 2015—2019 年呈下降趋势,但仍占比一半左右。值得注意的是,上海工业增加值能耗在 2015—2019 年呈现波动下降趋势,这意味着上海工业产业结构有所优化,以更少的能源消费实现更高的产值。

从能源消费的结构看,上海市能源消费仍以煤炭为主,但其占比有所下降。从数据来看,2020 年上海煤炭消费总量占一次能源比重下降到 31%左右,非化石能源占比增至 17.6%,风电、光伏、生物质发电装机总量达 260 万千瓦。② 尽管上海市煤炭消费比重低于全国平均水平,但与同为超大城市的深圳等相比仍有较大差距,未来仍需继续实施重点企业煤炭消费总量控制制度,进一步优化能源结构。从能源消费的质量看,新能源汽车推广能改善能源消费质量。2020 年上海市推广新能源汽车 12.1 万辆,累计建成 364 个暂存性电池回收服务网点,2 个第三方集中型存储网点,并同上汽、比亚迪、特斯拉等多个

---

① 数据来源:《2020 年上海市水资源公报》。
② 数据来源:历年上海市统计年鉴。

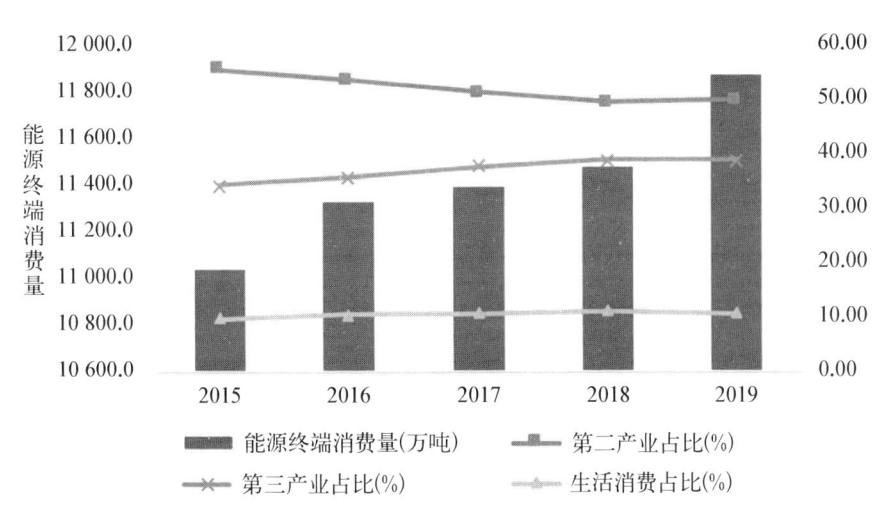

图 5-22　上海市能源终端消费总量及各类能源消费占比(2015—2019 年)①

重点企业对接,能源消费质量有望进一步提高。② 此外,上海还出台《加快新能源汽车产业发展实施计划(2021—2025 年)》,鼓励个人和公用领域购置电车,减少燃油汽车的使用频次。

(三) 生态宜居的质量分析

党的十八大以来,上海市全方位推进生态文明建设,积极改善生态环境质量,努力打造国际化生态宜居城市。

首先,上海市环保投入资金呈现不断攀升。图 5-23 显示了 2000 年以来上海市环保投资规模及其增长率的变化。可以看出,近 20 年来上海市环保投资规模呈现显著上升趋势,从 2000 年的 141.91 亿元上升为 2020 年的 1 087.86 亿元,且环保投资规模占上海市 GDP 比重始终保持在 3%左右,2020 年这一数据为 2.8%。从环保投资增长率来看,这一数据波动较大,且 2016 年以来呈现较为明显的下降趋势,这对上海市未来环保工作提出了更高的要求,同时反映出上海市在环保工作方面已开始转向提高质量和效率的方向。从环保投资结构来看,以 2020 年为例,上海市环保投入资金中,城市环境基础设施建设投资为 454.61 亿元,污染源防治投资为 233.98 亿元,生态保护和建设投资为 12.72 亿元,农村

---

① 数据来源:《2020 年上海市生态环境状况公报》。
② 数据来源:《2020 年上海市综合交通运行年报》。

环境保护投资为151.05亿元,环境管理能力建设投资为10.27亿元,环保设施运转费为219.72亿元,循环经济及其他方面投资为5.51亿元;分别占投资的41.8%、21.5%、1.2%、13.9%、0.9%、20.2%和0.5%。① 可以看出,目前上海市环保工作的重点仍是环境基础设施建设、污染源防治和环保设施运转三个方面,生态保护和建设投资、循环经济等方面投资相对较少。总的来说,这些环境保护资金投入为上海市推进生态宜居城市建设提供了重要的基础和保障。

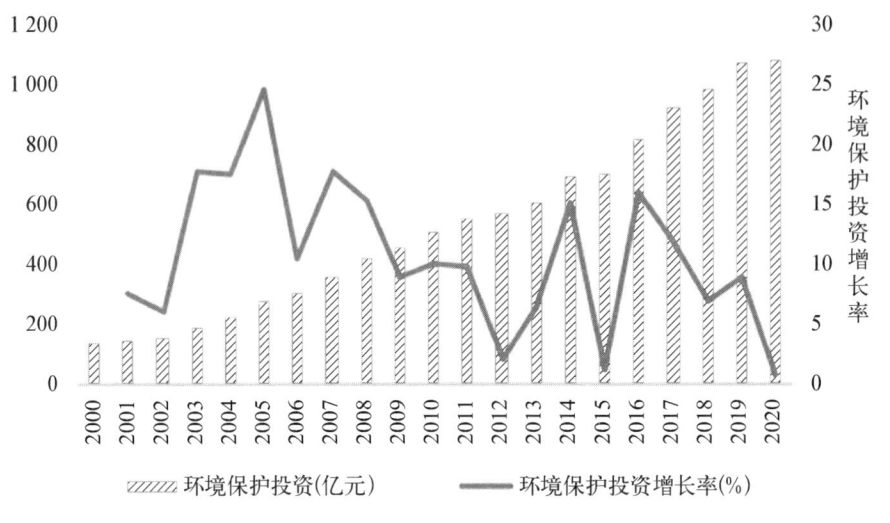

图5-23 上海市环境保护投资及其增长率变化(2000—2020年)②

其次,城市绿地显著增加,绿色休闲空间持续拓展。截至2020年底,上海市完成造林9万亩、绿地1202公顷、绿道212公里、立体绿化43万平方米,老港、天马、外冈、化工区周边等市级重点生态廊道基本建成,吴淞江、沪芦高速等市级重点生态廊道景观森林初见成效,全市森林覆盖率达到18.49%,人均绿地达到8.5平方米,城市绿化覆盖率和绿视率显著提高。③ 与此同时,近年来上海积极贯彻习近平总书记"公园城市"理念,努力在有限的用地空间中挖潜增绿,建成一大批设施完善、服务功能完备的公园,更好地满足了广大市民休闲健身需求。2020年上海市新增55座公园绿地(含街心花园15座),公园合计406座。其中,闵行区新增11座公园,占全市新增公园总数的1/5,区内公园总数达到56

---

① 数据来源:《2020年上海市生态环境状况公报》。
② 数据来源:《2020年上海市统计年鉴》《2020年上海市国民经济和社会发展统计公报》。
③ 数据来源:《2020年上海市国民经济和社会发展统计公报》。

座,居全市各区之首;奉贤区紧随其后,新增8座城市公园;浦东新区新增6座公园;松江区新增5座公园。① 这些城市绿地和绿色休闲空间的建设,是提升城市生活宜居程度的核心举措。

最后,重大环境基础设施体系和生态环境法规体系逐步完善。2020年上海市完成31座城镇污水处理厂提标改造、17座污水处理厂新扩建工程和40.8万户农村生活污水处理设施改造,城镇污水处理率预计97%左右,农村生活污水处理率为88%。新增生活垃圾焚烧和湿垃圾集中处理能力1.69万吨/日,无害化处理总能力达到4.2万吨/日,危废焚烧规模达35万吨/年以上,医废焚烧处置规模达10万吨/年以上。② 这意味着,上海市的重大环境基础设施体系已基本建设。此外,近年来,上海市制定或修订了《上海市环境保护条例》《上海市建筑垃圾处理管理规定》等多项关于环境保护的法律法规和政府规章,确保有法可依;修订印发《上海市生态环境保护工作责任清单》《上海市各区污染防治攻坚战成效考核实施方案》,不断健全"党政同责、一岗双责"机制及相应考核问责体系;全面推进生态环境损害赔偿改革各项工作,制定《关于建立生态环境和资源保护多元共治机制的意见》,强化生态环境民事公益诉讼与生态环境损害赔偿制度对接,探索生态环境修复责任与刑事责任追究对接等,生态环境法规体系也日趋完善。这些基础设施体系和生态环境法律体系为城市生活宜居提供了硬件和软件的双重支撑。

回顾上海生态建设,通过自觉践行"人民城市人民建,人民城市为人民"重要理念,统筹经济社会发展和生态环境保护工作,经过七轮环保三年行动计划,针对性地解决了一批突出环境问题,生态环境质量改善成效显著。但与此同时,部分问题仍然存在并不断凸显:

(1)上海生态经济发展的环境福祉有待提升。经过改革开放以来四十多年的努力,上海城市生态品质取得了显著成效。但与纽约、伦敦、东京等领先的全球城市相比,城市环境质量和生态系统服务水平仍是影响上海城市竞争力的重要短板。

(2)上海生态环境治理的现代化水平仍有待进一步增强。近年来,上海市愈

---

① 数据来源:《2020年上海新增城市公园55座,公园总数达406座!》,澎湃新闻,https://www.thepaper.cn/newsDetail_forward_9031364.
② 数据来源:上海市生态环境网,https://sthj.sh.gov.cn/hbzhywpt1272/hbzhywpt1158/20210122/27b5139ab47b4846b959836ea1f6cecf.html.

发重视生态环境治理的现代化建设,将其作为生态建设的重要环节,并纳入现代化治理体系之中,加速生态环境治理现代化的进程。但相比世界其他超大城市仍有差距,在发展和实践中还存在诸多不足,如多方合作、社会共治的体系尚未形成,以企业为主体的市场治理机制尚不完善,生态环境治理的信息化程度不高等。

三、开放经济体系运行质量考察

作为全国最大的港口、贸易和经济技术中心,开放经济体系的发展质量对于上海总体经济发展质量而言至关重要,其不仅包含上海在国际经济中的高质量参与,还包括其对国内区域经济、都市圈经济等方面的高质量带动。

(一) 对外开放的质量分析

上海是我国首批沿海开放城市,开埠建市的一个半世纪以来,上海的对外开放水平始终位于全国前列。《2018年中国区域对外开放指数报告》显示(见表5-1),上海的对外开放指数始终位于前三位,十年来稳居全国对外开放龙头地位。

表5-1 《2018年中国区域对外开放指数报告》十年综合得分榜前5名[①]

年份 城市	2008年	2009年	2010年	2011年	2012年	2013年	2014年	2015年	2016年	2017年
北京	37.24	40.48	37.22	39.37	42.49	44.63	45.25	48.83	51.62	50.93
广东	37.30	38.25	36.31	39.33	42.94	46.09	47.56	48.19	47.62	48.74
上海	42.95(1)	39.90(2)	41.91(1)	44.01(1)	45.49(1)	47.85(1)	47.06(2)	50.32(1)	45.69(3)	44.71(3)
江苏	25.47	25.29	26.75	28.80	30.99	34.10	32.30	32.15	34.72	34.01
浙江	20.48	19.30	22.36	24.34	26.12	28.51	26.29	27.02	31.44	31.50

注:表中"上海"一行括号内数字为上海在该年份位序。

图5-24展示了近十年上海进出口总额及在全国进出口总额中的占比。可以看出,上海市的进出口总额略有波动,但总体呈现上升趋势,从2010年的

---

① 国家发展和改革委员会国际合作中心著:《中国对外开放40年》,人民出版社2018年版,第341页。

3 688.69亿美元增长到2019年的4 938.03亿美元,增长了33%;上海进出口总额在全国进出口总额中的占比有较大波动,但总体呈现下降趋势,从2010年的12.4%下降到2019年的10.79%。尽管如此,2020年十大外贸城市名单显示,上海仍位于2020年全国外贸进出口总量第一位,外贸进出口总额为34 828.47亿元,同比增长2.3%。① 且2021年3月,上海成功举办第三届中国国际进口博览会,二十国集团、金砖国家、上合组织全部成员国均有企业参展,年累计意向成交额达726.2亿美元。

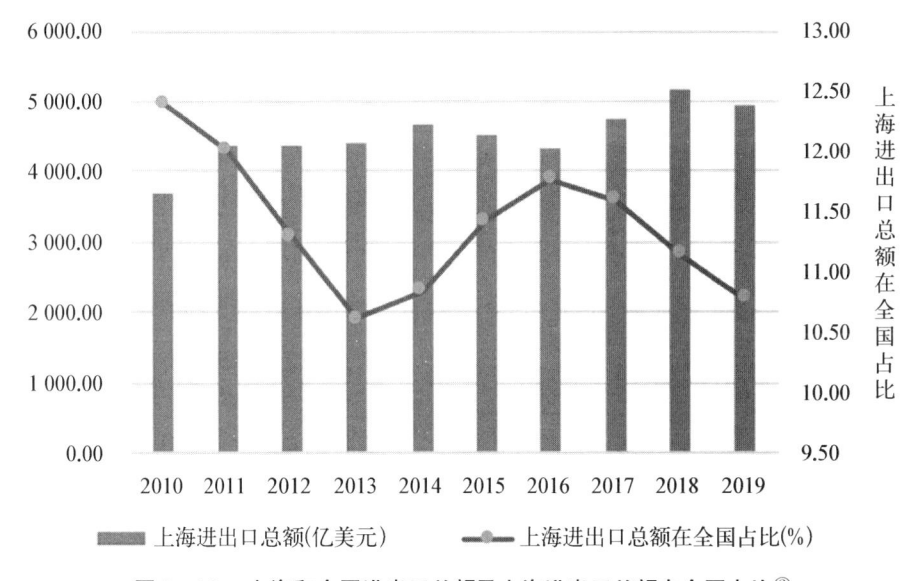

图5-24　上海和全国进出口总额及上海进出口总额在全国占比②

在积极推进对外开放的基础上,上海进一步将"全球城市"纳入布局,即在2020年基本建成"四个中心"和社会主义现代化国际大都市的基础上,2035年要基本建设成为具有全球资源配置能力、较强国际竞争力和影响力的全球城市,对标纽约、伦敦、东京等城市,在全球城市格局中成为重要的"全球性节点"之一。③

从综合成效来看,通过比较四个主要的全球城市评估指数(见表5-2),可以发现,上海的城市地位正在不断提升,已进入世界前列。全球城市实力指数排名

---

① 数据来源:《2020年上海市国民经济和社会发展统计公报》。
② 数据来源:历年上海市统计年鉴和中国国家统计年鉴。
③ 上海市政府:《上海市城市总体规划(2017—2035年)》,2017年12月。

中,上海由2010年的第26位上升到2015年的第17位。2020年这一排名已进一步上升到第10位;在全球城市指数(GCI)中的排名,也从2016年的第20位上升至2020年的第12位。

表5-3　　　　四大机构对部分全球城市评测的国际指数①

国际指数/名册	发布机构	年份	城市排名				
			纽约	伦敦	巴黎	东京	上海
全球城市竞争力指数(GCCI)	经济学人杂志	2012	1	2	4	6	43
机遇之城指数(COO)	普华永道	2014	2	1	6	13	20
全球城市实力指数(GPCI)	日本森纪念城市研究所	2015	2	1	3	4	17
全球城市指数(GCI)	科尔尼咨询公司	2016	2	1	3	4	20

从国际金融方面来看,成效更为明显。表5-3展示了上海在全球金融中心指数中的排名,这是全球最具权威的国际金融中心地位的指数,由英国智库Z/Yen集团和中国(深圳)综合开发研究院共同编制。第26期上海排在第5位,第27期又进一位,达到第4位,仅次于纽约、伦敦和东京。这意味着,上海已然跻身全球最重要的金融中心之一。

表5-3　　　　　　　　第27期"全球金融中心指数"②

中心	GFCI 27 排名	GFCI 26 排名	较上期排名变化
纽约	1	1	—
伦敦	2	2	—
东京	3	6	+3

---

① 数据来源:《上海市城市总体规划(2017—2035年)》。
② 数据来源:第27期"全球金融中心指数"(GFCI27)报告。

续　表

中心	GFCI 27 排名	GFCI 26 排名	较上期排名变化
上海	4	5	+1
新加坡	5	4	−1
香港	6	3	−3

（二）国内开放的质量分析

1. 长江三角洲区域一体化发展分析

长江三角洲地区具有综合实力强、开放水平高、创新能力领先等特点，是国家现代化建设和全面开放新格局建设的先导力量。2010年6月，国家发展改革委宣布正式印发长三角区域规划；2018年11月，习近平总书记在首届中国国际进口博览会开幕式上指出，"为了更好发挥上海等地区在对外开放中的重要作用……将支持长江三角洲区域一体化发展并上升为国家战略"[1]；2019年5月，《长江三角洲区域一体化发展规划纲要》正式发布，成为指导长三角地区一体化发展的纲领性文件，自此长三角一体化发展正式拉开帷幕。经过多年发展，长江三角洲地区在经济绩效和一体化发展方面取得了显著进展。

从经济绩效来看（见图5-25），2010年至2020年长三角地区生产总值呈现明显上升趋势，从2010年的9.95万亿元上升到2020年的24.47万亿元，增长了146%；上海对长三角地区经济贡献比率总体较为稳定，维持在17%左右，这一经济贡献是相对较高的，但同时也能看到，从2018年开始这一贡献比例略有下降，从2018年的17%下降到2020年的15.8%。

从经济一体化来看，近年来长三角地区的区域经济一体化发展取得明显进展，主要体现在交通一体化和科技创新一体化两个方面。

其一，交通建设是推动长三角一体化目标实现的首要任务。从数据来看，截至2019年底，长三角区域内铁路营业里程超过111 500公里，其中高铁营业里程5 095公里，区域路网密度达321公里/万平方公里，是全国平均水平的2.2倍。[2] 2020年4

---

[1] 习近平著：《共建创新包容的开放型世界经济——在首届中国国际进口博览会开幕式上的主旨演讲》，《人民日报》2018年11月6日。
[2] 习近平著：《未来六年长三角将建铁路六千六百公里》，《人民日报》2019年12月31日。

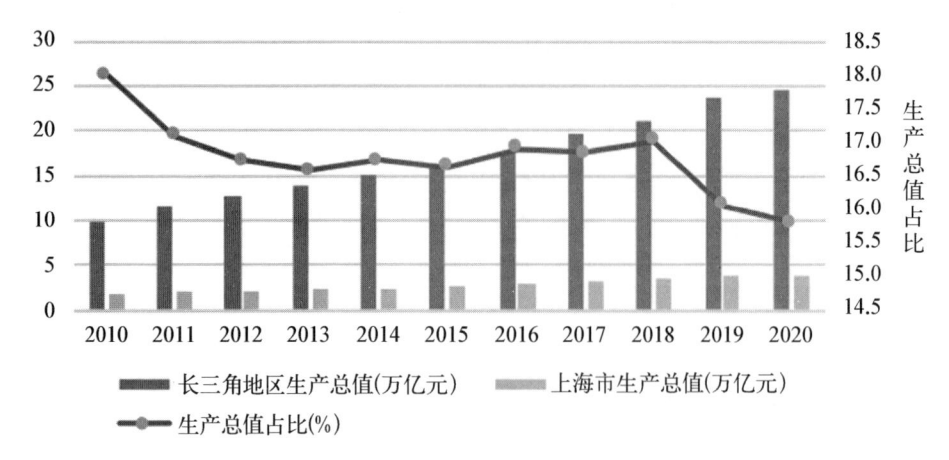

图 5‑25　长三角地区生产总值及上海市生产总值在长三角地区的占比①

月,国家发展改革委和交通运输部联合印发的《长江三角洲地区交通运输更高质量一体化发展规划》指出,到 2025 年,长三角的铁路网将达到 507 公里/万平方公里。交通的连接畅通推动了经济要素在区域内的自由流动,为经济一体化提供了客观基础。

其二,长三角区域成为提供高质量产品和高水平科技供给的核心区域。数据显示,截至 2019 年,沪苏浙皖一市三省共拥有大科学装置和设施 17 个,占全国 44.7%,拥有高新技术企业 39 258 家,共取得发明专利授权 11.07 万件,占全国 32%。② 这意味着,长三角一体化的深入推进,显著推动了产业集群,继而有效促进了区域产业创新,有助于长三角区域的全产业链协同发展格局。

此外,2018 年长三角创立了以城市群为核心的 G60 科创走廊,这是在起初的上海松江 1.0 版本和沪嘉杭联动的 2.0 版本基础上,进一步开放拓展而成的沪苏浙皖九地区的 3.0 版本,体现了长三角地区不断强化的融合发展趋势。

2. 上海大都市圈发展分析

所谓上海大都市圈,是指由上海、苏州、无锡、常州、南通、嘉兴、宁波、舟山、湖州等城市构成的城市区域。③ 2017 年 12 月,国务院批复同意了《上海市城市

---

① 数据来源:根据历年上海市统计年鉴和中国统计年鉴的数据整理而得。
② 数据来源:《长三角一体化创新成果展暨第九届科博会在芜湖开幕》,中安在线,http://ah.sina.com.cn/news/2019-05-23/detail-ihvhiews3993632.shtml?cre=tianyi&mod=pcpager_fin&loc=36&r=9&rfunc=76&tj=none&tr=9。
③ 上海市政府:《上海市城市总体规划(2017—2035 年)》,2017 年 12 月。

总体规划(2017—2035年)》,其中便包含了关于上海大都市圈的建设问题,即强调未来上海将"从长三角区域整体协调发展的角度,充分发挥上海中心城市作用,加强与周边城市的分工协作,构建上海大都市圈,打造具有全球影响力的世界级城市群"[1]。其后2019年12月,中共中央、国务院印发实施《长江三角洲区域一体化发展规划纲要》,其中进一步强调,要"加强都市圈间合作互动,高水平打造长三角世界级城市群。推动上海与近沪区域及苏锡常都市圈联动发展,构建上海大都市圈"[2]。上海大都市圈的发展,成为拉动我国高质量发展的重要动力。

在经济增长成效方面,图5-26和图5-27展示了2016—2020年上海、苏州、无锡、常州、南通、宁波六城的GDP及其增长率变化,从中可以看出:其一,上海在大都市圈内的中心地位较为明显,GDP体量显著高于其他城市;其二,六个城市的GDP总量均呈现不断增长的发展趋势,但GDP增长率呈现出一定的下降趋势,且下降幅度大体一致。尽管GDP增长率有所下降,但在疫情的冲击下,大都市圈内城市的经济表现仍相对较好,且"其中有八城进入全国百强市,GDP总量超过11万亿元,占全国1/10以上"[3]。经济规模体量的稳定发展以及经济能级的不断提升,成为上海大都市圈参与国际合作竞争的基础。

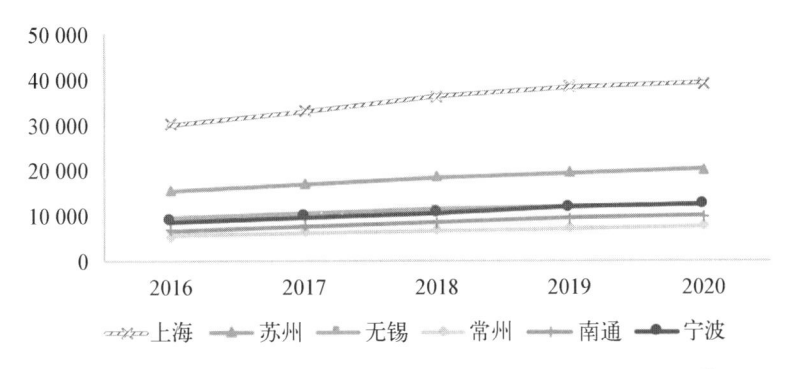

图5-26 上海大都市圈部分城市GDP变化(2016—2020年)[4]

在产业结构转型和空间布局优化方面,上海大都市圈依托圈内城市自身优势,形成协同互补产业分工体系和产业格局,战略性新兴产业发展迅猛。在前文

---

[1] 上海市政府:《上海市城市总体规划(2017—2035年)》,2017年12月。
[2] 《长江三角洲区域一体化发展规划纲要》,2019年12月。
[3] 熊健著:《上海大都市圈蓝皮书2020—2021》,上海社会科学院出版社2021年版。
[4] 数据来源:根据历年各城市统计年鉴的数据整理而得。

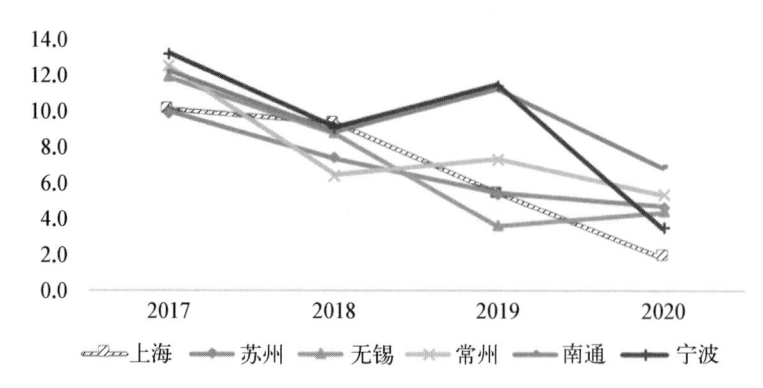

图 5‑27 上海大都市圈部分城市 GDP 增长率变化（2016—2020 年）①

分析基本经济体系时，已对上海的高技术产业发展情况进行了考察。除上海外，都市圈内其他城市的新兴产业发展也相对较快。以苏州为例，其规模以上工业高新技术产业的工业总产值逐年上升，从 2017 年到 2020 年便增加了 16%，且高新技术产业布局不断调整，医药制造业增长最快，四年间增长了 53%，其次是智能装备制造业、仪器仪表制造业和新材料制造业，分别增长了 43%、29%、20%，电子通信设备制造业、新能源制造业略有增加，而航空航天制造业和电子计算机及办公设备制造业则呈现显著下降，下降比例分别达 60% 和 33%。② 其他城市也有类似的变化趋势，即以新能源汽车研发与制造、智能制造产业为特色的上海大都市圈产业分工体系逐步形成，且"2019 年的《中国城市数字经济指数白皮书》对 113 座城市数字经济综合评比，上海大都市圈共有四座城市入围，其中上海位列全国第一"③。

改革开放以来，尤其 20 世纪 90 年代浦东开发开放以来，上海经济开放发展迅速，城市发展目标逐渐明确，国际地位不断上升。但与此同时，仍面临诸多挑战：

（1）新冠疫情为上海市的国内开放和国际开放带来了诸多不确定性，美国等西方国家对核心电子元件等领域的经济制裁和无端打压，也为上海市以及我国的相关产业链带来断裂的风险，亟待进行前瞻性布局；

（2）近年来，受诸多因素影响，上海市的进出口总额对全国进出口总额的贡

---

① 数据来源：根据历年各城市统计年鉴的数据整理而得。
② 数据来源：历年苏州市统计年鉴。
③ 熊健著：《上海大都市圈蓝皮书（2020—2021 年）》，上海社会科学院出版社 2021 年版。

献有所下降,且在全球城市的建设过程中,距离纽约、伦敦、东京、巴黎等城市仍有一定差异,亟待进一步提升自身竞争力,推动全面、高水平对外经济开放;

(3) 上海市在区域经济和大都市圈中的中心城市地位较为凸显,但对区域经济和都市圈内城市的经济和创新辐射作用仍相对不足,区域一体化也亟待进一步打破行政壁垒,形成多维度联动。

第二节 高质量发展动力的现实考察:以上海市为例

上海经济的高质量发展程度,归根结底取决于技术创新力、制度创新力和意识形态引领三个推动高质量发展的基本路径的作用情况。对上海经济发展质量存在的问题和挑战,应从技术创新力、制度创新力和意识形态引领的现实作用情况进行深入挖掘和考察。

一、技术创新力作用分析

技术创新力,即技术创新对经济活动的效用或效力。以下分别从基础科学研发创新、企业创新活动以及创新人才三个方面对上海市的技术力作用情况进行考察:

(一) 基础科学研发与创新情况方面

上海市的R&D活动和科技活动产出均不断提升,且在全国位居前列。

其一,上海在R&D方面维持着较为稳定的增长趋势。从图5-28可以看出,2012—2019年上海市R&D项目(课题)数量呈现较为明显的上升趋势,从2012年的6.58万项增长到2019年的9.96万项,增长了51%;R&D经费内部支出大幅度提高,经费投入强度也呈现出逐年增长的态势,从2012年的3.19%增加到2019年的4%。此外,2012—2019年R&D项目(课题)数增长率为51%,高于R&D人员全时当量增长率(从2012年的15.34万人增加到2019年的19.86万人,增长率为29.4%),这体现出研究强度的增强和研究效率水平的上升。

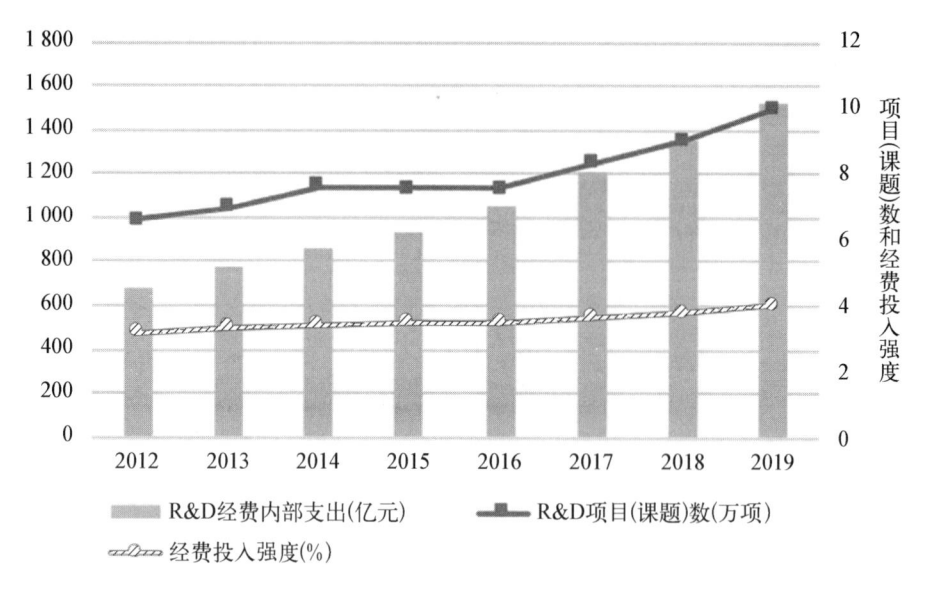

图 5-28　2012—2019 年上海的研究与试验发展(R&D)情况①

其二,上海在科技活动产出方面呈现持续增长。如图 5-29 所示,2012 年以来上海的专利申请受理数、授权数以及有效专利数都呈现出明显的上升趋势,到 2019 年,上海的专利规模更是超过了 2012 年的两倍,体现出经济主体申请专利积极性的逐年增加以及科研人员发明创造能力和原始创新能力的不断增强。除了专利,上海市在论文发表方面也表现较好,根据《2020 上海科技进步报告》的数据,2020 年上海科研工作者在国际顶尖学术期刊《科学》《自然》《细胞》发表论文 124 篇,比上年增长 42.5%。此外,2019 年上海的技术市场技术输出合同数为 35 928 项,比 2018 年多了约 68.6%,更是表现出上海技术输出能力的迅速发展。

总的来说,在基础科技和创新方面,上海位于全国前列。从研究规模来看,2019 年上海 R&D 项目(课题)数量为 99 596 项,在全国位列第六。经费投入上,2019 年上海的 R&D 经费投入强度为 4%,仅次于北京的 6.31%,充分体现出上海市对科研创新工作的强大支持力度。上海在科技活动产出方面也强于许多省区市,如从专利数量来看,2019 年上海的有效专利数为 443 510 件,排名全国第六;从论文情况来看,2018 年 SCI 收录上海科技论文 30 907 篇,排名全国第

---

① 数据来源:2013—2020 年《中国科技统计年鉴》、2014—2020 年《上海统计年鉴》。

图 5‑29 2012—2019 年上海的专利成果基本情况[①]

三;从技术输出方面来看,2019 年上海技术市场技术输出合同数排名全国第五,展现出上海较为强大的技术输出能力。

(二) 企业创新活动方面

上海市企业总体创新规模、工业企业科技创新活动以及高技术产业研发等均呈现不断上升趋势。

其一,从规模(限额)以上企业的总体创新活动规模来看,如图 5‑30 所示,2019 年上海的规模(限额)以上企业中,开展产品或工艺创新活动的企业数为 8 784 个,比 2016 年增加了近一半的规模;开展创新合作的企业为 6 157 个,比 2016 年增加了约 67.3%;制定创新战略目标的企业为 18 521 个,比 2016 年增加了约 58.4%。但是,从创新费用投入的角度出发,规模(限额)以上企业创新费用支出合计 1 240.3 亿元,比 2016 年增加了约 29.2%,明显低于开展创新活动企业数量的增加速度。此外,从占比上来看(见图 5‑31),2016 年到 2019 年开展产品或工艺创新活动企业数的比例并没有很大变化,开展创新合作的企业比例虽有所上升但仍然处于较低的水平,而制定创新战略目标企业的比例则一直处在较高的水平并且有所增加,说明不少企业仍处于开展创新活动的规划阶段。

---

① 数据来源:2013—2020 年《中国科技统计年鉴》。

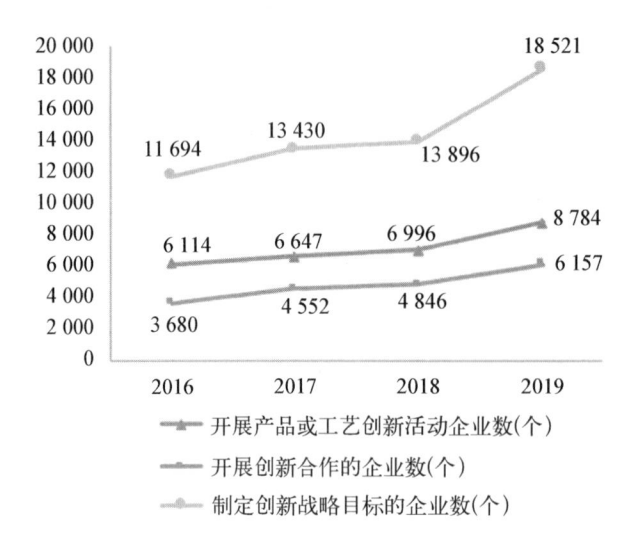

图 5‑30　2016—2019 年上海规模(限额)以上企业创新规模的情况①

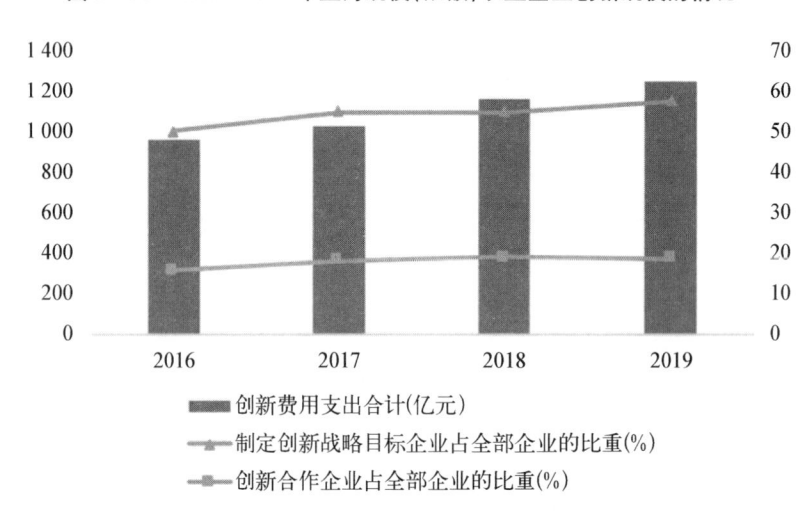

图 5‑31　2016—2019 年上海规模(限额)以上企业
创新费用及各类创新占比的情况②

其二,规模以上企业中工业企业占比较大,并且在技术创新中占有重要地位,因此可进一步对工业企业的科技创新活动进行分析。如表 5‑4 所示,2012 年以来规模以上工业企业规模整体上出现了一定程度的收缩。与之相对应,如图 5‑32 所示,2012—2015 年规模以上工业企业技术改造经费支出也出现了一

---

① 数据来源:2017—2020 年《中国科技统计年鉴》。
② 资料来源:2017—2020 年《中国科技统计年鉴》。

定程度的波动,不过总体上仍表现出增长的态势。从企业的创新活动方面来看,规模以上工业中有研发机构的企业数量及其占比也在2012—2017年表现出逐年减少的变化趋势,直到2018年才有所增加。不过相反的是,有R&D活动的企业数呈现逐年稳步增长的趋势,从2012年的1 562家增加至2019年的2 349家,占比也出现了较大幅度的增加,这说明尽管近年来规模以上工业企业的数量有所下降,但企业创新活动的绝对规模和相对比例仍一直保持着扩张趋势。

表5-4　　　　2012—2019年上海规模(限额)以上工业企业的数量[①]

年份	企业数	有研发机构的企业数	占比	有R&D活动的企业数	占比
2012	9 772	740	7.57%	1 562	15.98%
2013	9 796	725	7.40%	1 661	16.96%
2014	9 469	670	7.08%	1 839	19.42%
2015	8 994	640	7.12%	1 866	20.75%
2016	8 351	592	7.09%	1 982	23.73%
2017	8 122	558	6.87%	2 057	25.33%
2018	8 130	575	7.07%	2 174	26.74%
2019	8 776	642	7.32%	2 349	26.77%

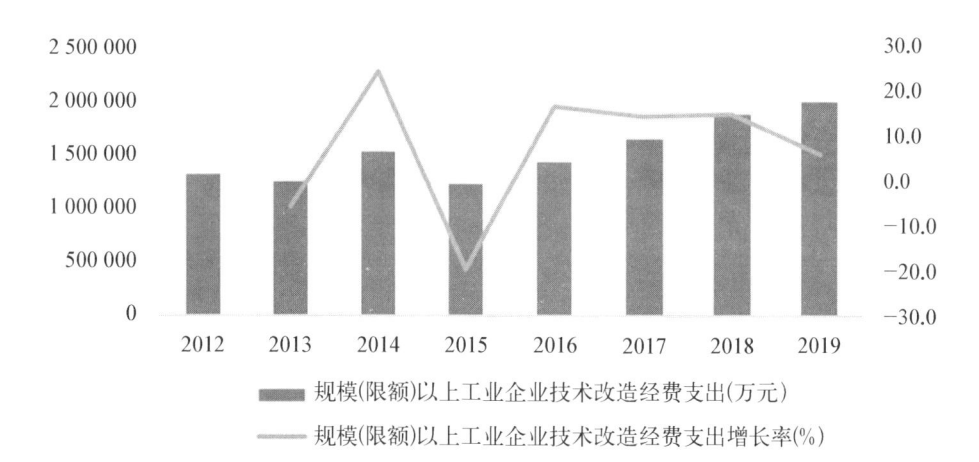

图5-32　2012—2019年上海规模(限额)以上工业企业技术改造经费支出及其变化

① 数据来源:2013—2020年《中国科技统计年鉴》、2018—2020年《中国统计年鉴》。

其三,高技术产业作为前沿创新的重要主体,其创新活动也值得关注。如表5-5所示,2012—2019年上海的高技术产业企业数没有出现较大变化,但高技术产业研发机构的数量则呈现出逐年减少的趋势。但从R&D活动的规模来看,R&D人员折合全时当量和R&D项目数量都呈现出较为平稳的变化幅度,而R&D经费内部支出和R&D项目经费则表现出显著增加。综合这两种变化,可以看出,上海高技术产业实际的研发投入力度是在稳步上升的。然而,如图5-33所示,2012—2016年高技术产业企业的技术改造经费却表现出断崖式下降的趋势,2017年开始才逐年回升至原来的水平,这意味着,前沿技术的应用和转化情况并不稳定。

表5-5　　　　　　　　2012—2019年上海高技术产业基本情况①

年份	高技术产业企业数（个）	高技术产业研发机构数（个）	R&D人员折合全时当量（人年）	R&D经费内部支出（万元）	R&D项目数（项）	R&D项目经费（万元）
2012	1 030	305	22 606	907 644	2 795	652 020
2013	1 024	207	26 865	1 061 501	2 973	962 083
2014	1 003	173	24 649	1 274 063	3 150	1 058 362
2015	1 020	185	27 371	1 282 252	2 586	1 222 436
2016	991	163	28 283	1 338 172	2 593	1 230 568
2017	—	160	25 334	1 449 217	2 885	1 447 632
2018	1 027	154	24 309	1 273 159	2 720	1 205 814
2019	1 111	172	21 887	1 635 419	2 960	1 878 119

注：2017年高技术产业企业数的数据暂缺。

总体而言,在企业科技创新活动方面,上海在全国范围内的表现略逊于基础科技创新方面的地位。从规模(限额)以上企业的情况来看,2019年上海开展产品或工艺创新活动企业数排名仅在全国第十;从高技术产业情况来看,2019年上

---

① 数据来源：2013—2020年《中国科技统计年鉴》。

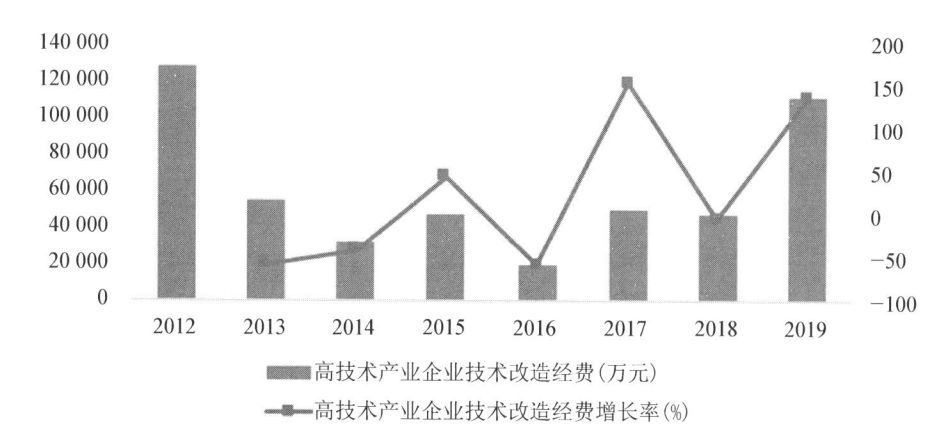

图 5‑33　2012—2019 年上海高技术产业企业技术改造经费支出①

海高技术产业企业数和研发机构数量均排在全国第十名之后,高技术产业 R&D 项目数量排名全国第 14 名,新产品开发项目数量排名全国第 11 名;但在经费投入方面,上海依然展现出较强的财政能力,比如高新技术产业企业的新产品开发经费支出排名全国第四。

(三) 创新人才方面

上海市对高等教育、重点专业学生培养等均较为重视。从总体来看,21 世纪以来上海的普通高等学校规模、学生数量以及教职工数量均呈现上升的趋势。如图 5‑34 所示,招生数量从 2000 年的 8.13 万人增加到 2019 年的 14.83 万人,增加了 84.4%,表现出较大的增长幅度。教职工数量从 2000 年的 6.08 万人增加到 2019 年的 7.72 万人,但是,教职工数量的增长速度远不如学校和招生数量的增长速度。值得注意的是,从教职工的组成来看,专任教师占教职工数的比例逐年上升,其增长速度要大于学校和招生数量的增长速度,体现了上海对高等学校教学工作的重视。

研究生群体是从事科技研究与技术创新的主力军。21 世纪以来上海研究生规模保持稳定增长,为上海提供了足够的研究型人才。如图 5‑35 所示,2000 年以来上海研究生的数量总体上呈现上升趋势,从 2000 年的 5 868 个毕业生,增长到 2019 年的 46 040 个毕业生,增长了 684.6%。但研究生数量的增长率总体有所下降,并在近年趋于平稳。

---

① 数据来源:2013—2020 年《中国科技统计年鉴》。

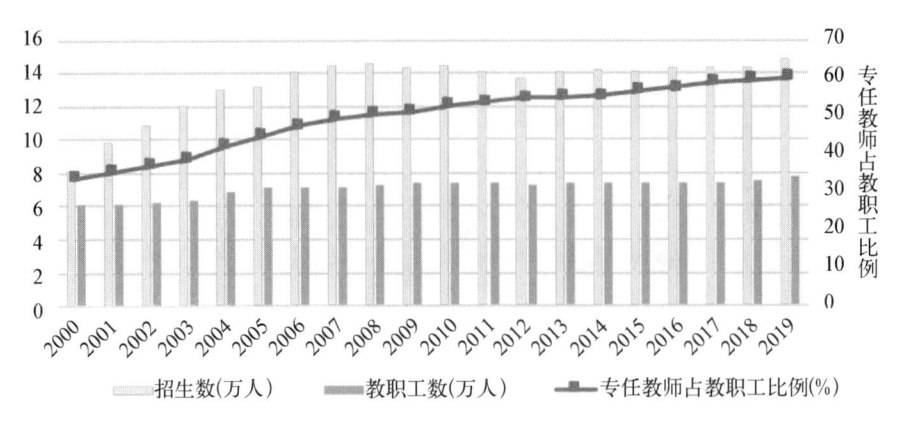

图 5-34　上海历年普通高等学校基本情况[①]

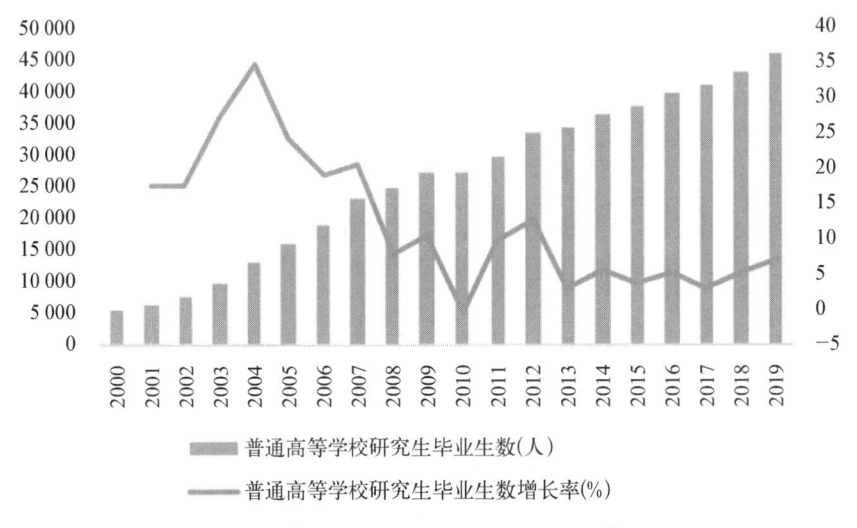

图 5-35　上海历年研究生基本情况[②]

在各类专业中,理、工、农、医学专业的毕业生,是工业、高技术产业等技术密集型产业劳动力的主要来源。从比例上来看,如图 5-36 所示,2019 年上海工学专业的本科毕业生在理、工、农、医学毕业生中的占比高达 77%,和理学、医学毕业生共同构成科技企业劳动力的主要部分。图 5-37 刻画了 2000 年以来上海理、工、农、医学科研究生毕业生规模的变化趋势。从增长速度来看,与上海研究生毕业生总数的变动趋势相比,农学的增长趋势更大,医学的增长趋势

---

① 数据来源：2020 年《上海教育年鉴》。
② 数据来源：2020 年《上海教育年鉴》。

相近，而理学、工学的增长趋势则略低。但从数量上可以看出，从事工学相关专业的研究生依然是主力军，理学和医学相关专业的研究生数量相差不大，同样具有重要地位，而农学相关专业的研究生数量则非常少。

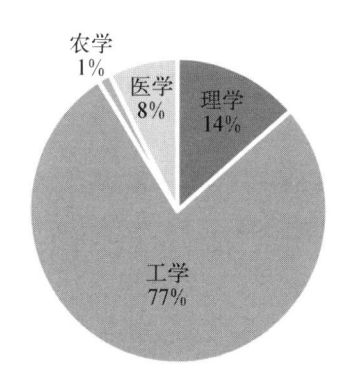

图 5‑36　2019 年上海高等学校理、工、农、医学本科毕业生数①

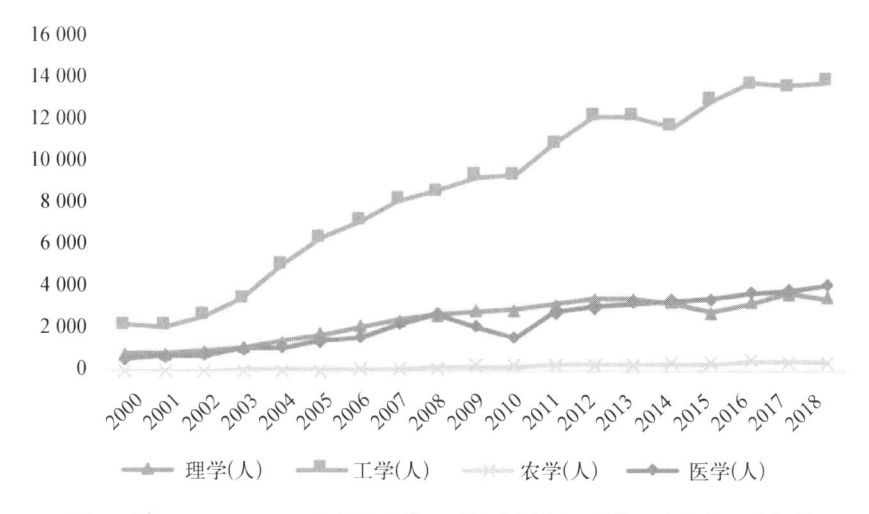

图 5‑37　2000—2019 年上海理学、工学、农学和医学的研究生毕业生数②

综上所述，上海市的技术创新力总体具有较强的作用，且政府对技术创新的财政支持处在全国前列，显示出较强的未来发展潜力。但从以上数据分析中也可以得出，上海市的技术创新力作用仍存在发展空间：

第一，尽管基础科学研发在全国处于前列，但作为超大城市，上海还应继续

---

① 数据来源：2020 年上海统计年鉴。
② 数据来源：2001—2020 年《上海教育年鉴》。

在人工智能、量子信息、集成电路、生命健康、脑科学、生物育种、空天科技、深地深海等"卡脖子"技术方面发挥基础性作用,尤其在智能制造这一相对优势领域继续取得突破性进展。

第二,上海企业创新活动总体表现较为平稳,但在创新能力、合作创新、技术转化方面仍有不足,高技术企业的创新活动也有所放缓,这会影响技术创新力的作用大小,尤其上海作为超大城市,在企业创新方面应承担更多的中心节点作用,为此亟待进一步提升。同时,上海在引领型科技创新企业方面也亟待突破,数据显示,"2015 年国际专利(PCT)申请世界前 50 家企业中,华为技术、中兴、京东方、腾讯科技、深圳华星和华为设备 6 家中国企业进入了排行榜,但在这 6 家企业中,除京东方之外,其他 5 家企业的总部均在深圳,而无一家上海企业上榜"[①]。

第三,创新人才的引进和培养是提升创新活动的关键,目前上海市在创新人才方面仍有缺口,人才引进和培养的专业方向输出与人才需求缺口之间匹配不够。数据显示,"80%以上创新型企业存在人才不足的问题,近 70%创新型企业认为人才是当前制约企业发展的最大因素,其紧迫性超过了融资问题"[②]。

二、制度创新力作用分析

除技术创新力以外,制度创新力也是推动超大城市有机体高质量发展的重要动力。制度创新力以制度安排的设计出台、实施反馈和动态优化为主要体现,相对难以量化,以下主要梳理上海市近年来出台的产业政策、分配政策、绿色政策和创新政策[③],以初步呈现制度创新力对上海经济体系的作用情况。

(一) 产业政策

上海市近十年间对各产业出台了较为细致全面的制度安排,同时也更注重产业链问题,对上下游企业的发展、约束、合规等都出台了相应制度。以农业为例,十年间仅根据上海市人民政府政务公开的数据来看,便制定了 70 条农业发展的条例,从种子、牲畜、农业用具、肥料等生产资料,到农副产品的营运、物流等

---

① 雷新军、邓立丽著:《供给侧改革视角下上海制造业转型升级路径探索》,《上海经济研究》2017 年第 7 期。
② 雷新军、邓立丽著:《供给侧改革视角下上海制造业转型升级路径探索》,《上海经济研究》2017 年第 7 期。
③ 开放相关的政策制度在本章阐述开放经济体系运行质量时有所涉及,此处不再赘述。

流通环节,再到循环经济、绿色发展等发展目的均有详细政策指导。此外,出台了一系列政策来引导产业投资的高质量,如《上海市促进产业高质量发展专项资金管理办法(暂行)》《上海市扩大有效投资稳定经济发展的若干政策措施》《上海市战略性新兴产业发展专项资金管理办法》。在此基础上,还制定了一系列验收监管制度来确保资本投入的质量,例如《上海市企业投资项目核准管理办法》《上海市企业投资项目事中事后监管办法》《上海市固定资产投资项目节能验收管理办法》《上海市固定资产投资项目节能审查实施办法》等,继而形成一定的制度闭环。

(二) 分配政策

近年来,上海市出台了包括劳动保障政策、劳动激励政策、就业政策等一系列提升劳动者权益的制度安排,推进了收入分配结构的持续优化。

在劳动保障政策方面,上海市在国家相关制度法律基础上结合自身实际情况,先后修订了《上海市失业保险办法》《上海市城镇生育保险办法》《关于调整本市失业保险金支付标准的通知》《上海市工伤保险实施办法》等具体办法,对劳动保障制度进行了细致的延伸,同时贯彻落实《社会保险基金非现场监督工作条例》,促进了劳动保障体系的有效运行。

在劳动激励政策方面,上海市通过构建教育补贴、完善成果转化、平台搭建等制度,激励提升了各个层面的劳动力水平。如上海依托《上海市终身教育促进条例》,先后通过了《关于建立中小微企业职业技能培训公共服务平台的指导意见(试行)》《上海市社会化职业技能培训补贴管理办法》《中外合作职业技能培训办学管理办法》等政策,对在职员工的劳动素质提升作出了制度支持。

在就业政策方面,上海围绕国家制定的《国务院关于做好促进就业工作的通知》,颁布了《上海市促进就业若干规定》等政策和制度,同时大力发展人力资源,修订了《关于进一步促进上海中介服务业发展的若干意见》,并建设了国内人力资源服务领域第一个国家级的产业集聚园区——中国上海人力资源服务产业园。

(三) 绿色政策

在生态环境保护和绿色经济发展方面,上海市出台了一系列政策制度。如上海市出台了《上海市循环经济发展和资源综合利用专项扶持办法》《上海市生态环境行政处罚裁量基准规定》《上海市生态环境监督执法正面清单管理办法》,

对绿色经济发展模式,生态污染的处罚与监督等作出了详细规定。在此基础上,进一步将生态保护和绿色发展纳入区域一体化发展中,出台了《长三角生态绿色一体化发展示范区政府核准的投资项目目录(2020年)》《关于深化长三角生态绿色一体化发展示范区环评制度改革的指导意见(试行)》等制度,尤其在2018年7月印发的《长三角地区一体化发展三年行动计划(2018—2020年)》中,全面覆盖了交通能源、科创、产业等12个合作专题,推进了区域一体化绿色发展道路的探索。2022年1月,《长三角生态绿色一体化发展示范区绿色保险实施意见》印发实施,鼓励保险机构以共保体模式承保,通过三地共保联治,实现跨区域同城化通赔。这一制度的出台和实施,突破了过去仅从污染本身进行联合治理的局限性,进一步将绿色金融纳入一体化框架,这将进一步推动绿色经济体系以及其区域协同联动。

(四) 创新政策

前文分析了上海市技术创新力的作用情况,而其作用离不开相关创新政策的保障。

从科技创新的激励政策来看,上海市分别出台了《上海市推进科技创新中心建设条例》与《关于进一步深化科技体制机制改革,增强科技创新中心策源能力的意见》,搭建了科技体制与创新的基础建设。随后制定了一系列具体激励制度,如《上海市促进科技成果转化条例》《上海市事业单位绩效工资管理中技术合同奖酬金发放的若干规定》《人力资源社会保障部关于进一步支持和鼓励事业单位科研人员创新创业的指导意见》等,进一步完善了科技创新的利益激励体系。

从新兴技术运用的激励政策来看,上海市先后制定了许多制度来引导行业运用新兴技术。以信息化为例,上海市制定了《上海市信息化建设和应用专项支持实施细则》并以此推出了各行业的5G指引白皮书,包括《2019-12-045G+智能制造白皮书》《2019-12-045G+智慧医疗白皮书》《2019-12-045G+智慧地铁白皮书》等;同时配套特色产业园区建设,出台了《关于加快特色产业园区建设促进产业投资的若干政策措施》,为行业的高新技术发展提供保障。

从高端人才的激励培养政策来看,上海市先后完善了《上海市促进科技成果转化条例》《人力资源社会保障部关于进一步支持和鼓励事业单位科研人员创新创业的指导意见》等政策,并修订完善了《上海市浦江人才计划管理办法》,切实为高端人才的价值实现和创业创新打通了道路。

总的来说,上海市在制度创新力方面取得了显著成效,为基本经济体系、生态经济体系、开放经济体系的质量提升提供了具有针对性的制度支持。但根据三方面经济体系的高质量发展成效以及制度创新力的基本情况,可以看出:

第一,制度设计的聚焦性较强,但制度之间的总体性、系统性和配套性仍存在一定不足,使得系列制度的合力效果有所削弱。

第二,制度的设计出台和具体实施效果之间仍存在一定的差距,即部分制度由于并未形成系统闭环,导致在实施过程中难以带来一致的行为引导,影响制度的效果,而部分制度尽管已形成设计、出台、实施、监督的闭环,但由于缺乏动态调整机制,仍难以保障实施效果符合预期。

第三,在推动三方面经济体系之间的耦合性转变方面,现有制度仍不够充分,2021年出台的长三角绿色金融发展相关的制度创新是一个好的示范,这也是后续制度创新的必然方向。

三、意识形态引领作用分析

意识形态引领对于超大城市高质量发展具有关键推动作用。上海在意识形态建设方面也成效显著,以下从党建、文化和媒体三个方面进行梳理:

(一)将党建深入群众,着力增强红色文化的精神底色

在党建方面,上海市先后出台了许多细致的政策,如《关于进一步深化推进本市商务楼宇党的建设工作的意见》《加强园区党建工作实施意见》《推进上海快递行业党建工作意见》《上海市互联网党建工作实施意见》等文件,通过这些制度构建将党建深入基层、深入群众,形成了区域化党建(含社区党建)、楼宇党建、网格党建、机关事业党建、国企党建、两新党建、社会治理、其他领域八大板块,使得党建引领既生动又入微。在此基础上,重视数字化党建工作,包括建立党组织和党员信息平台、构建红色地标和场馆的线上参观平台、提升党建活动和党建资源的可视化等,持续推进党建对意识形态的引领作用。

(二)注重城市文化发展,持续提升海派多元开放精神

响应国家文化强国建设,上海市2018年颁布了《"上海文化"三年行动计划》,发扬海派文化的多元开放精神,建设社会主义国际文化大都市。并针对人

民文化断代问题,相继颁布了一系列制度,以奉贤区为例,先后发布了《奉贤区群众文化项目扶持资金管理实施细则》《奉贤区文化名人扶持资金管理实施细则》《关于深化"文化基因工程"的实施意见》等政策制度,推动城市的文化传承。从数据来看(见图5-38),2000—2019年上海市文化活动总体呈现上升趋势,其中艺术表演团体上升趋势最为明显,从2000年的29个增长为2019年的311个,增长了972%;艺术表演场馆数量总体趋于平稳,2016年以来略有下降;电影放映单位先有所下降,2010年以后转为上升,且上升态势较为显著。

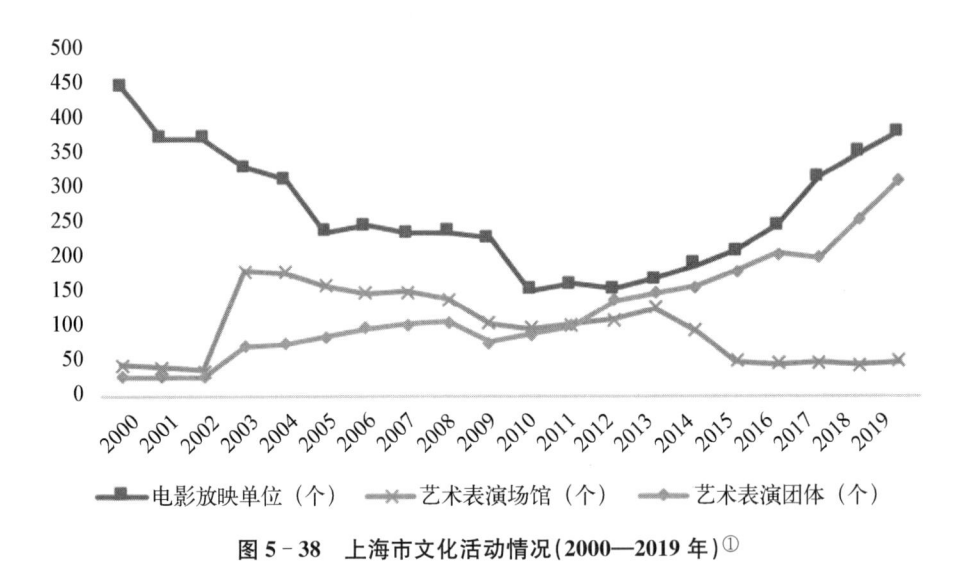

图5-38 上海市文化活动情况(2000—2019年)[①]

(三) 发展政府新媒体,提升官方意识形态的有效渗透

广播电台、电视台等是政府向群众传达官方意识形态的传统媒介。从广播电台相关数据来看(见图5-39),典型年份上海市全民制作节目总时长呈现上升趋势,从2010年的85 262小时增长为2019年的137 073小时,增长了63.8%;日均播放时间也总体呈现上升,2019年略有下降;但发射功率有所下降,后趋于平稳。从电视台相关数据来看(见图5-40),典型年份上海市全年制作节目时长和周均播放时长均呈现较为显著的波动性,规模上并未呈现明显的上升或下降趋势。可见,传统媒体在推进意识形态作用方面的效果空间已相对有限。

---

① 数据来源:《2020年上海市统计年鉴》。

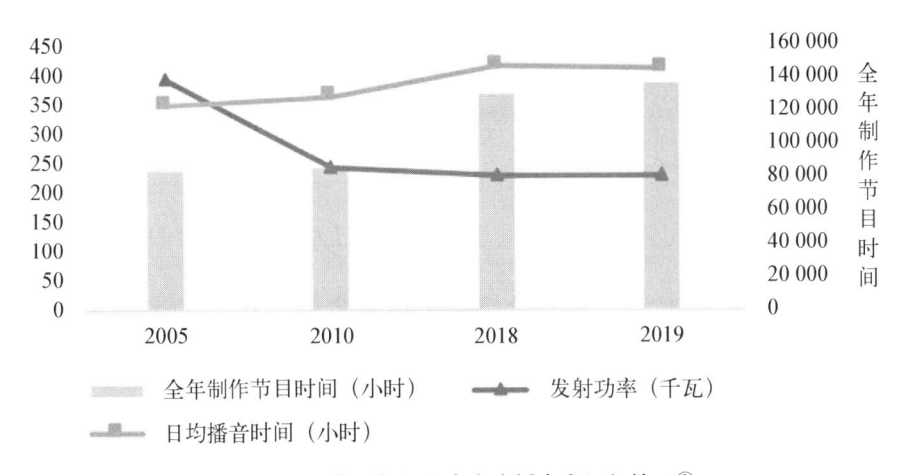

图 5‑39　典型年份上海市广播电台运行情况①

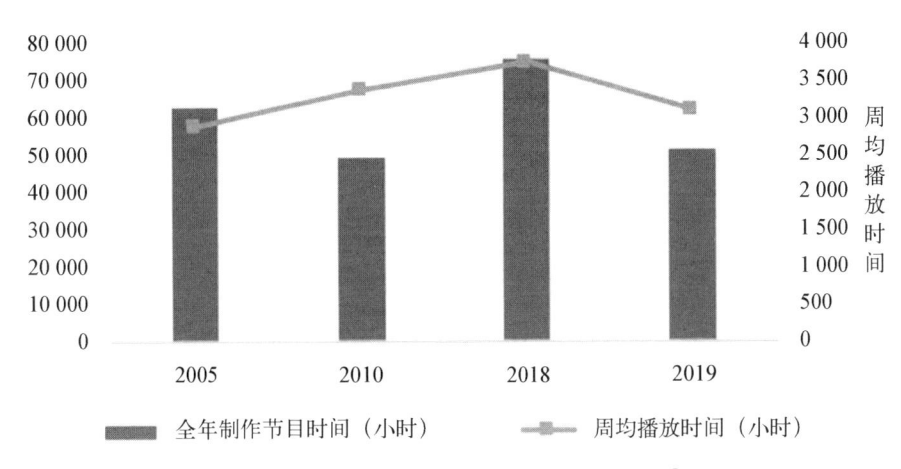

图 5‑40　典型年份上海市电视台运行情况②

近年来,上海市也积极探索政府新媒体,如"上海发布"政务微信、政务微博。根据新华网对 2015 年全国政务新媒体综合影响力评估的指标体系,可以看到,政务微博的活跃度并未明显提升,甚至在 2012 年以后呈现下降趋势,相比而言,政务微信发展更为明显,"在腾讯公布有准确的阅读量与点赞量数据的 3 589 篇文章中(2014 年 7 月—2016 年 3 月),总阅读量超 247 780 214 次,平均阅读量逐年上升,平均点赞数也呈上升趋势"③。从政务微信发布内容来看,"对阅读量 10

---

① 数据来源:《2020 年上海市统计年鉴》。
② 数据来源:《2020 年上海市统计年鉴》。
③ 王玲宁、禹卫华著:《全文本视野下政务新媒体的内容生产和传播特征——以"上海发布"为例》,《新闻界》2017 年第 9 期。

万以上的603篇文章标题进行的分析统计显示,位于前十位的关键词类别是天气、迪士尼、交通、地铁、报名、运营、中标率、气温、政策、贷款"[①],从中可以看出上海市民对政府媒体的关注重点。此外,上海市还向社会开放了"包括市商务委、交通委和住房局等9家单位,涵盖地理位置、道路交通、公共服务、经济统计、资格资质、行政管理六大领域的193项数据服务产品和16项数据服务应用"[②],进一步增强了官方意识形态的引领作用。

总的来说,上海在意识形态建设方面取得了显著成效,但同时也仍存在部分短板:

第一,上海作为人口流动最快的城市之一,外地人口占全市人口较大比重,且国际化程度相对更高,这使得城市居民内部的意识形态更加多元,同时也更难以形成意识形态的趋同性,海派文化通过崇尚开放包容,能够对多元意识形态起到融合作用,但如何更好发挥方向一致的引领作用,仍面临较大难题;

第二,官方意识形态的引领渗透渠道仍较为有限,对复合型社会媒体的运用较少,且内容更多侧重政策宣传,与前沿文化的共鸣不足,对年轻一代的注意力吸引不够,为此意识形态引领作用也就相对有限;

第三,在当前躺平、内卷、教育焦虑等民间意识形态愈发扩散的条件下,如何有效甄别其中隐藏的恶意营销和蓄意捏造,引导意识形态的正向发展,是未来亟待进一步解决的重要问题。

第三节　我国超大城市高质量发展的指标评估

上海是我国超大城市中比较有代表性的城市,以上对其"三重体系"的运行质量以及高质量发展的三大动力进行了具体的考察,从中可以反映出我国超大城市高质量发展过程中的部分共性。在此基础上,为进一步比较分析我国不同超大城市高质量发展的差异性,拟构建衡量超大城市高质量发展的指标体系,以进一步深入考察。

---

① 王玲宁、禹卫华著:《全文本视野下政务新媒体的内容生产和传播特征——以"上海发布"为例》,《新闻界》2017年第9期。

② 肖卫兵著:《上海政府信息公开十年:成就、挑战、前瞻》,《电子政务》2014年第10期。

一、指标体系构建

(一) 衡量超大城市运行质量的指标体系构建

根据第三章对我国超大城市高质量发展理论内涵的分析,以下立足超大城市的基本经济体系、生态经济体系、开放经济体系三个层次,并对每一个层次进行指标细化,构建衡量我国超大城市高质量发展的指标体系。

1. 测度超大城市基本经济体系运行质量的相关指标

根据前文的分析,这一层次的运行质量由生产体系、分配体系、交换体系和消费体系四个基本维度构成。从生产体系来看,生产规模、产业结构高级化、农业生产现代化、高技术产业发展情况、生产资料先进程度、劳动者素质这六个方面是影响生产体系发展质量的主要因素,为此分别选取了城市GDP、第三产业占地区生产总值比重、农业机械总动力、高技术产业企业技术改造经费支出、规模以上工业企业技术改造经费支出、研究生基本情况进行衡量;从分配体系来看,居民收入水平和居民收入差异是两个重要测度方面,为此选取了城镇居民人均可支配收入、农村居民人均可支配收入、在岗职工平均工资来进行衡量;从交换体系看,网络交换、商品交换、金融交换以及物流体系是衡量交换体系发展质量的主要维度,为此选取了互联网宽带接入用户数、社会消费品零售总额、金融行业从业人员、公路货运量、快递量作为交换体系指标;从消费体系来看,主要考量个人消费水平、公共消费水平以及消费结构三个维度,为此选取了城镇居民人均消费支出、农村居民人均消费支出、农村居民恩格尔系数、城镇居民恩格尔系数、医师数/户籍人口、人均拥有公共图书馆藏量以及普通中学数量为测度指标。

2. 测度超大城市生态经济体系运行质量的相关指标

如前文在理论分析部分所阐述的,超大城市生态经济体系应在基本经济体系基础上进一步考量生态空间的高质量情况。这一方面要考虑自然环境的客观质量即自然层面,另一方面也要考量经济空间与生态空间的物质交换程度,主要包括生产和消费两个层面。在自然层面,受限于相关数据的可获得性,选取空气质量达到二级及好于二级的天数作为指标;在生产与生态的物质交换层面,选取工业废水排放量、工业粉尘排放量、一般工业固体废物综合利用率作为测度指标;在消费与生态的物质交换层面,选取生活垃圾无害化处理率、污水处理厂集中处理率、建成区绿化覆盖率来测度。

3.测度超大城市开放经济体系运行质量的相关指标

超大城市的开放经济体系包括国内开放和国际开放两个层面。在国际开放层面,主要考量"引进来"和"走出去"两大维度,为此选取规模以上外商投资企业、进出口总额、高技术产品出口额占出口总额比重、FDI(外国直接投资额)占全社会固定资产投资额比重作为衡量指标。在国内开放层面,受限于数据的可获得性,主要从人和物的流动来进行测度,为此选取了民用航空客运量、民用航空货邮运量、货运周转量为指标。

综上,衡量我国超大城市"三重体系"运行质量的指标体系如表5-6所示。

表5-6　　　　　　　　超大城市"三重体系"运行质量的指标体系

基本经济体系运行质量	生产体系	GDP(亿元)	正
		第三产业占地区生产总值比重(%)	正
		农业机械总动力(万千瓦)	正
		高技术产业企业技术改造经费支出(万元)	正
		规上工业企业技术改造经费支出(万元)	正
		研究生基本情况(人)	正
	分配体系	城镇居民人均可支配收入(元)	正
		农村居民人均可支配收入(元)	正
		在岗职工平均工资(元)	正
	交换体系	互联网宽带接入用户数(万户)	正
		社会消费品零售总额(亿元)	正
		金融行业从业人员(万人)	正
		公路货运量(万吨)	正
		快递量(万件)	正
	消费体系	城镇居民人均消费支出(元)	正
		农村居民人均消费支出(元)	正

续 表

基本经济体系运行质量	消费体系	农村居民恩格尔系数	负
		城镇居民恩格尔系数	负
		医师数/户籍人口×10 000	正
		人均拥有公共图书馆藏量(册/人)	正
		普通中学(所)	正
生态经济体系运行质量	生产层面	工业废水排放量(万吨)	负
		工业粉尘排放量(吨)	负
		一般工业固体废物综合利用率(%)	正
	消费层面	生活垃圾无害化处理率(%)	正
		污水处理厂集中处理率(%)	正
		建成区绿化覆盖率(%)	正
	自然层面	空气质量达到二级及好于二级的天数(天)	正
开放经济体系运行质量	国际开放	规模以上外商投资企业(个)	正
		进出口总额(亿美元)	正
		高技术产品出口额占出口总额比重(%)	正
		FDI占全社会固定资产投资额比重(%)	正
	国内开放	民用航空客运量(万人)	正
		民用航空货邮运量(吨)	正
		货运周转量(亿吨·公里)	正

(二) 衡量超大城市高质量发展动力的指标体系构建

根据第四章的理论分析可知,超大城市"三重体系"向高质量发展的动态演变,需要依靠技术创新力、制度创新力以及意识形态引领三大动力。为此,进一步构建衡量我国超大城市高质量发展动力的指标体系。

1. 衡量超大城市高质量发展的技术创新动力水平

技术创新是推动超大城市"三重体系"总体性质量提升的根本动力。此处从社会层面的技术创新程度和企业层面的技术创新程度两个方面进行考量。在社会层面,选取技术市场成交额、专利申请授权数、高技术产业研发机构、R&D人员折合全时当量为测度指标;在企业层面,则选取有研发机构的企业数与R&D经费内部支出作为测度指标。

2. 衡量超大城市高质量发展的制度创新动力水平

制度创新是推动超大城市"三重体系"总体性质量提升的直接动力,但同时也是极难进行衡量和测度的一个动力。主要原因在于,衡量制度创新的一些关键维度都尚未有相关的统计数据支撑,如年度制度改革条例数、制度执行率等。为此,考量到我国超大城市在企业制度创新方面均有相对较高水平,且超大城市高质量发展需要更多政府层面的制度创新予以推动,故此处从政府制度创新的资金基础、政府制度创新的执行力、政府制度创新的所有制保障三个维度来衡量超大城市政府制度创新的力度,分别选取了地方财政一般预算支出、地方财政资源勘探电力信息等事务支出①、国有控股工业企业资产合计作为测度指标。

3. 衡量超大城市高质量发展的意识形态引领动力水平

考量到数据的可获得性,此处主要从公共文化和政府传媒两个层面进行衡量。在公共文化层面,选取了艺术表演团体机构数、艺术表演团体演出场次、艺术表演场馆艺术演出观众人数、博物馆四个指标来衡量城市公共文化的繁荣程度,这会影响城市居民的文化认同感和城市凝聚力。在政府传媒层面,选取地方财政文化体育与传媒支出作为测度指标,尽管这不能完全代表政府传媒的有效性,但也能在一定程度上反映政府在传媒方面的投入力度和重视程度。

综上,衡量我国超大城市高质量发展动力的指标体系如表5-7所示。

表5-7　　　　　　　超大城市高质量发展动力的指标体系

技术创新动力水平	社会层面	技术市场成交额(亿元)	正
		专利申请授权数(个)	正

---

① 地方财政对资源勘探电力信息等事务支出,包括:资源勘探业支出、制造业支出、建筑业支出、电力监管支出、工业和信息产业监管支出、安全生产监管支出、国有资产监管支出、支持中小企业发展和管理支出等。其中包括了对诸多重要领域的监管支出,为此能在一定程度上衡量政府制度创新的执行力。

续　表

技术创新动力水平	社会层面	高技术产业研发机构(个)	正
		R&D人员折合全时当量(人年)	正
	企业层面	有研发机构的企业数(个)	正
		R&D经费内部支出(万元)	正
制度创新动力水平	资金基础	地方财政一般预算支出(亿元)	正
	执行力	地方财政资源勘探电力信息等事务支出(亿元)	正
	所有制保障	国有控股工业企业资产合计(亿元)	正
意识形态动力水平	公共文化	艺术表演团体机构数(个)	正
		艺术表演团体演出场次(万场次)	正
		艺术表演场馆艺术演出观众人数(千人次)	正
		博物馆(个)	正
	政府传媒	地方财政文化体育与传媒支出(亿元)	正

二、现实评估分析

(一) 评估方法

本书主要采用熵权法对各项指标进行加权,熵权法的基本思路是根据指标变异性的大小来确定客观权重。一般来说,若某个指标的信息熵 E_j 越小,表明指标值的变异程度越大,提供的信息量越多,在综合评价中所能起到的作用也越大,其权重也就越大。考虑到数据来源的可获得性,本书选取 2011—2020 年 10 年间北京市、上海市、天津市、重庆市四个直辖市的数据进行分析,数据来源于《中国城市统计年鉴》《中国统计年鉴》《中国科技统计年鉴》、国家统计局、各城市统计局等。在超大城市高质量发展运行质量方面,分别测度了城市基本经济体系运行质量、生态经济体系运行质量、开放经济体系运行质量以及总体运行质量;在超大城市高质量发展动力方面,分别测度了技术创新动力水平、制度创新动力水平、意识形态动力水平以及总体动力水平。

具体实施步骤如下：

第一步，进行标准化、归一化处理，计算公式为：

$$\text{正向指标}: x_{ij} = \frac{x_{ij} - \min\{x_{1j}, \cdots, x_{nj}\}}{\max\{x_{1j}, \cdots, x_{nj}\} - \min\{x_{1j}, \cdots, x_{nj}\}}$$

$$\text{负向指标}: x_{ij} = \frac{\max\{x_{1j}, \cdots, x_{nj}\} - x_{ij}}{\max\{x_{1j}, \cdots, x_{nj}\} - \min\{x_{1j}, \cdots, x_{nj}\}}$$

第二步，计算第 j 项指标下第 i 个样本值占该指标的比重：

$$p_{ij} = \frac{x_{ij}}{\sum_{i=1}^{n} x_{ij}}, \ i = 1, \cdots, n; \ j = 1, \cdots, m$$

第三部，计算第 j 项指标的熵值：

$$e_j = -k \sum_{i=1}^{n} p_{ij} \ln(p_{ij}), \ \text{其中} \ k = \frac{1}{\ln(n)} > 0, \ j = 1, \cdots, m$$

第四步，计算信息熵冗余度（差异）及各项指标权重：

$$d_j = 1 - e_j, \ w_j = \frac{d_j}{\sum_{j=1}^{m} d_j}, \ j = 1, \cdots, m$$

第五步，计算各样本的综合得分：

$$s_i = \sum_{j=1}^{m} w_j x_{ij}, \ i = 1, \cdots, n$$

（二）我国超大城市"三重体系"的运行质量评估

根据以上评估方法以及前文构建的指标体系，便可对我国四个直辖市的高质量发展运行程度进行衡量和比较。

图5-41展示了四个城市基本经济体系运行质量比较。从纵向来看，2011年以来我国典型超大城市的基本经济体系运行质量呈现出不断提升的态势。从横向比较来看，2020年我国典型超大城市中重庆市的得分排在第一名，上海市排在第二名，天津市和北京市分别排在第三名和第四名。相比而言，2011年的得分排序则是北京市、天津市、重庆市、上海市。这反映出新时代以来重庆市和上海市基本经济体系运行质量提升更快，也能看出四个典型城市基本经济体系运行质量差距总体而言有所缩小。

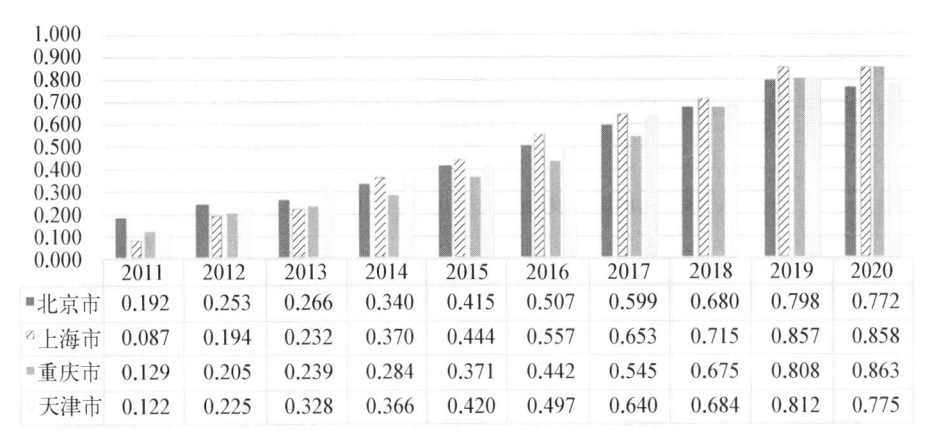

	2011	2012	2013	2014	2015	2016	2017	2018	2019	2020
北京市	0.192	0.253	0.266	0.340	0.415	0.507	0.599	0.680	0.798	0.772
上海市	0.087	0.194	0.232	0.370	0.444	0.557	0.653	0.715	0.857	0.858
重庆市	0.129	0.205	0.239	0.284	0.371	0.442	0.545	0.675	0.808	0.863
天津市	0.122	0.225	0.328	0.366	0.420	0.497	0.640	0.684	0.812	0.775

图 5-41 超大城市基本经济体系运行质量

图 5-42 是四个城市生态经济体系运行质量的评估。从纵向来看，尽管 2011 年以来生态经济体系运行质量的得分呈现出较大的波动性，但也能看出一定的上升态势；从横向来看，四个典型城市绝大部分年份的得分排序为北京市、上海市、重庆市、天津市，显示出北京和上海在生态环境治理投入以及生态污染管控等方面力度更大。但也能看出这一排序在 2012 年和 2020 年出现了较大变化，重庆市和天津市一跃成为排序前两位，这某种程度上反映出我国超大城市在生态经济体系建设方面存在长期规划不足、先污染后治理等情况。

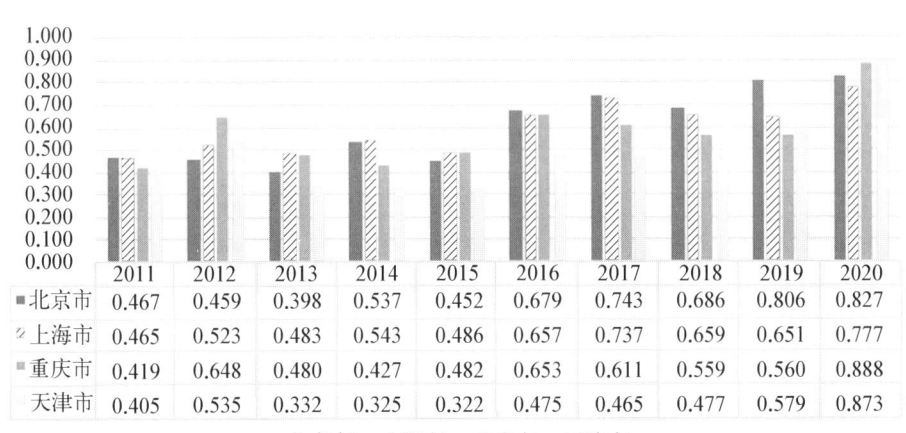

	2011	2012	2013	2014	2015	2016	2017	2018	2019	2020
北京市	0.467	0.459	0.398	0.537	0.452	0.679	0.743	0.686	0.806	0.827
上海市	0.465	0.523	0.483	0.543	0.486	0.657	0.737	0.659	0.651	0.777
重庆市	0.419	0.648	0.480	0.427	0.482	0.653	0.611	0.559	0.560	0.888
天津市	0.405	0.535	0.332	0.325	0.322	0.475	0.465	0.477	0.579	0.873

图 5-42 超大城市生态经济体系运行质量

图 5-43 是四个城市开放经济体系运行质量的评估。从纵向来看,2011年以来典型城市的开放经济体系运行质量存在一定的下降趋势,同时得分呈现出相对较大的波动性,这与近年来日益复杂多变的国内外经济形势有关。2020 年以来出现的新冠肺炎疫情以及美国对我国的技术制裁等将进一步加剧这一状况,尤其是对于国际开放的部分。从横向来看,不同年份典型城市的开放经济体系运行质量存在较大差异,且具有波动性。以 2020 年为例,开放经济体系运行质量得分排序为重庆市、北京市、上海市、天津市,而 2011 年这一排序为上海市、天津市、北京市、重庆市,发生了较大变化,重庆市在开放经济体系运行质量方面得到了显著提升,而上海市和天津市则呈现较为明显的下降。

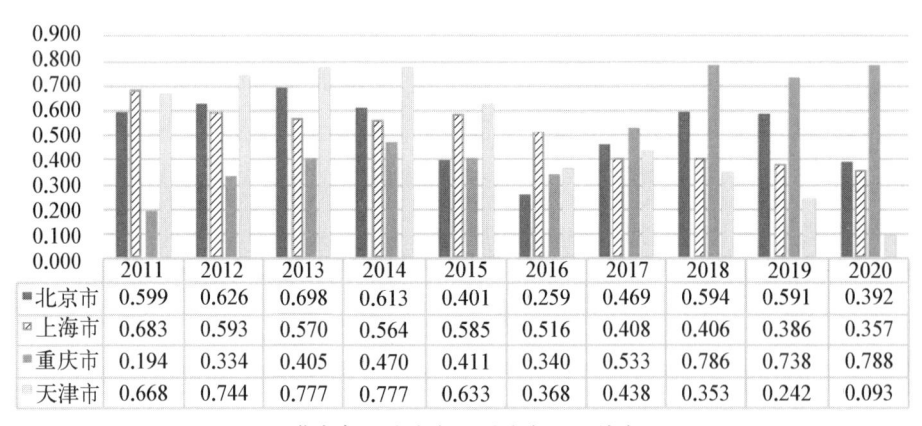

	2011	2012	2013	2014	2015	2016	2017	2018	2019	2020
北京市	0.599	0.626	0.698	0.613	0.401	0.259	0.469	0.594	0.591	0.392
上海市	0.683	0.593	0.570	0.564	0.585	0.516	0.408	0.406	0.386	0.357
重庆市	0.194	0.334	0.405	0.470	0.411	0.340	0.533	0.786	0.738	0.788
天津市	0.668	0.744	0.777	0.777	0.633	0.368	0.438	0.353	0.242	0.093

图 5-43 超大城市开放经济体系运行质量

图 5-44 是四个城市"三重体系"运行质量的综合评估。从纵向来看,2011年以来典型城市"三重体系"总体运行质量呈现出明显的上升趋势,这符合我国超大城市经济发展实践的总体情况,也显示出新时代以来我国从高速增长转向高质量发展的战略主张,以及超大城市在这一宏观战略目标下的积极实践。从横向来看:

(1) 重庆市在 2018 年以前存在一定的劣势,但近几年高质量发展势头最为强劲,2020 年提升至排序第一位,这主要受到其基本经济体系和开放经济体系快速提升的影响;

(2) 北京市和上海市的总体发展质量水平相当,且两个城市的质量提升速度

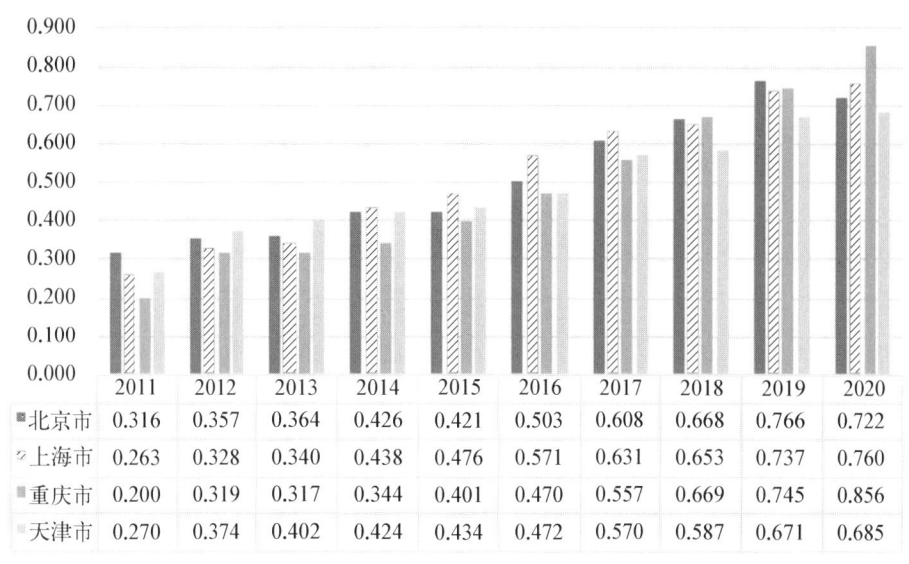

	2011	2012	2013	2014	2015	2016	2017	2018	2019	2020
北京市	0.316	0.357	0.364	0.426	0.421	0.503	0.608	0.668	0.766	0.722
上海市	0.263	0.328	0.340	0.438	0.476	0.571	0.631	0.653	0.737	0.760
重庆市	0.200	0.319	0.317	0.344	0.401	0.470	0.557	0.669	0.745	0.856
天津市	0.270	0.374	0.402	0.424	0.434	0.472	0.570	0.587	0.671	0.685

图 5-44 超大城市"三重体系"运行质量

都较为均匀,总体保持在前两位,其中上海市在基本经济体系层面更有优势,北京则在生态经济体系和开放经济体系层面有更快提升;

(3) 天津市的高质量发展起点与上海市相当,且在 2012—2015 年均具有一定优势地位,排序较为靠前,但随后"三重体系"运行质量均有所下降,在总体质量上逐步转向劣势。

(三) 我国超大城市高质量发展动力的指标评估

要分析我国典型超大城市"三重体系"运行质量的以上变化,还需从高质量发展动力层面寻找原因。以下分别解析四个城市技术创新动力水平、制度创新动力水平、意识形态动力水平以及总体动力水平的指标评估。

1. 对技术创新动力水平进行简要分析

从图 5-45 可以看出,四个城市技术创新动力水平总体呈现上升趋势,其中重庆市的技术创新动力起点相对较低,但提升速度最快,为此从 2011 年的排序第四位提升到 2020 年的第一位;天津市的技术创新动力起点也相对较低,其后经历了一段相对较快的增长,到 2015 年达到排序第一位,但随后动力有所减弱,到 2020 年下降到排序第四位;上海和北京的技术创新动力起点较高,且总体保持了上升态势,但上海市的技术创新动力上升更为显著,尤其在 2017 年以来实现了较快的提升,在 2020 年达到排序第二位,北京的技术创新动力则经历了先显著提升,后有所回落的变化趋势,其在 2014—2016 年处于显著的高位,2020 年则下降到第三位。

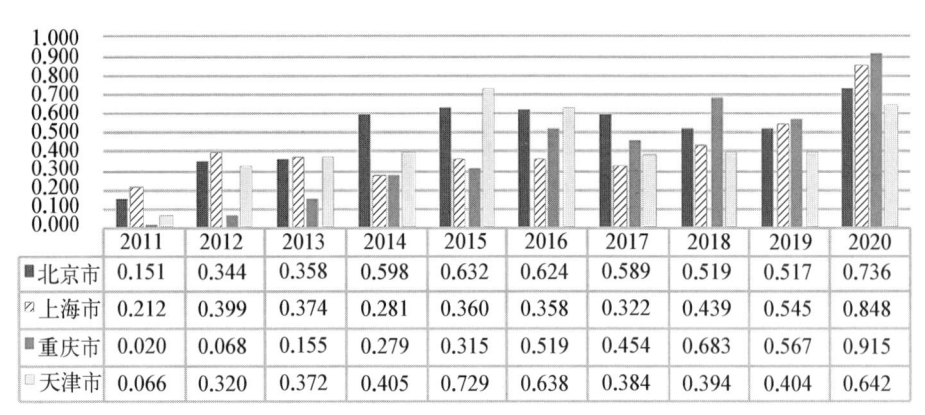

	2011	2012	2013	2014	2015	2016	2017	2018	2019	2020
北京市	0.151	0.344	0.358	0.598	0.632	0.624	0.589	0.519	0.517	0.736
上海市	0.212	0.399	0.374	0.281	0.360	0.358	0.322	0.439	0.545	0.848
重庆市	0.020	0.068	0.155	0.279	0.315	0.519	0.454	0.683	0.567	0.915
天津市	0.066	0.320	0.372	0.405	0.729	0.638	0.384	0.394	0.404	0.642

图 5-45 超大城市高质量发展的技术创新动力

2. 对制度创新动力水平进行简要分析

从图 5-46 中可以看出,四个城市制度创新动力水平总体呈现上升趋势,其中上海市的制度创新动力起点较低,但增长速度最快,为此从 2011 年的排序第四位提升到 2020 年的第一位;天津市的制度创新动力起点也相对较低,其后经历了一段相对较快的增长,在 2013—2016 年持续达到排序第一位,但随后动力有所减弱,到 2020 年下降到排序第四位;重庆市的制度创新动力起点最高,其后经历了一段上升发展但在 2016 年以后趋于平缓,在 2020 年排序第二位;北京市的制度创新动力起点处于中等水平,其后呈现出上升趋势,在 2018 年达到排序第一位,但随后有所下降,降至 2020 年的第三位。

3. 对意识形态动力水平进行简要分析

从图 5-47 中可以看出,四个城市意识形态动力水平总体呈现上升趋势,但在 2019—2020 年有所下降。其中天津市的意识形态动力起点较低,其后经历了一段相对较快的增长,在 2014—2015 年达到排序第一位,但随后动力有所减弱,到 2020 年下降到排序第四位;北京市和上海市意识形态动力起点较高,其后也有相对较快的增长,但随后有所回落,到 2020 年北京市排序第三

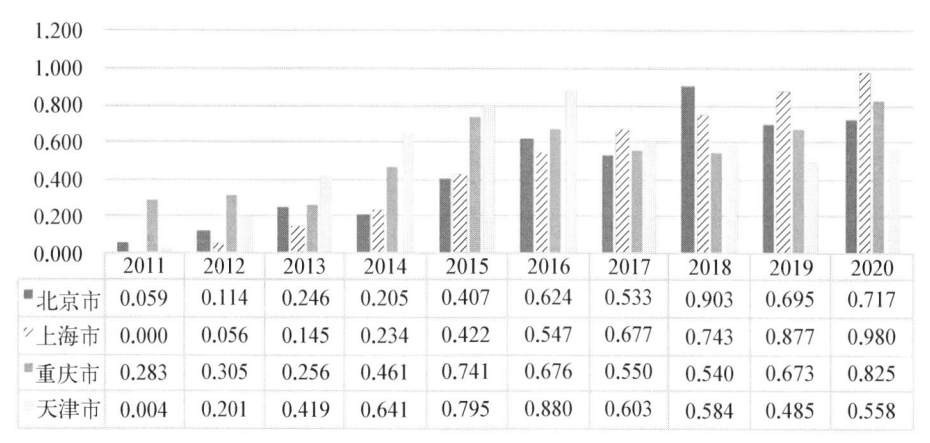

	2011	2012	2013	2014	2015	2016	2017	2018	2019	2020
北京市	0.059	0.114	0.246	0.205	0.407	0.624	0.533	0.903	0.695	0.717
上海市	0.000	0.056	0.145	0.234	0.422	0.547	0.677	0.743	0.877	0.980
重庆市	0.283	0.305	0.256	0.461	0.741	0.676	0.550	0.540	0.673	0.825
天津市	0.004	0.201	0.419	0.641	0.795	0.880	0.603	0.584	0.485	0.558

图 5-46　超大城市高质量发展的制度创新动力

位、上海市排序第二位;重庆市的意识形态动力起点也相对较高,其在经历了一段下降之后便转为较快速的上升趋势,且在2019—2020年其他城市均呈现动力下降的情况下,其意识形态动力仍保持在较高水平,为此在2018—2020年均保持排序第一位。

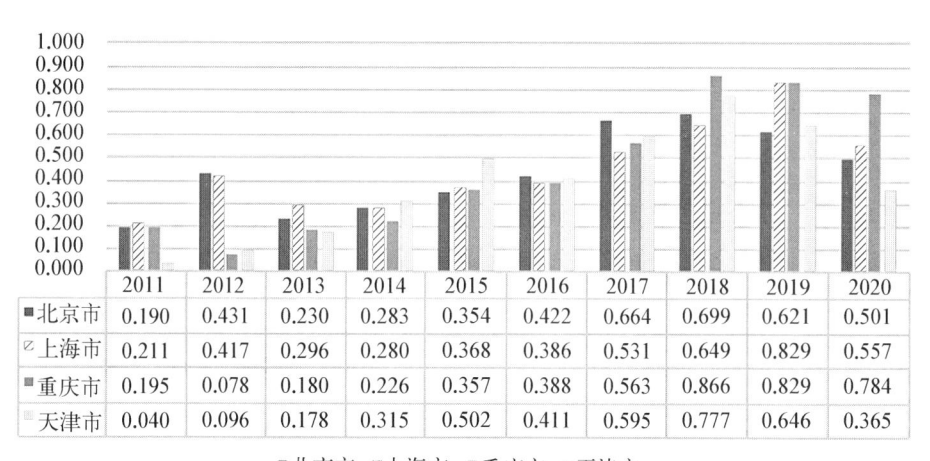

	2011	2012	2013	2014	2015	2016	2017	2018	2019	2020
北京市	0.190	0.431	0.230	0.283	0.354	0.422	0.664	0.699	0.621	0.501
上海市	0.211	0.417	0.296	0.280	0.368	0.386	0.531	0.649	0.829	0.557
重庆市	0.195	0.078	0.180	0.226	0.357	0.388	0.563	0.866	0.829	0.784
天津市	0.040	0.096	0.178	0.315	0.502	0.411	0.595	0.777	0.646	0.365

图 5-47　超大城市高质量发展的意识形态动力

4. 考察四个城市的总体动力情况

从图5-48可以看出,四个城市的高质量发展动力总体而言有所提升,其中重庆市的动力提升速度最快,从2011年的排序第三位上升到2020年的排序第一位；天津市的动力起点较低，其后经历了一段快速上升阶段，在 2013—2016 年持续排在第一位，但后续动力有所减弱，到 2020 年下降到第四位；上海市动力起点最高，且后续动力总体呈现稳步上升，为此在 2019 年达到排序第一位，2020 年达到排序第二位；北京市动力起点也相对较高，且其后增长速度较快，为此在 2019 年以前基本排在第二位，2019 年和 2020 年动力有所减弱，到 2020 年排在第三位。

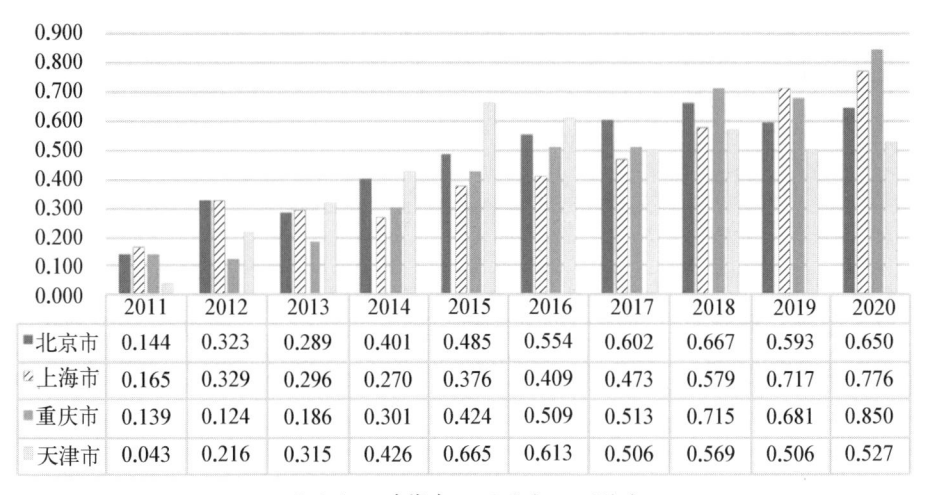

	2011	2012	2013	2014	2015	2016	2017	2018	2019	2020
北京市	0.144	0.323	0.289	0.401	0.485	0.554	0.602	0.667	0.593	0.650
上海市	0.165	0.329	0.296	0.270	0.376	0.409	0.473	0.579	0.717	0.776
重庆市	0.139	0.124	0.186	0.301	0.424	0.509	0.513	0.715	0.681	0.850
天津市	0.043	0.216	0.315	0.426	0.665	0.613	0.506	0.569	0.506	0.527

图 5-48　超大城市高质量发展的总体动力

将我国典型超大城市的"三重体系"运行质量和高质量发展动力进行对比分析，则可以发现，两者的变化趋势具有较强的一致性，这在一定程度上验证了本书的观点，即发展动力的强弱是影响城市"三重体系"运行质量变化的关键原因。具体而言：

（1）重庆市之所以"三重体系"运行质量实现了较快的提升，并在 2020 年跃升至第一位，其背后是技术创新动力快速提升至第 1 位、制度创新动力起点较高且提升至第 2 位、意识形态动力起点较高且快速提升至第 1 位这一动力系统的变化情况；

（2）天津市"三重体系"运行质量经历了先提升后下降的变化，原因也在于，其技术创新动力、制度创新动力、意识形态动力均是先有较快提升随后转为下降；

（3）上海市"三重体系"运行质量总体较高，其背后的原因在于技术创新动力

的稳步提升、制度创新动力的快速提升,以及意识形态动力总体水平相对较高;

(4)北京市"三重体系"运行质量与上海市相当,其原因也在于,技术创新动力、制度创新动力、意识形态动力均呈现稳步提升,但这三大动力在2019—2020年均转为下降趋势,这也使得北京市2020年的高质量发展程度排序低于上海。

从以上我国典型超大城市高质量发展水平和动力的现实数据及横纵比较中还可以看出,目前我国超大城市的高质量发展水平在不断提升,但由于"三重体系"运行质量的协同提升不充分、高质量发展动力持续性不足、三大动力之间的耦合性不够等原因,使得我国超大城市高质量发展程度存在差异性,且均具有较大提升空间。

第六章　我国超大城市有机体高质量发展的系统对策

从以上对超大城市高质量发展的现状考察中不难发现,我国超大城市高质量发展进程仍面临诸多问题和挑战,亟待进行更具总体性和全局性的战略布局,有效推动"三重体系"发展质量的耦合性提升。以下首先明确我国超大城市高质量发展的必然出路,即增强技术创新、制度创新、意识形态三者系统合力,其后分别从三个作用力出发,提出推动超大城市高质量发展的对策建议。

第一节　必然出路:增强三大动力的系统合力

一、"三重体系"存在的核心问题分析

我国目前的十个超大城市虽各有特点,但上海市的综合经济表现在其中位居前列。基于上海市经济发展的质量分析以及其他超大城市的基本发展情况,不难看出,我国超大城市高质量发展仍存在较大空间。

(一) 基本经济体系质量不足且耦合性不够

目前来看,我国超大城市生产体系的高技术产业发展和生产的数字化转型仍有待进一步推进,且三大产业之间的相互融合不足,比如与智能制造业相关的生产性服务便较为缺乏;分配体系方面,超大城市内部的城乡和行业收入差距仍相对较大,收入结构也有待进一步优化,尤其在数字经济条件下,亟待构建和规范与数据要素相关的分配原则和分配机制;交换体系方面,面临数字平台等新型垄断带来的市场竞争削弱、效率降低等问题,且超大城市应担负起要素市场的构建和完善使命,这一方面仍有较大空间,此外,互联网交换方式还蕴含着较大的

安全风险,亟待进行规范和监管;消费体系方面,超大城市内部的消费水平差异仍较大,且消费支出中住房消费支出占比过高,对其他消费形成了较强的挤出效应,消费层次也有待进一步升级。此外,目前我国超大城市生产、分配、交换、消费四环节的质量提升并未形成相互支撑的耦合关系,各环节之间仍存在堵点,使得单个环节的质量提升效果受到削弱,尤其在突发公共安全事件的情况下,四环节之间出现断裂和错配的风险将进一步加大。

(二)生态环境治理存在缺口且与基本经济体系耦合联动不足

新时代以来,我国转变经济增长方式的进程愈发加快,超大城市对生态治理方面也更为重视,但目前我国超大城市的空气污染、水污染、能源过度使用等情况仍未得到充分解决,生态空间与经济社会空间之间的交互尚未从"此消彼长关系"转变为"融合提升关系"。生态环境治理效果欠佳的背后,是生态经济体系与基本经济体系之间的耦合性不足问题。从绿色生产和绿色消费方面来看,目前我国超大城市的绿色生产和绿色消费之间并不匹配,部分绿色消费需求难以得到满足,部分绿色生产则无法打开市场,导致绿色生产在市场中占比总体较低,如上海农产品的生产便不能满足上海民众对高品质农产品和高端农业服务的消费需求。在绿色交换方面,排污权交易市场发展相对缓慢,涉及污染种类较少,排污权有偿性不足,为此排污权二级市场仍有待进一步深化发展。此外,绿色信贷、绿色债券等绿色金融的发展也并不充分。在绿色分配方面,生态污染追责和生态补偿等相关政策体系仍不完善,绿色财政支出切实运用于提升生态环境的比例不足,且灵活性不够,存在环保要求和用地限制政策一刀切的情况。

(三)国内外开放质量不足且与内部经济体系链接不畅

目前来看,我国超大城市在国内经济循环的中心节点作用尚不充分,仍存在区域经济内部的行政壁垒、公共服务差异、产业同质化等问题,超大城市经济发展的正向外溢、带动辐射和优化配置等功能还存在提升空间。与此同时,我国超大城市在国内国际经济循环的链接作用也存在不足,仍需进一步增强城市竞争力、提升国际地位并与国际市场规则充分对接。这些问题总体上源自开放经济体系与内部经济体系之间的相互链接不够通畅。在生产的开放方面,由于过去在部分高新技术产业相关的中间产品上,我国对国际市场依赖度较高,并未形成国内国际产业链布局的平衡性和替代性,为此在新冠疫情以及以美国为首的西方国家对我国高新技术产业采取制裁和限制的条件下,这些产业链面临着较大的断裂风险。在分配的开放方面,我国超大城市在国际价值链中的位置仍有待进一步提升,在国内则存在区域经济一体化配置不足的情况,这在当前扎实推进共同富裕的时代背景下,亟待进一步优化提升。在交换和消费的开放方面,超大城市自贸区亟待进一步与国际规则接轨,提升我国市场经济在国际范围内的认可程度,同时国内仍需进一步增强区域一体化的市场体系建设。在生态的开放方面,尽管目前进行了一些区域联动的生态治理实践,但联动通道仍相对单一,并未从生产、分配、交换、消费四环节协同发力,使得相关实践的成效有限。此外,国际层面的生态协同治理也基本停留在倡议和基本的条约方面,有待探索更具操作性的国际生态联合治理模式。

二、"三重体系"高质量发展的动力缺陷分析

要解决以上超大城市经济发展质量存在的问题和挑战,归根结底要通过更好发挥技术创新力、制度创新力、意识形态引领作用来解决,且不能仅依靠单一作用力,而须提升和发挥三者的系统合力。这便对超大城市技术创新力、制度创新力和意识形态引领的作用提出了发展目标和基本要求。

(一)技术创新根本动力的作用缺陷

1. 方向问题

技术创新力的发展方向归根结底由利益驱动所决定,尤其是微观企业层面的技术创新。目前来看,我国超大城市的技术创新力发展方向更多受到资本趋利性的影响,总体方向尚未转为质量导向、绿色导向、高端导向。

2. 力度问题

技术创新力的大小受到基础科学、创新承载力和创新转化力等诸多方面的影响。目前来看,我国超大城市在基础科技创新方面在全国总体居于领先地位,但在"卡脖子"技术方面还须进一步强化;企业创新活动表现存在一定的差异,部分超大城市的企业创新产出还须加强和提升;技术转化能力则总体存在不足,亟待增强相关自觉意识、提升技术改造支出。

3. 耦合问题

由于技术转化不足,使得技术创新力作用的落脚点不够多元,往往仅应用或推动了单一领域,无法为"三重体系"的耦合性发展提供足够的技术支持。

为此,要进一步提升超大城市发展质量,须强化对技术创新力方向的引导,全面提升技术创新力的作用力度,并注重其对"三重体系"耦合发展的作用。

(二)制度创新直接动力的作用缺陷

1. 导向性问题

制度是人为构建的,为此同样存在利益驱动的问题。目前,我国超大城市官方制度创新的方向总体是以高质量和人民利益为导向,但微观制度创新则更多是以资本增值为驱动,为此,如何更好协同微观主体的利益驱动与高质量发展和人民利益之间的方向一致性,是亟待进行解决的问题。

2. 效果问题

制度创新力的作用大小受到制度设计的科学性、制度实施的有效性等方面影响。目前我国超大城市制度创新的科学性相对较强,但制度的践行程度仍存在不足,这使得部分制度最终并未服务于高质量发展、绿色发展和开放发展。此外,同样由于制度是人为构建的,为此尽管方向和目标具有科学性,但具体制度设计并不一定能够有效实现其目标,这便对公务人员尤其领导干部的治理能力提出了较高的要求,目前我国超大城市在这一方面仍有提升的空间。

3. 系统性问题

目前我国超大城市制度创新的聚焦性较强,但在多元制度联动和系统顶层设计方面仍存在提升空间,尚未能充分发挥其推动经济体系耦合性转变的关键性作用。

为此,要进一步提升超大城市发展质量,须保障制度创新力的人民利益导向,增强制度创新力的作用效果,并着力提升其系统性。

(三)意识形态关键动力的作用缺陷

1. 自觉性问题

意识形态由经济基础决定,但如若能够进行自觉性变革,则会对经济基础起到重要的反作用力。在中国共产党的领导下,我国的意识形态总体具有较强的自觉变革性，但从目前来看，提升经济发展质量的意识形态引领更多处于宏观战略层面，尚未在超大城市微观主体层面形成足够的自觉性，为此也难以对经济主体行为决策带来显著引导作用。

2. 引领渗透问题

意识形态引领的大小受到意识形态传播途径和多元意识形态博弈程度等因素影响。目前来看，我国超大城市官方意识形态的传播途径仍较为单一，对复合型社交媒体、新媒体等手段运用不足，且部分传播内容与现实经济活动脱节，难以实现意识形态的浸润和共鸣，此外，社交网络平台中诸多负面的意识形态为意识形态的引领作用提出了新的挑战，亟待进行积极应对。

3. 耦合促进问题

意识形态的作用落点通常更具广泛性，为此对于协调"三重体系"之间的耦合发展更具优势，但从目前来看，我国超大城市意识形态在这方面的作用仍较为有限。

为此，要进一步提升超大城市发展质量，须进一步提升高质量发展的意识自觉，提升意识形态的反作用强度，尤其发挥其引领对"三重体系"耦合性发展的重要作用。

在此基础上，还要充分考虑技术创新、制度创新、意识形态之间的相互交融和相互促进，增强三者的有效合力。目前来看，我国超大城市经济发展过程中三种作用力的相互支撑性仍不够强，三者之间的相互交融不足，为此即便在某一种作用力方面存在优势，但总体作用合力仍有不足，继而使得推动城市高质量经济发展的总体成效有所削弱。因此，要有力推动我国超大城市高质量发展进程，综合提升技术创新、制度创新、意识形态的系统合力是必然出路。

第二节 着力增强技术创新力根本推动作用的对策建议

技术创新力是推动超大城市"三重体系"向高质量发展进行耦合性转变的根本路径，如前所述，目前我国超大城市技术创新力作用存在方向偏误、力度不足、耦合缺失等问题。为此，要进一步提升超大城市发展质量，须强化对技术创新力方向的引导，全面提升技术创新力的作用力度，并注重其对"三重体系"耦合发展的作用。当然,要实现这一过程,还须充分考虑制度创新力和意识形态引领的适应性支撑作用。

一、引导技术创新力方向

技术创新本身是中性的范畴,但在不同的经济主体和不同的利益驱动下,会呈现出不同的发展趋势与方向。为此,要充分发挥技术创新对于推动超大城市高质量发展的动力作用,首先须调节利益驱动方向,推动技术创新力转向质量导向、绿色导向、高端导向。

(一) 推动技术创新力的质量导向

以提升产品质量为导向的技术创新,对于微观经济主体往往缺乏充足的利益驱动,因为这类技术创新并非压低个别价值继而有助于获得超额剩余价值,而是提升了产品的价值和使用价值,而这在信息不对称的现实市场中容易引致劣质产品挤出优质产品的情况。为此,要推动技术创新力的质量导向,一方面要通过完善产品质量识别体系、加强对劣质产品的多渠道市场监管等,增强微观经济主体选择质量导向型技术创新的利益驱动;另一方面政府和国有企业应积极发挥作用,对于部分重点行业的质量提升型技术创新发挥主导性作用,如与粮食生产质量提升有关的技术创新,是农业高质量发展的必要技术支撑,也是乡村振兴的重要组成部分,政府应发挥更强的政策推动和主体创新作用。

(二) 推动技术创新力的绿色导向

生态污染具有较强的负外部性,即个别成本低于社会成本,为此绿色技术创新对于微观经济主体而言往往也存在利益驱动不足的问题,对此不能采取一刀切式的绿色技术创新政策。一方面,对于那些具有不可替代性但污染性较强的传统制造业(如石油化工、炼油行业、制药等),过高的绿色技术要求会为其带来较大经济压力甚至导致严重亏损,对此政府应承担一部分绿色技术创新职责,增强相关领域的绿色技术研发投入和绿色技术应用促进。另一方面,对于一般行业的绿色技术创新,更为重要的是建立推动绿色技术创新的市场机制,包括对绿色技术研发提供金融支持、财税补贴以及人才优惠政策,对污染加强型、健康破坏型、资源浪费型技术创新,则应通过税收、罚款等形式削弱其利益驱动。

(三）推动技术创新力的高端导向

对于那些周期长、成效慢、投入高的高端技术创新活动,绝大多数微观经济主体均不会自主开展,然而这些高端技术创新是当前我国技术体系面临的最严峻挑战,同时也是超大城市应当承担的战略功能。为此,一方面,政府要进一步发挥推动作用,通过设计更加灵活多元的支持制度,如用地优惠、财税政策、资助计划等,为高新技术企业降低成本提供条件;另一方面,对于关系到国家战略安全的重要高端技术创新,如航空航天、军事科技、集成电路等,政府和国有企业应更多承担技术创新的主体功能,发挥行业的方向带动引领作用。

二、提升技术创新力强度

在确保技术创新作用方向的基础上,还需要持续增强技术创新的作用力度。对此,不能仅局限于加大技术创新投入,而是需要推进科学知识、创新成果、应用转化的"全技术链"升级,从而形成技术创新作用强度不断提升的良性循环。

（一）拓展科学知识基础

科学知识基础的停滞不前是限制和约束技术创新力发展的重要原因之一,而科学知识的突破性发展则可以成为技术创新力的有效推动力,对此政府须发挥基础性作用。

其一,科学知识的提高是一个不断传递、积累、发展和再生产的过程,而教育是科学知识再生产最有效的形式,因此政府应通过改良教育制度、升华教育理念、加大教育投入等方式促进全民知识水平的不断提升;

其二,以探索自然及其一般规律为目标的基础研究是科学知识发展的中坚力量,其进展和突破的情况在很大程度上决定了科学知识的整体发展水平,因此政府应加大对基础研究的投入,保障基础研究在资金和科研人员方面的需求;

其三,在当前新冠疫情和美国等西方国家的科技制裁背景下,政府应联合企业、高校和科研机构,并在区域经济内构建创新集群,推动相关领域基础研究的"域-产-学-研"融合攻关,切实发挥超大城市在保障我国产业链安全方面的技术支持作用。

(二) 增强科学知识的创新转化能力

科学知识向创新成果的转化是技术创新活动的核心环节和关键步骤,这一过程中所蕴含的科学知识含量、创新程度决定了技术创新成果对经济活动的潜在作用力大小。创新成果对科学知识的承载能力与三方面因素有关：创新资源的投入、创新管理能力以及创新意识。创新资源的投入包括科研经费、科研人员、相关设备、技术引进等方面,增加创新资源的投入有助于提高创新成果的质量；创新管理能力则是指与技术创新相关的规划创新战略、制定创新机制、建立评价体系等方面的能力,这是决定创新成果承载能力的重要方面；创新意识也起着重要作用,虽然它属于意识形态层面的范畴,但却对企业的创新倾向、民众对新技术的接受程度等方面有着重要的影响。在这一过程中,政府应积极发挥协调作用,促进官方科研机构与企业创新团队的合作和对接,一方面及时扫清企业创新过程中的重大科学障碍,为创新成果的研发提供充足的基础和条件,另一方面也是对基础性科学研究的应用和检验,有助于从中发现新的突破口和发展空间。

(三) 提升创新成果的生产力转化能力

创新成果作为潜在的生产力,其对经济活动所起到的真正作用取决于创新成果转化为现实生产力的程度。促进创新成果向现实生产力的转化,需要政府发挥激励和促进作用。

第一,要鼓励科研部门进行技术转让,这就要求政府不断完善科研机构向生产企业技术转让的政策法规和管理制度,加强配套产权制度以及知识产权保护制度的建设,为科研部门的利益提供保障；

第二,要鼓励生产企业进行质量导向、绿色导向、高端导向的技术引进,政府应通过税收或补贴手段对生产企业的技术引进提供优惠和支持政策,并且不断完善金融市场结构,为企业的技术引进提供充裕的资金支持；

第三,要完善技术市场,政府应大力支持各类技术交易中介机构的兴办和发展,引导和鼓励高素质人才向这些机构流动,保障技术市场从业人员的整体素质和水平。

三、大力发展数字技术体系

习近平总书记在党的二十大报告中明确强调,要"加快转变超大特大城市发展方式,实施城市更新行动,加强城市基础设施建设,打造宜居、韧性、智慧城市"[①]。其中,智慧城市的建设必然要以较高水平的技术创新为基础,尤其是需要依靠大数据、区块链、人工智能等数字技术的创新并全面促进其与城市运行过程的深度融合。而这一过程的关键便在于,要充分发挥数字技术的作用,协同促进超大城市"三重体系"总体质量提升。

(一)提升数字技术对基本经济体系的耦合推动

数字技术体系,即一整套基于数据、算法、算力的技术系统,其所具有的跨时空性、非接触性、虚拟性等技术特征,可将生产、分配、交换、消费四环节链接为一个网络综合体,并协同提升四环节的发展质量。包括推动生产的数字化转型,提升其生产效率和生产质量;将数据要素纳入收入分配体系,优化分配机制,并激励数字技术创新;拓展包括优质数字内容在内的数字交换市场;发展多样化、高质量的数字消费等。且数字化平台的发展将以上过程纳入一个相互联系的动态机制之中,使四环节的耦合性大幅提升。需要注意的是,数字化平台还会引致平台垄断、劳资冲突社会化转移、社会群体收入分化、劳动集体分散化、劳动者基本权益保障缺乏等新型矛盾,为此,在发挥数字技术体系积极作用的同时,还须通过构建反垄断制度等配套制度来规范其良性发展。此外,要保证数字技术体系发挥以上功能,一个前提条件是要对数字技术相关的基础硬件设施行业和软件服务行业进行大力推进。

(二)增强数字技术对生态经济体系的耦合推动

伴随数字技术的不断发展,其也愈发成为生态环境治理的重要手段,未来应进一步运用人工智能、大数据、区块链等新兴数字技术,增强对生态环境的动态监测及精准治理。更为重要的是,应增强绿色数字技术在推动绿色生产、绿色分配、绿色交换和绿色消费方面的积极作用,形成超大城市基本经济体系与生态经济体系之间的协同质量提升。

第一,应推动数字技术在绿色生产过程中的运用,增强对污染物产生和排放、资源利用效率等方面的智能监测,以便更好履行固定污染排放和资源消耗的

---

① 习近平著:《高举中国特色社会主义伟大旗帜 为全面建设社会主义现代化国家而团结奋斗:在中国共产党第二十次全国代表大会上的报告》,人民出版社2022年版。

社会总体目标和企业目标；

第二，应发挥数字技术在绿色分配过程的运用，尤其通过大数据和人工智能等数字技术实现对绿色财政的资金流向、作用效果等方面的动态追踪和偏误预警，推进精准绿色财政；

第三，应推动绿色交换的数字化转型，尤其是运用区块链、人工智能等数字技术改善排污权交易市场中存在的失信问题和效率问题；

第四，应发挥数字技术在推动绿色消费方面的积极作用，包括构建更加完善的绿色消费品交换平台，以及通过人工智能等新兴技术实现对绿色消费品的个人定制，激发绿色消费需求。

（三）发挥数字技术对开放经济体系的耦合推动

数字经济的跨时空性与开放经济体系有着天然的逻辑一致性，为此数字经济的开放发展愈发成为超大城市进一步推进全面、高水平的国内开放和国际开放的新兴领域。除此以外，数字技术还能通过推动更高质量的生产开放、分配开放、交换开放、消费开放以及生态开放，继而有助于实现超大城市开放经济体系与内部经济体系的耦合发展。要做到这一点，则在生产的开放方面，应通过构建区域一体化的产业合作数字平台，推动生产的区域开放，同时运用大数据、人工智能等数字技术推动对国际分工体系的路径优化和安全评估；在分配的开放方面，应充分运用数字技术提升分配效率，并对分配结构的动态变化进行精准检测和智能分析；在交换和消费的开放方面，应进一步构建安全高效的跨区域、跨国家数字交换平台，大力发展数字贸易，并不断推进与之相配套的物联网技术体系；在生态的开放方面，应积极运用数字技术，推进区域一体化的生态污染追踪、鉴定和认责平台体系，提升生态治理的联合效率。

四、实践前沿：深圳推进建设数字孪生城市和自进化智能体

作为国内首批新型智慧城市建设试点城市之一，深圳充分把握数字技术发展机遇，明确夯实以城市信息模型为核心的全市域统一时空信息平台和数字化底座，建设"与物理城市世界相互对应、相互映射、协同交互的网络虚拟城市"的数字孪生城市和"具有数据驱动、感知智能、深度学习、一体协同、安全可控等突出特点"的鹏城自进化智能体，为率先建设国家创新型智慧城市提供了有力

支撑。

深圳是国内较早布局建设数字孪生城市和智慧城市的城市。2011年,深圳率先制定了《智慧深圳规划纲要(2011—2020年)》这一智慧城市建设中长期发展规划。2018年,深圳制定了《深圳市新型智慧城市建设总体方案》和《深圳市新型智慧城市"六个一"实施方案》,提出到2020年实现"一图全面感知、一号走遍深圳、一键可知全局、一体运行联动、一站创新创业、一屏智享生活"的发展目标,并在坚持"一盘棋""一体化"建设原则的基础上,进一步明确深圳市智慧城市总体框架、主要目标任务和实现路径。2022年6月,深圳发布《深圳市数字政府和智慧城市"十四五"发展规划》,该规划是促进深圳数字政府和智慧城市建设的综合性、基础性、指导性文件,进一步明晰了深圳数字政府和智慧城市建设规划,即到2025年,打造国际新型智慧城市标杆和"数字中国"城市典范,建设成为全球数字先锋城市;到2035年,数字化转型驱动生产方式、生活方式和治理方式变革成效更加显著,实现从数字化到智能化的新飞跃,使深圳成为更具竞争力、创新力、影响力的全球数字先锋城市。经过十多年探索与发展,深圳市智慧城市建设取得了明显成效,成了发挥技术创新力推动超大城市高质量发展的良好示范。

首先,深圳打造数字孪生城市的技术创新实践,体现了推动超大城市高质量发展过程中技术创新所应具有的质量导向、绿色导向、高端导向。

(1)明确技术创新的质量导向。"质量筑基,赋能发展"是打造更高水平"深圳质量"的发展方向。2017年,深圳编制了《"十三五"技术标准科技创新规划》,以实施技术标准战略为主线,以增强技术标准创新能力、增加标准有效供给、提升技术标准创新服务水平为目标,围绕健全技术标准创新协同推进机制、激发市场主体技术标准创新活力、培育中国标准国际竞争新优势等方面提出了一系列重要举措,以标准加速科技成果转化应用,提升发展的质量效益。

(2)明确技术创新的绿色导向。作为国家首批低碳试点、低碳交易试点城市以及可持续发展议程创新示范区,深圳坚持通过技术创新实现城市绿色发展。2020年11月,深圳颁布了《绿色技术推广目录(2020年)》,强化科技创新的引领支撑作用,加快推进绿色发展、高质量发展,促进绿色技术在深圳的推广应用。2022年12月,深圳颁布了《深圳市促进绿色低碳产业高质量发展的若干措施》,加快发展绿色低碳产业,推动形成绿色低碳的生产方式和生活方式。深圳通过产业结构调整和技术创新,走出了一条更高质量、更可持续的建设人与自然和谐共生的现代化城市的绿色发展新路径。

（3）明确技术创新的高端导向。面对新一轮科技革命和产业变革的新形势新要求，深圳瞄准智能化、数字化这一新赛道，加大投入开发智能产品、数字产品，聚焦消费者需求进行智能化、数字化升级，合力推动深圳传统制造从劳动密集型向智能制造方向发展。同时，深圳加大新一代信息技术、人工智能、智能装备智造、量子技术等新一代高新技术研发、投入和应用，着力推进技术向高端化迈进。

其次，深圳打造数字孪生城市的技术创新实践，切实构建了"基础科学研究-应用型创新成果研发-技术应用与扩散"全过程的技术创新攻关体系。

（1）完善服务技术创新的政策体系。自2012年以来，深圳相继颁布了《关于促进科技创新的若干措施》等一系列政策，形成了"创新科技管理机制，打造科技体制改革先行区；提升产业创新能力，打造新兴产业聚集区；强化对外合作，打造开放创新引领区；优化综合创新生态体系，打造创新创业生态区"的政策框架，为深圳构建完善的科技创新治理体系提供了制度保障。

（2）形成基础科学研究持续稳定投入机制。近年来，深圳不断加强基础研究的系统部署和前瞻布局，在《深圳经济特区科技创新条例》中，率先全国以立法形式固定财政对基础研究的投入。在《深圳市科技创新"十四五"规划》中，深圳制定了开展战略性、前瞻性、基础性重大科学问题和关键核心技术基础研究的十年行动计划，采取"设施＋机构"模式，加大源头创新机构引进力度，培育壮大源头创新力量，并形成了"政府＋企业＋社会"多元投向基础研究机制，为基础研究提供了持续稳定的源头活水。

（3）建立关键核心技术攻关新机制。面向国家及城市重大战略需求，深圳瞄准科技前沿，主动在科学的技术化和技术的产业化链条上寻找位置，突出应用研发导向，通过探索新型举国体制深圳路径、实施科技重大专项等举措，集中力量攻克一批产业瓶颈技术、攻坚一批前沿引领技术，培育新动能，提升新势能，全方位服务支撑国家和区域创新驱动发展。

（4）搭建科技成果高效快速转化机制。深圳通过构建全链条孵化育成体系、构建技术转移服务体系、支持新技术新产品研发与应用示范等举措，加快科技成果转化，建立风险共担、利益共享的技术技能成果孵化、转移、转化新机制，形成从"研发-成果-应用"转化到"产品-技术需求-研发"的科研成果快速转化模式。

最后，深圳打造数字孪生城市的技术创新实践，还重点考量了技术创新对超大城市基本经济体系、生态经济体系、开放经济体系总体性质量提升的推动作用。

（1）推动城市现代化经济体系建设。深圳依托雄厚的电子信息制造业和软件行业基础，以及华为、腾讯、平安等一批在人工智能、云计算、区块链等领域的技术优势，着力培育数据要素市场，推动人工智能、物联网、区块链等数字经济产业创新发展。将数字化转型上升为城市创新战略，实施"云上城市"行动，加快企业"上云用数赋智"，以数字经济发展赋能城市现代化经济体系建设，提升城市的数字化领导力，以数字技术推动城市基本经济体系的综合性进步。

（2）推动城市生态经济体系建设。作为创新之城，深圳生态环境领域科技进步和创新，为促进深圳生产、生活方式转变，走高质量发展道路提供了坚实的保障。自2016年以来，深圳以"可持续发展"为主题，重点针对生态环境承载力、城市生态治理等问题，通过创新实现区域、生态、创新、空间、治理五方面转型，通过统筹各类创新资源，深化体制机制改革，探索适用技术路线和系统解决方案，形成可操作、可复制、可推广的有效模式，对超大型城市可持续发展发挥示范效应，为落实2030年可持续发展议程提供实践经验。

（3）推动城市开放经济体系建设。深圳利用现代数字技术助力深汕特别合作区、前海深港现代服务业合作区、前海自贸区、粤港澳大湾区等开放发展战略，借助数据资源畅通流动、开放共享的属性，数字基础设施的跨区域、跨国别互联互通的属性，为全国建设更高水平开放型城市打造样本城市。同时，通过技术创新和制度创新双向发力，打造更优营商环境，为实现深圳在更高起点、更大范围、更宽领域、更高层次、更高目标上的改革开放增添新活力。

总而言之，深圳作为我国首批新型智慧城市建设试点城市、创新型城市，是发挥技术创新动力来推动城市高质量发展的典型案例。改革开放40多年来，深圳始终坚持创新驱动发展战略，把科技自立自强作为城市发展的重要支撑，将科技创新融入城市经济发展的各个方面，通过发挥人才、企业和政府主体在创新中的核心关键作用，建立起以质量、绿色、高端为导向，"基础科学研究-应用型创新成果研发-技术应用与扩散"全过程的创新体系，走出了一条具有深圳特色的自主创新之路，以科技创新引领城市高质量发展。同时，深圳的技术创新实践注重技术创新、自主创新、协同创新、绿色创新、开放创新五个维度之间的相互支撑，从而形成推动超大城市"三重体系"高质量发展的强大合力，符合前文所论述的超大城市高质量发展的理论内涵和实现路径。但不容忽视的是，深圳数字孪生城市建设和鹏城自动化智能体建设仍处于初期探索阶段,面临相关利益方理性认识不足、平台模型标准化滞后、数字技术尚不成熟、数字商业模式尚不清晰等挑战,仍需以数字技术创新为发力点,为城市设计数字化建设打造坚实的技术基础。

第三节 有效发挥制度创新力直接推动作用的对策建议

制度创新力是推动超大城市向高质量发展耦合性转变的关键性路径,但目前我国超大城市制度创新力的作用存在导向不足、力度有限、系统性欠缺等问题。为此,要进一步提升超大城市发展质量,必须保障制度创新力的人民利益导向,增强制度创新力的作用效果,并着力提升其系统性。同样的,这一过程也需要充分考虑技术创新力和意识形态引领的适应性匹配。

一、保障制度创新力导向

与技术创新力类似,制度创新力同样具有不同的方向,受到不同制度创新主体以及背后的利益博弈等影响。为此,要有效发挥制度创新对于推动超大城市高质量发展的直接推动力作用,也必须保障制度创新遵循质量、绿色和开放的目标指向。

(一)保障政府制度创新的高质量指向

利益驱动是制度创新力的原动力,它决定了制度创新力发展的大方向,因此促进利益的正向驱动是保障制度创新向前发展的重要方面。一般来说,当中央政府作为制度创新主体时,其利益驱动具有较强的正向性,包括平衡经济增长与国家稳定、保障社会公平、提高人民幸福指数等。但地方制度介于中央政府与地方企业之间,存在更为多元的利益关系,使得部分制度创新力的方向也存在博弈空间。此外,作为广大人民群众的代理人,政府的利益驱动应以人民利益为根本,但从现实来看,这一利益驱动仍会在某些情况下与政府官员的个人利益相互杂糅,使得利益驱动偏离人民利益方向。为此,应转变地方政府的经济锦标赛治理思路,同时通过优化干部选拔和考核机制、完善人民代表大会制度、改进地方政府的制度创新机制流程等,规避制度创新方向受单个主体人为歪曲的情况,保障政府制度创新的高质量发展、绿色发展、开放发展指向。

(二) 强化企业制度创新的高质量指向

企业自发形成的制度创新背后通常只有一个利益追求,即最大化企业自身的利润,因此其制度创新的方向具有不确定性。对此,政府必须发挥积极的作用:

第一,应通过鼓励政策、优惠条件或行政权力,约束和调整企业中负面的利益驱动,提升高质量发展指向的制度创新的预期收益,继而形成有效的方向引导。例如企业出于对利润的追求往往会选择较差的污染物处理方案,但政府可通过相关政策安排改变企业的成本与收益,继而调整其污染物处理制度的选择。

第二,国有企业应发挥制度创新的行业带动作用,通过更好协调国有企业的战略目标和盈利目标,保障国有企业制度创新的高质量发展指向,继而改变市场竞争格局,通过市场的逻辑影响和带动民营企业制度创新也逐步转向质量导向、绿色导向、开放导向。

第三,应进一步渗透提升习近平新时代中国特色社会主义思想的意识形态引导力,尤其是关于创新、协调、绿色、开放、共享的新发展理念,继而从意识形态的层面影响企业在进行制度决策时的考量,推动制度创新的高质量指向。

二、构建制度创新力闭环

制度创新尤其是政府制度创新,大多能保证在制度设计的目标和方向上的综合战略性。但更为重要的问题是,制度创新能否被充分实践、精准落地并持续动态优化。为此,制度创新绝不能仅停留在制度设计层面,而需要构建囊括"制度设计-制度传导-基层实践-制度反馈-制度优化"的创新闭环,切实提升制度创新对超大城市高质量发展的作用强度。

(一) 提升制度设计的科学性

制度创新的主体归根结底仍是人,为此即便制度创新的方向正确,但也同样存在制度设计科学与否的问题,这一方面取决于制度创新主体的治理能力,另一方面则受到制度创新机制流程的科学性的影响。

第一,要进一步优化干部的选拔、任命、考察等机制,同时要对领导干部的执政能力、治理能力进行分层次、分阶段的持续培养与提升,尤其注重增强领导干部对基层工作和人民实际生产生活情况的了解和把握,防止出现不接地气、不合时宜甚至有负面导向的"假大空"式的制度创新。

第二,要持续优化制度创新的机制流程,在保证制度创新效率的前提下,增强对制度创新的前期调研、反复论证、试点检验等。尤其应充分运用人工智能、大数据等数字技术,增强制度创新的信息对称,并通过在制度设计过程中进行过程模拟与结果推演,提升制度创新设计的科学性。

(二)增强制度实施的有效性

制度有效实施的程度,即制度提案按计划转化为现实生产关系的程度,是制度创新力作用于超大城市高质量发展的最直观体现,无法保障实施质量和效果的制度创新并不能对经济产生预期作用。制度有效实施的程度与制度创新主体的性质、决策传导机制、监督机制等方面密不可分。一般来说,政府作为权力机构具有较强的制度强制性,能够为制度有效实施提供更多保障,但企业所进行的制度创新往往具有更高的内驱力和制度执行的自觉性,如何将两方面的优势相融合是提高制度有效实施程度的关键。此外,决策传导机制是否有效、监督机制是否合理也会影响制度创新的执行情况。对此,应充分借助数字技术手段,增强制度实施时的数据采集、动态监测和偏误预警,保障制度实施与制度设计保持较高一致性,提升制度创新力对现实生产关系的调整效果。

(三)制度创新的反馈与优化

一项科学的制度创新,应将经济变革的短期、中期和长期结果进行综合考虑,但也并非一劳永逸,而须在现实条件变化、制度实施偏离预设、制度目标有所调整等情况下,及时进行制度创新的动态优化。对此,一方面应加强制度创新的现实反馈,确保制度创新实践的定期现实走访和实地调研,同时搭建政府机构与人民群众网络沟通平台,实现线上与线下反馈的相互联动,对制度创新实践效果进行全面、客观的反馈和评估;另一方面则应借助数字技术等新兴技术手段,及时对制度创新实践中的问题进行数据分析、原因解析及应对方案设计,增强制度创新的动态优化能力。

三、加强系统化顶层设计

党的二十大提出了构建"韧性城市"的战略要求。所谓韧性城市,根据美国洛克菲勒基金会的分析,其意指"一个城市内个人、社区、机构、行业及其所组成的系统,无论是经历突变性扰动还是缓慢性压力所具备的生存、适应和发展能力"[1],也即城市能够在突发灾害或外部冲击时快速反应、重组经济并较快恢复正常的生产生活的能力和状态。对于韧性城市的建设而言,推动制度创新尤其是系统化的顶层制度创新设计,是必要且关键的。唯有进行系统化的顶层制度创新,方能真正做到协同推进超大城市"三重体系"的总体性质量提升,并能够增强"三重体系"运行的相互支撑和彼此契合,从而提升城市韧性。

(一)增强系统制度创新对基本经济体系的耦合推动

目前我国超大城市已围绕提升生产体系质量、分配体系质量、交换体系质量和消费体系质量出台了一系列制度和政策,但存在的问题是,这些政策制度之间的联动性不足,且未能形成协同提升四环节发展质量的系统性制度。为此,一方面应有效弥补现存制度的堵点、断点,即对现存制度进行全盘梳理,全力寻找各制度之间作用方向存在冲突、作用路径存在断裂、作用力度存在失衡的"制度缺口",并对每一个制度缺口进行逐一研判,尤其应结合民间的现实反馈进行综合考虑;另一方面应借助城市综合治理技术平台,掌握各个环节发展质量的动态数据,及时发现制度创新实践过程中出现的不充分、不平衡问题,继而进行有效的系统性、全盘性调整。

(二)提升系统制度创新对生态经济体系的耦合推动

目前超大城市关于推进绿色发展的相关制度仍在持续推进和探索之中,未来要进一步推动生态经济体系与基本经济体系之间的耦合发展,同样须增强相关制度的系统性。一方面要将生态环境治理、污染物排放总量、能源资源利用量等目标对应到绿色生产、绿色分配、绿色交换、绿色消费四环节之中,进行系统性战略考量,并出台与之对应的全盘性指导意见,将生态保护和治理问题有机融入

---

[1] 陶希东著:《超大城市韧性建设:美国纽约的经验与启示》,《城市规划》2022年第11期。

城市经济基本运行之中;另一方面要借助大数据、区块链、人工智能等数字技术手段,构建城市绿色经济管理平台,动态追踪四环节的绿色发展数据以及生态环境的自然指标,明确超额污染排放或资源利用的认责,并对资源节约型、污染减少型企业进行政策奖励。

(三) 加快系统制度创新对开放经济体系的耦合推动

超大城市开放经济体系与内部经济体系之间也要建立系统性制度创新,以推动其耦合性转变。在国内开放层面,应构建区域经济一体化系统制度方案,对生产、分配、交换、消费、生态等维度的区域一体化合作、区域一体化配置和区域一体化循环进行全盘设计,打通现有制度存在的行政壁垒、关系壁垒、利益壁垒等,同时充分发挥区域内不同城市的产业优势、文化特色,并保持一定的合理化差异,避免城市的标准化、同质化建设。在国际开放层面,应进一步加强顶层设计,对超大城市在国家产业链与全球产业链、国家价值链与全球价值链、国内市场与国际市场之间的合理布局和战略转型进行系统考量,尤其要承担全产业链中关键节点的战略功能。

四、实践前沿:全国第一个跨省域的国土空间规划出台

《长三角生态绿色一体化发展示范区国土空间总体规划(2021—2035年)》(以下简称《规划》)是在自然资源部指导下,由沪苏浙共同组织编制的全国第一个跨省域的国土空间规划。该《规划》从2019年开始进行筹划设计,经历了三年多编制,于2023年2月21日得到国务院批复。《规划》是在新时代以来大力推进区域经济一体化和加快推进绿色经济发展的大背景下,促进超大城市及区域经济高质量发展的重要制度创新。且这一制度创新正符合前文所阐述的更好发展制度创新作用的相关逻辑,具有较强的实践示范作用。

首先,《规划》的设计立意和目标,充分体现了推动超大城市高质量发展过程中制度创新所应具有的质量导向、绿色导向和开放导向。

(1) 明确制度创新的质量导向。《规划》在设计之初便锚定了高质量发展这一关键词,不仅强调在示范区建设过程中充分发挥创新驱动的作用,而非传统城市规划"以投资和要素投入为主导、土地增量规模扩张'摊大饼'的传统观念发展模式";而且在示范区建设水平上始终对标最高标准和最好水平,而非低水平重

复化建设,强调要建设高水平现代服务业集聚区和高能级的产业基地建设等。

(2)突出制度创新的绿色导向。《规划》以生态绿色为高质量发展的突破口,不仅将耕地和永久基本农田保护、生态保护红线内有限人为活动管控、生态建设和修复作为示范区建设的底线,而且重点整合了示范区内的生态资源,包括一心(即一个生态绿心)、两廊(即太浦江清水绿廊和京杭运河清水绿廊)、三链(即构建三条蓝色珠链)、四区(即太湖区、淀港区、湖荡区和河网区),旨在将示范区建设成为"人与自然和谐宜居新典范"。

(3)强化制度创新的开放导向。《规划》并非聚焦一城一市,而是力图"打破一亩三分地的行政区域规划的传统思想和制度型约束,推动构建区域一体化的发展机制"。为此,其设计之初便立足于开放的视角,将上海市青浦区、江苏省苏州市吴江区、浙江者嘉兴市嘉善县这三个跨省域空间统一纳入考量,将空间布局确立为:两核(即虹桥商务区动力核、环淀山湖创新绿色)、四带(即沪宁、沪杭、沪湖、通苏嘉甬四条区域发展带)、五片(即青浦、吴江、嘉善、盛泽、先行启动五片城镇簇群)。也正因如此,这一制度创新才有了如此开创性、前沿性的实践引领意义,成为全国第一个跨省域的国土空间规划。

其次,《规划》历经三年编制,形成了"一张图全过程管理"的制度实施思路,致力于打造"设计-传导-实践-反馈-优化"的制度创新闭环。

(1)制度设计过程中进行了充分调研与讨论。为提升《规划》的科学性和系统性,三地共同组建了规划编制的工作专班和技术团队,同时围绕规范区域的生态资源和经济资源进行了系统调研,尤其对部分疑难问题进行专项调查和研究。此外,还广泛听取来自社会公众、各领域专家学者、各部门工作人员的意见和建议。这些举措避免了制度创新脱离群众、脱离实际、视角局限等问题,保障了制度创新设计环节的科学性,同时也为后续的制度实施奠定了良好的基础。

(2)制度实施过程中统筹总体规划与任务分解。《规划》还强调了制度创新实施过程中的总体布局与具体任务实施与分解问题。在实施步骤上,明确了包含金泽镇、朱家角镇、黎里镇、西塘镇、姚庄镇在内的660平方公里面积的先行启动区,以及与之相配合的包含虹桥主城片区除青浦以外的区域、王江泾镇、油车港镇、淀山湖镇、锦溪镇、周庄镇等486平方公里面积的协调区,而不是对示范区全域一刀切式的推进。在实施内容上,也是强调在总体布局的基础上细化成多个专项规划,确保规划得以切实推进、落地。

(3)构建动态化的规划实施监督与评估机制。要提升制度创新的作用力度,仅保证设计和实施过程是不够的,还须形成实践成效的动态反馈和制度设计的及时优化。对此,《规划》强调了,要构建能够将实施全过程纳入其中的智慧管理平台,"增进规划、建设、治理三阶段的数据互通与动态更新",并据此进行实时监测、定期评估和及时的制度优化,实现"全生命周期管理"。这便使得制度创新"活"了起来,保证了制度创新作用力的持续强化。

最后,作为"一体化制度创新试验田",《规划》彰显了其对超大城市基本经济体系、生态经济体系、开放经济体系的总体性质量提升作用。

(1) 协同提升城市经济空间和城市生态空间的发展质量。《规划》以生态质量提升和经济质量提升为双重目标,强调两者的协同发展、协同升级。一方面,注重提升自然环境的自我净化功能,包括提升林地碳汇能力、加强湿地碳库建设、发挥农业空间固碳功能等;另一方面,则突出要通过经济空间的生产、分配、交换、消费等过程,来实现经济空间与生态空间的协同质量提升。如在生产方面,强调要布局环境友好型产业,建设风景中的产业社区、加快清洁能源落地应用;在消费方面,提出要引导低碳交通出行、建设绿色低碳街区等。这符合本书在前文所探讨的城市经济空间与生态空间的物质交换逻辑,将生态环境保护问题真正与经济实践结合在一起,即在生态保护中发掘经济发展的新基点、在经济发展中实现生态环境的治理与优化。

(2) 协同提升城市内部空间与城市外部空间的发展质量。《规划》以区域经济发展为重要立足点,不是仅考虑单个城市内部空间的高质量发展,而是在开放的视角下,以长三角区域为实施对象进行总体空间规划。具体而言,在生态空间治理方面,强调要进行生态环境的联保共治,包括水岸的联治与修复、联合开展大气污染综合防治、加强土壤污染防治与修复等。这符合生态空间的一般特征,即生态本身便具有一定的公共性,对生态环境的污染并非仅影响一城、一区,对生态环境的保护也无法仅靠某一城市的局部举措,为此根据生态环境特征进行跨省域的生态环境共治,符合本书理论分析所提出的超大城市高质量发展理论内涵。在经济空间协同方面,同样突出了生产、分配、交换、消费的开放性、一体化发展。如在生产方面,提出要推进跨区域的高水平现代服务业集聚区和高能级的产业基地建设;在分配方面,强调推进示范区内教育、卫生、体育、文化等公共服务的共享;在交通方面,重点建设示范区内的综合交通互联,提高交通一体化;在消费方面,则指出要增强市政基础设施的协同建设,提升示范区内基础设施的高水平和均等化。

(3)《规划》的编制体现了制度创新与技术创新、意识形态之间的相互支撑。一方面强调了要借助技术创新来保障制度创新的有效实施,提出"示范区要依托优美的风光、人文底蕴、特色产业、集聚创新要素、打造国际一流的产业创新生态系统,同时构建更大范围区域一体的创新链产业链",即综合技术创新和制度创新的合力来推进产业体系高质量发展,从而牵动示范区的总体高质量发展。另一方面极为重视意识形态引领的重要作用,强调在规划实施过程中要以保护历史文化为底线原则,同时通过打造以三条历史文化带为标志的传统地域特色历史格局,进一步突出京杭运河历史文化、水乡人居历史文化、江南传统历史文化,形成"江南韵、小镇味、现代风"共鸣,从理念和认识上引导和保障示范区建设的有效实践。

总而言之,《长三角生态绿色一体化发展示范区国土空间总体规划(2021—2035年)》作为我国第一个跨省域的国土空间规划,是发挥制度创新动力来推动高质量发展的典型体现,且其编制逻辑符合超大城市高质量发展的理论内涵和实现路径,不仅将超大城市基本经济体系、生态经济体系、开放经济体系综合纳入考量,而且从制度创新方向、制度创新作用力以及制度创新对"三重体系"的耦合性推动三个方面发力。这相比以往局限于单一城市内部的绿色发展规划更具开放性,相比单纯考量生态层面的跨区域环境共治规划则更具可操作性,为此具有较强的示范引领意义,是通过制度创新动力推动超大城市高质量发展的前沿实践。显然,《规范》的具体践行刚刚起步,要确保其作用的有效和持续发挥,还需进一步将以上制度优势予以落实、保持并进行持续的动态优化。

第四节 充分激活意识形态引领关键推动作用的对策建议

意识形态引领是推动超大城市"三重体系"向高质量发展进行耦合性转变的保障性路径,如前所述,目前我国超大城市意识形态作用仍存在自觉性不足、引领渗透作用不强、耦合促进作用不明显等问题。为此,要进一步提升超大城市发展质量,须进一步提升高质量发展的意识自觉,提升意识形态的反作用强度,尤其发挥其引领"三重体系"耦合性发展的重要作用。当然,要实现这一过程,还须充分考虑制度创新和技术创新的适应性支撑作用。

一、增强意识形态主导力

在经济全球化的背景下,意识形态往往具有多元性,且通过美元霸权、全球自由市场、跨国公司等途径,美国等发达国家将新自由主义意识形态强势输出到全球各个国家。改革开放以来,我国意识形态领域始终存在着多元意识形态的相互博弈,尤其是以马克思主义为指导的社会主义意识形态与以新自由主义为代表的资本主义意识形态之间的博弈。这意味着,要更好发挥意识形态引领对超大城市高质量发展的关键性作用,必须保证主导性意识形态的高质量指向,而这需要依赖于中国共产党对意识形态的主导力以及社会主义基本经济制度的持续完善。

(一)加强党对意识形态的主导力

与技术创新力、制度创新力类似,意识形态的发展变化归根结底是利益关系的体现,为此在社会主义市场经济条件下,必然存在以资本增值为导向的意识形态,其以新自由主义意识形态为典型代表。这类意识形态的本质在于维护资本所有者的物质利益,以"私有财产神圣不可侵犯""理性经济人""个体权利"等为标志性观念意识,往往与高质量发展导向背道而驰,为此,要保障多元意识形态博弈条件下意识形态的高质量发展导向,必须加强党对意识形态的主导力。这要求,要进一步明确党管意识形态的正当性,同时建构一系列有关党管意识形态的工作原则、工作路径、作用界限等的制度规范,提升党管意识形态的科学性和有效性,继而发挥对意识形态发展方向的主导性。

(二)强化社会主义基本经济制度建设

我国社会主义基本经济制度以及政府有力且有效的调控能力,是保障我国意识形态利益博弈过程仍在中国共产党领导之下,继而有效规避我国意识形态受到新自由主义支配继而偏离社会主义发展道路的风险的制度前提。为此,要保障意识形态的高质量发展导向,必须进一步完善社会主义基本经济制度,尤其是所有制方面,包括应坚持、保障并适当加强公有制经济在数量、质量以及控制力上的主体性地位;进一步加强对非公有制经济社会责任的引导和规范,提升对重点行业和关键领域的市场监管;进一步完善公有制经济与非公有制经济之间宏观统筹、协同合作的体制机制设计等,继而为党对意识形态的领导以及意识形态的高质量发展方向提供基础。

二、推进浸润式意识形态建设

发挥意识形态引领对超大城市高质量发展的关键性作用,不能通过禁锢思想、指令性干预、生硬的思想灌输和宣传等来实现,而要借助基层党建、政府新媒体、公共文化建设等间接路径,潜移默化地实现意识形态的引领作用。

(一)加强基层党建的意识形态牵引作用

党对意识形态的领导力应通过党建工作予以落实,即将意识形态引导功能纳入基层党建工作之中,通过党员这个"关键少数"带动"普通多数"人民群众,浸润式提升对民间意识形态的引导力。这要求,一方面要通过加强理论学习、开展定期的意识形态工作培训等,进一步提升党员意识形态素养和意识形态工作能力,为党建的意识形态引领功能提供微观保障;另一方面要进一步探索更加多元化、现代化、人民化的新型党建活动,尤其是与群众互动、为群众服务、解群众难题的党建活动,继而使党建的意识形态引领更加深入人心,避免形式主义、官僚主义和宣传主义。

(二)拓展政府新媒体的意识形态带动作用

政府新媒体是传播官方意识形态、带动民间意识形态的关键渠道,也是当前超大城市意识形态作用的薄弱环节。对此,一方面应拓展政府新媒体的传播途径,充分利用当前更受年轻人喜爱的复合型社交网络平台,但同时也不宜缩减传统媒体渠道的运用,从正规性和权威性、生动性和亲和性两个方面同时着手,提升官方意识形态的传播力和影响力;另一方面,对于新型媒体渠道的意识形态建设,应弱化其直接的政策宣传形式,转而通过传播与民生更为贴近的信息、采用更加亲切轻松的叙事风格、运用更加新鲜多样的表达手段、抱持坚持底线但开放包容的价值立场,继而增强官方意识形态的接受度和共情性。

(三)推动公共文化的意识形态渗透作用

我国超大城市的公共文化建设是当前意识形态作用的另一个薄弱点,城市的经济功能显著强于其文化认同、价值归属等意识形态功能,使得超大城市在部分群体心中成为钢筋水泥堆砌的物理空间,缺少了灵魂和温度,继而影响了意识形态引领的作用有效性。为此,一方面应增加公共文化设施的投入和建设,提升文化产品和文化服务的多元性和广泛可获得性,拓展城市的公共文化空间,为城市的公共文化建设提供充足的物质基础;另一方面应进一步挖掘和凝聚各超大城市独有的历史底蕴、文化特色和价值归属,通过相关工作的制度细节和人文关怀,渗透式增强文化认同和城市归属感。

三、坚持新发展理念与人民城市建设

相比技术创新力和制度创新力,意识形态在推动耦合性高质量发展方面有着属性上的优势,即一些总体性、全局性的意识形态可通过引导和改变各种经济主体的价值判断,继而提升各类经济活动的方向一致性。对于我国超大城市高质量发展而言,新发展理念和"以人民为中心"的全局意识,是统筹推进"三重体系"耦合性转变继而提升超大城市发展质量的关键意识形态引领,因为所谓"高质量",是以能否符合人民利益根本要求为判断依据的。当人民利益愈发成为各环节经济主体决策的思想准则和考量依据,则各环节经济活动便愈发呈现自觉的方向一致性和耦合性。此外,新发展理念和"以人民为中心"的全局意识,也是保障技术创新力和制度创新力发展方向,提升技术创新力和制度创新力作用效果,继而提升技术创新、制度创新、意识形态系统合力的关键枢纽。

一是应加强大数据、人工智能等新兴数字技术在意识形态工作中的应用,预测和甄别反人民利益意识形态的发展演化,分析内在关联,构筑动态化、全面化、智能化的意识形态治理范式;

二是应明确政府在人民中心意识形态工作中的主体地位,强化各级各类网络媒体的社会责任,推动政府部门的监管执法、网络运营者的自主履责与社会公众的监督治理有机结合,形成"中央-地方-民间"横纵联合的人民中心意识形态工作机制;

三是对于近年来出现的新型网络民意造假问题,应推动构建中央与基层、宣传与渗透相结合的网络民意引导机制,纠偏偶发式民意"造假",建立横向联动、纵向协同的网络舆情治理机制,严惩蓄意式民意"造假",推动网络民意治理范式从危机管理向智能治理转变,甄别渗透式民意"造假",继而强化政府对网络民意话语权的主导力、管控力和解释力，全力提升以人民为中心的全局意识力。

从现实来看，新时代以来我国超大城市均不同程度地加强了意识形态的引领性作用，尤其是加强了对党的十九大报告、党的二十大报告以及其他重要精神的系列专题学习。从具体举措来看，近年来北京市加大力度推进完善意识形态工作，尤其针对当前出现的网络意识形态等新问题，制定了《北京市党委（党组）网络意识形态工作责任制实施细则》等新举措，将互联网作为意识形态工作的最前沿，同时市内各区也均加强了意识形态专题学习并制定相关工作细则；上海市大力推进智慧党建工作，注重红色文化的传承与发扬，推动实施"党的诞生地"红色文化传承弘扬工程、青少年红色大寻访活动等，并制定了《上海市红色资源名录》等红色资源传承弘扬和保护利用的政策文件；深圳市积极推动政府新媒体建设，定期发布《深圳政务新媒体排行榜》《深圳年度优秀政务新媒体榜单》等评选，致力于提升政府媒体的传播力、引导力、影响力和公信力，比如"深圳卫健委"公众号曾一度因为其更贴近年轻人话语体系的表达方式、更具人文关怀的网络互动而获得广泛关注，在疫情防控的紧张局势下为民众带来了思想上的安抚。这些实践均是对以上所阐述的发挥意识形态对超大城市高质量发展关键性作用的现实体现，具有一定的示范意义。与此同时，不可忽视的是，这些实践均具有一定的分散性和局部性，尚未形成能够将党建工作、政府新媒体、公共文化建设、网络意识形态新挑战等内容均纳入其中的系统性的意识形态建设方案，且在新冠疫情、经济下行、国际经济动荡等大环境下，意识形态引领作用的发挥面临更多挑战，还需通过数字技术创新和配套制度创新，系统性增强超大城市的意识形态引领作用。

参 考 文 献

[1] Acemoglu, Daronand Veronica Guerrieri (2008), "Capital Deepening and Non-Balanced Economic Growth", *Journal of Political Economy*, Vol.116.

[2] Anttiroiko A V, Valkama P and Bailey S J (2014), "Smart cities in the new service economy: Building platforms for smart services", *AI & Society*, Vol.29, No.3.

[3] Bruce Katz, Julie Wagner (2014), *The Rise of Innovation Districts: A New Geography of Innovation in America*, Brookings Institution.

[4] Castells M (1983), *The City and the Grassroots*, London: Edward Arnold.

[5] Castells M (1977), *The Urban Question*, Cambridge, Mass: The MIT Press.

[6] Castells M (1976), *Theory and Ideology in Urban Sociology. in C. Pickvance (eds)*, Urban Sociology: Critical Essays, London: Tavistock.

[7] Dempsey N, Bramley G, Power S, et al. (2011), "The Social Dimension of Sustainable Development: Defining Urban Social Sustainability", *Sustainable Development*, Vol.19, No.5.

[8] Dempsey N, Brown C and Bramley G (2012), "The Key to Sustainable Urban Development in UK Cities? The Influence of Density on Social Sustainability", *Progress in Planning*, Vol.77, No.3.

[9] Gilles Duranton, Diego Puga (2004), "Micro-foundations of Urban Agglomeration Economies", *Handbook of Regional and Urban Economics*, Vol.4.

[10] Hallands R G (2008), "Will the real smart city please stand up?" *City*, Vol.12, No.3.

[11] Harvey D (2006), *Space of Global Capitalism: Towards a Theory of Uneven Geographical Development*, London: Verso.

[12] Henderson J V, Quigley J and Lim E (2009), *Urbanization in China: Policy Issues and Options*, Unpublished Manuscript, Brown University.

[13] Kongsamut P, Rebelo S and Xie D (2001), "Beyond Balanced Growth", *Review of Economic Studies*, Vol.68.

[14] Lefebvre H (1991), *The Production of Space (Translated by D. Nicholson Smith)*. Oxford: Blackwell.

[15] Martin P, Mayer T and Mayneris F (2011), "Spatial Concentration and Plant level Productivity in France", *Journal of Urban Economics*, Vol.69, No.2.

[16] Roller L H, Waverman L (2001), "Telecommunications Infrastructure and Economic Development: A Simultaneous Approach", *American Economic Review*, Vol.81, No.4.

[17] Saunders P (1986), *Social Theory and the Urban Question*, London: Hutchinton.

[18] Sotirios P, Mark B and Loizos H (2014), "A strategic view on smart city technology: The case of IBM smarter cities during a recession", *Technological Forecasting & Social change*, Vol.89.

[19] Tweed C, Sutherl M. (2007), "Built Cultural Heritage and Sustainable Urban Development", *Landscape and Urban Planning*, Vol.83, No.1.

[20] White A, Joans A E G, Gibbs D (2010), "From Sustainable Development to Carbon Control: Eco-State Restructuring and the Politics of Urban and Regional Development", *Transactions of the Institute of British Geographers*, Vol.35, No.1.

[21] [法]亨利·列斐伏尔著：《空间与政治》，李春译，上海人民出版社 2008 年版。

[22] [苏]卡马耶夫著：《经济增长的速度和质量》，陈华山等译，湖北人民出版社 1983 年版。

[23] [英]大卫·哈维著：《后现代的状况——对文化变迁之缘起的探究》，阎嘉译，商务印书馆 2004 年版。

[24] [英]大卫·哈维著：《正义、自然和差异地理学》，胡大平译，上海人民出版社 2010 年版。

[25][美]约翰·汤普森著:《意识形态与现代文化》,高铦等译,译林出版社 2012 年版。

[26]马克思著:《资本论》(第 1—3 卷),人民出版社 2004 年版。

[27]马克思、恩格斯著:《马克思恩格斯文集》(第 1—9 卷),人民出版社 2009 年版。

[28]马克思、恩格斯著:《马克思恩格斯全集》(第 35 卷),人民出版社 2013 年版。

[29]马克思、恩格斯著:《马克思恩格斯全集》(第 1—5、21、23、25、46 卷),人民出版社 2009 年版。

[30]马克思、恩格斯著:《马克思恩格斯全集》(第 3 卷),人民出版社 2002 年版。

[31]马克思、恩格斯著:《马克思恩格斯全集》(第 25 卷下),人民出版社 1974 年版。

[32]马克思、恩格斯著:《马克思恩格斯全集》(第 30 卷),人民出版社 1995 年版。

[33]马克思、恩格斯著:《马克思恩格斯全集》(第 31、32 卷),人民出版社 1998 年版。

[34]马克思、恩格斯著:《马克思恩格斯全集》(第 44 卷),人民出版社 1982 年版。

[35]马克思、恩格斯著:《马克思恩格斯全集》(第 47 卷),人民出版社 1979 年版。

[36]马克思、恩格斯著:《马克思恩格斯选集》(第 2 卷),人民出版社 1995 年版。

[37]马克思、恩格斯著:《马克思恩格斯选集》(第 3 卷),人民出版社 2012 年版。

[38]马克思、恩格斯著:《马克思恩格斯选集》(第 1、4 卷),人民出版社 1995 年版。

[39]马克思、恩格斯著:《马克思恩格斯选集》(第 46 卷上、下),人民出版社 1979 年版。

[40]中共中央文献研究室编:《建国以来重要文献选编》(第 2、5、8、9、11、14 册),中央文献出版社 2011 年版。

[41]中共中央文献研究室编:《建国以来重要文献选编》(第 2 册),中央文献出版社 1992 年版。

[42]列宁著:《列宁全集》(第 19 卷),人民出版社 1959 年版。

[43] 毛泽东著：《毛泽东选集》（第1、2、3、4卷），人民出版社1991年版。

[44] 陈云著：《陈云文选》（第1卷），人民出版社1995年版。

[45] 邓小平著：《邓小平文选》（第2、3卷），人民出版社1993年版。

[46] 中共中央文献研究室编：《习近平关于科技创新论述摘编》，中央文献出版社2016年版。

[47] 习近平著：《习近平谈治国理政》（第2卷），外文出版社2017年版。

[48] 国家发展和改革委员会国际合作中心著：《中国对外开放40年》，人民出版社2018年版。

[49] 付小为、李杏著：《哈佛大学教授：超大城市肩负着更多责任》，《长江日报》2016年9月26日。

[50] 习近平著：《决胜全面建成小康社会 夺取新时代中国特色社会主义伟大胜利》，《人民日报》2017年10月28日。

[51] 习近平著：《全国科技创新大会两院院士大会中国科协九大在京召开》，《光明日报》2016年5月31日。

[52] 《中共十八届五中全会在京举行》，《光明日报》2015年10月30日。

[53] 《中共十九届五中全会在京举行》，《人民日报》2020年10月30日。

[54] 《中央经济工作会议在北京举行》，《光明日报》2017年12月21日。

[55] 习近平著：《践行新发展理念深化改革开放 加快建设现代化国际大都市》，《人民日报》2017年3月6日。

[56] 习近平著：《深入学习贯彻党的十九届四中全会精神 提高社会主义现代化国际大都市治理能力和水平》，《人民日报》2019年11月4日。

[57] 习近平著：《推动形成优势互补高质量发展的区域经济布局》，《求是》2019年第24期。

[58] 习近平著：《在科学家座谈会上的讲话》，《人民日报》2020年9月12日。

[59] 习近平著：《在浦东开发开放30周年庆祝大会上的讲话》，《人民日报》2020年11月13日。

[60] 蔡昉、都阳著：《转型中的中国城市发展——城市级层结构、融资能力与迁移政策》，《经济研究》2003年第6期。

[61] 蔡禾著：《从统治到治理：中国城市化过程中的大城市社会管理》，《公共行政评论》2012年第6期。

[62] 蔡之兵著：《中国超大城市带动区域经济增长的效应研究》，《上海经济研

究》2016 年第 11 期。

[63] 曹海军、孙允铖著：《空间、权力与正义：新马克思主义城市政治理论评述》，《国外社会科学》2014 年第 1 期。

[64] 陈柳钦著：《产业集群：可拓展的跨越式发展模式》，《中国经济时报》2007 年 1 月 4 日。

[65] 陈体标著：《经济结构变化和经济增长》，《经济学季刊》2007 年第 6 期。

[66] 陈志良、杨耕著：《论马克思的社会有机体理论》，《哲学研究》1990 年第 1 期。

[67] 程虹、高诗雅著：《新中国 70 年经济发展质量：制度红利与人口红利的叠加效应》，《宏观质量研究》2019 年第 2 期。

[68] 程士强著：《空间的再造：一个超大城市的诞生》，《社会学评论》2017 年第 6 期。

[69] 单卓然、黄亚平著：《新型城镇化概念内涵、目标内容、规划策略及认知误区解析》，《城市规划学刊》2013 年第 2 期。

[70] 邓文博、宋宇、陈晓雪著：《区域一体化带动长三角欠发达地区经济增长效应评估——基于 DID 模型的实证研究》，《华东经济管理》2019 年第 7 期。

[71] 邓智团、屠启宇著：《创新型企业大都市区空间区位选择新趋势与决定——基于美国大都市区的实证研究》，《世界经济研究》2014 年第 9 期。

[72] 邓智团著：《创新街区研究：概念内涵、内生动力与建设路径》，《城市发展研究》2017 年第 8 期。

[73] 邓智团著：《网络权变、产业升级与城市转型发展——供给侧结构性改革视角下上海传统产业的创新实践》，《城市经济》2016 年第 5 期。

[74] 丁涛、顾金亮著：《科技创新驱动江苏地区经济高质量发展的路径研究》，《南通大学学报（社会科学版）》2018 年第 4 期。

[75] 堵锡忠著：《上海探索超大城市治理的经验启示和思考》，《城市管理与科技》2019 年第 3 期。

[76] 杜中明著：《北京和上海地区的经济辐射强度比较》，《生产力研究》2012 年第 1 期。

[77] 方创琳著：《中国城市发展方针的演变调整与城市规模新格局》，《地理研究》2014 年第 4 期。

[78] 方创琳著：《中国新型城镇化高质量发展的规律性与重点方向》，《地理研

究》2019年第1期。

[79] 傅钰著：《我国超大城市绿色低碳发展评价体系的构建及实证研究》，《中国商论》2017年第2期。

[80] 高桂爱、刘刚、杜曙光著：《论高质量发展阶段的政治经济学基础：基于生产方式的二维视角》，《经济纵横》2021年第6期。

[81] 高鉴国著：《马克思恩格斯城市思想探讨》，《山东大学学报（哲学社会科学版）》2000年第3期。

[82] 龚唯平著：《马克思城市化理论探微》，《经济前沿》2001年第7期。

[83] 辜胜阻、王敏著：《智慧城市建设的理论思考与战略选择》，《中国人口·资源与环境》2012年第5期。

[84] 郭克莎著：《论经济增长的速度与质量》，《经济研究》1996年第1期。

[85] 郝宗珍、郭晓君著：《浅谈马克思主义的城市发展理论》，《当代经济研究》1999年第2期。

[86] 何小钢、张宁著：《中国经济增长转型动力之谜：技术、效率还是要素成本》，《世界经济》2015年第1期。

[87] 洪功翔、洪阳著：《新时代推动高质量发展的理论思考》，《上海经济研究》2018年第11期。

[88] 洪世键、姚超著：《新马克思主义城市空间理论述评及应用反思》，《河北学刊》2016年第4期。

[89] 胡鞍钢、谢宜泽、任皓著：《高质量发展：历史、逻辑与战略布局》，《行政管理改革》2019年第1期。

[90] 胡华、史志钦著：《构建人类命运共同体的思想溯源、时代价值与实践遵循——基于社会有机体理论的考察》，《社会主义研究》2022年第3期。

[91] 胡琳娜、张所地、陈劲著：《锚定＋创新街区的创新集聚模式研究》，《科学学研究》2016年第12期。

[92] 胡小明著：《智慧城市的思维逻辑》，《信息化建设》2011年第6期。

[93] 黄凤祝、丁晓钦著：《马克思主义的城市理论》，《海派经济学》2007年第1期。

[94] 黄文、张羽瑶著：《区域经济一体化战略影响了中国城市经济高质量发展吗？——基于长江经济带城市群的实证考察》，《产业经济研究》2019年第6期。

[95] 黄怡著:《超大城市空间治理的价值、挑战与策略》,《学术交流》2019 年第 10 期。

[96] 霍丽著:《制度优势与创新型城市的形成》,《学术月刊》2006 年第 12 期。

[97] 建设部"跨世纪中国城市发展战略"课题组著:《经济全球化与中国城市发展对策——跨世纪中国城市发展战略》,《城市规划》1999 年第 7 期。

[98] 蒋永穆、鲜荣生、张晓磊著:《马克思恩格斯城乡经济关系思想刍论》,《政治经济学评论》2015 年第 4 期。

[99] 金碚著:《关于"高质量发展"的经济学研究》,《中国工业经济》2018 年第 4 期。

[100] 柯善咨著:《中国城市与区域经济增长的扩散回流与市场区效应》,《经济研究》2009 年第 9 期。

[101] 雷新军、邓立丽著:《供给侧改革视角下上海制造业转型升级路径探索》,《上海经济研究》2017 年第 7 期。

[102] 李变花著:《中国经济增长质量研究》,中国财政经济出版社 2008 年版。

[103] 李彩华著:《中国经济转向高质量发展阶段的历史必然性》,《中南财经政法大学学报》2019 年第 1 期。

[104] 李春根著:《超大城市突发环境事件整体性治理研究》,《中国行政管理》2017 年第 12 期。

[105] 李春敏著:《城市与空间的生产——马克思恩格斯城市思想新探》,《中共福建省委党校学报》2009 年第 6 期。

[106] 李德仁、姚远、邵振峰著:《智慧城市中的大数据》,《武汉大学学报》2014 年第 6 期。

[107] 李光龙、范贤贤著:《财政支出、科技创新与经济高质量发展——基于长江经济带 108 个城市的实证检验》,《上海经济研究》2019 年第 10 期。

[108] 李明超著:《马克思和恩格斯的城市思想论要》,《中共天津市委党校学报》2009 年第 2 期。

[109] 李强、陈宇琳、刘精明著:《中国城镇化"推进模式"研究》,《中国社会科学》2012 年第 7 期。

[110] 李重照、刘淑华著:《智慧城市:中国城市治理的新趋向》,《电子政务》2011 年第 6 期。

[111] 林岗著:《论〈资本论〉的研究对象、方法和分析范式》,《当代经济研

究》2012 年第 6 期。

[112] 林毅夫著：《自生能力、经济转型与新古典经济学的反思》，《经济研究》2002 年第 12 期。

[113] 刘国光著：《关于社会主义再生产比例和速度的数量关系的初步探讨》，《经济研究》1962 年第 5 期。

[114] 刘厚莲著：《深圳市人口空间分布及其优化路径》，《城市观察》2019 年第 6 期。

[115] 刘继华、段斯铁萌著：《新马克思主义空间理论对我国大城市空间治理的启示》，《城市问题》2019 年第 2 期。

[116] 刘澍著：《超大城市的发展趋势与问题解决——以广州为例》，《交通与运输（学术版）》2018 年第 1 期。

[117] 刘涛著：《国际大都市区空间发展规律与空间治理——兼论对北京的启示》，《城市发展研究》2017 年第 11 期。

[118] 刘伟著：《经济发展和改革的历史性变化与增长方式的根本转变》，《经济研究》2006 年第 1 期。

[119] 刘兴远、宣严著：《经济发展质量的测度及苏浙鲁粤比较研析》，《唯实》2016 年第 6 期。

[120] 刘玉芳著：《国际城市评价指标体系研究与探讨》，《城市规划》2007 年第 4 期。

[121] 陆岷峰、欧阳文杰著：《百年党的历史 百年红色经济——中国共产党百年经济思想发展脉络、特点、经验与启示》，《南方金融》2020 年第 9 期。

[122] 陆小成著：《特大型城市风险治理智能化的国际经验及对北京的启示》，《城市观察》2020 年第 5 期。

[123] 马建新、申世军著：《中国经济增长质量问题的初步研究》，《财经问题研究》2007 年第 3 期。

[124] 马立政、李正图著：《中国经济高质量发展路径演进研究》，《学习与探索》2020 年第 6 期。

[125] 马俊峰、陈海欧著：《马克思社会有机体理论及其当代启示》，《湖北大学学报（哲学社会科学版）》2023 年第 2 期。

[126] 逄锦聚著：《贯彻新发展理念 着力高质量发展》，《经济学动态》2019 年第 7 期。

[127] 彭德芬著:《经济增长质量研究》,华中师范大学出版社 2002 年版。
[128] 任保平、刘戈非著:《新中国成立以来经济增长质量的历史演变和评价考察》,《求索》2020 年第 5 期。
[129] 任保平、魏婕,郭晗著:《超越数量——质量经济学的范式与标准研究》,人民出版社 2017 年版。
[130] 任保平著:《新时代中国经济从高速增长转向高质量发展:理论阐释与实践取向》,《学术月刊》2018 年第 3 期。
[131] 任远著:《数据驱动和超大城市社会治理》,《城乡规划》2019 年第 2 期。
[132] 尚孟杰著:《治理理论视角下公民参与城市治理问题研究——以焦作市为例》,辽宁大学,2013 年。
[133] 苏雪串著:《城市化进程中的要素集聚、产业集群和城市群发展》,《中央财经大学学报》2004 年第 1 期。
[134] 孙迪亮、杨烁著:《马克思社会有机体理论视域下的乡村社会治理》,《辽宁行政学院学报》2020 年第 3 期。
[135] 孙施文著:《城乡治理与规划改革》,《城市规划》2015 年第 1 期。
[136] 孙志刚著:《论马克思主义的城市观》,《江汉论坛》1998 年第 7 期。
[137] 覃剑著:《供给侧结构性改革视角下城市发展转型研究》,《技术经济与管理研究》2019 年第 10 期。
[138] 陶希东著:《全面认识我国超大城市治理的瓶颈问题》,《中国国情国力》2015 年第 5 期。
[139] 王立胜、刘刚著:《从"为什么不能发展"到"如何实现发展":马克思主义经济发展思想的历史跨越》,《经济纵横》2020 年第 10 期。
[140] 王立胜、刘刚著:《论坚持系统观念的科学性——基于马克思社会有机体原理的思考》,《马克思主义与现实》2021 年第 1 期。
[141] 王丽艳、薛颖、王振坡著:《城市更新、创新街区与城市高质量发展》,《城市发展研究》2020 年第 1 期。
[142] 王琳著:《基于技术与制度耦合的经济长波理论与实证研究》,博士论文,上海财经大学,2016 年。
[143] 王玲宁、禹卫华著:《全文本视野下政务新媒体的内容生产和传播特征——以"上海发布"为例》,《新闻界》2017 年第 9 期。
[144] 王郁著:《超大城市精细化管理的概念内涵与实现路径——以上海为例》,

《上海交通大学学报(哲学社会科学版)》2019年第2期。

[145] 王自力、谢卓廷著:《政府主导型区域经济一体化对周边城市发展的影响差异分析——基于工业水平视角的 PSM‐DID 实证研究》,《经济地理》2020年第6期。

[146] 卫兴华、孙咏梅著:《对我国经济增长方式转变的新思考》,《经济纵横》2007年第3期。

[147] 卫兴华著:《关于经济发展与转变发展方式的几个理论是非问题》,《毛泽东邓小平理论研究》2011年第3期。

[148] 巫细波、杨再高著:《智慧城市理念与未来城市发展》,《城市发展研究》2010年第11期。

[149] 吴承基著:《马克思主义的城市理论与我国城市发展战略》,《马克思主义研究》1988年第3期。

[150] 吴建新著:《以智慧政府建设推进智慧城市发展的对策研究》,《中国信息界》2011年第5期。

[151] 夏怡然、陆铭著:《跨越世纪的城市人力资本足迹——历史遗产、政策冲击和劳动力流动》,《经济研究》2019年第1期。

[152] 肖卫兵著:《上海政府信息公开十年:成就、挑战、前瞻》,电子政务 2014 年第10期。

[153] 肖滢、马静著:《科技创新、人力资本与城市发展质量的实证分析》,《统计与决策》2018年第16期。

[154] 肖周燕著:《政府调控、市场机制与城市发展》,《中国人口·资源与环境》2016年第4期。

[155] 谢菲、张帅著:《20世纪90年代以来我国城镇化历史进程刍议——基于新马克思主义城市理论视角》,《合肥工业大学学报(社会科学版)》2017年第2期。

[156] 熊柴著:《控总量还是调结构:论特大和超大城市的人口调控——以北京市为例》,《天津社会科学》2016年第3期。

[157] 熊健著:《上海大都市圈蓝皮书 2020—2021》,上海社会科学院出版社 2021年版。

[158] 熊易寒著:《城市规模的政治学:为什么特大城市的外来人口控制政策难以奏效》,《华中师范大学学报(人文社会科学版)》2017年第6期。

[159] 许庆瑞、吴志岩、陈力田著：《智慧城市的愿景与架构》，《管理工程学报》2012 年第 4 期。

[160] 杨卡著：《中国超大城市人口集聚态势及其机制研究——以北京、上海为例》，《现代经济探讨》2014 年第 3 期。

[161] 杨英杰著：《论国民经济中的比例、重点和速度问题》，《经济研究》1959 年第 5 期。

[162] 叶峻著：《社会生态学与协同发展论》，人民出版社 2012 年版。

[163] 叶南客、李芸著：《现代城市文明的理论基石——马克思主义城市观的四重理论述略》，《社会科学战线》1992 年第 3 期。

[164] 袁政著：《城市治理理论及其在中国的实践》，《学术研究》2007 年第 7 期。

[165] 张彩玲著：《中国超大城市规划中存在的问题及治理对策》，《大连海事大学学报（社会科学版）》2016 年第 4 期。

[166] 张广远著：《马克思主义城市理论的现代意义》，《理论学习》2008 年第 1 期。

[167] 张佳著：《城市政治话语的空间转向——从马克思主义到新马克思主义》，《山东社会科学》2018 年第 9 期。

[168] 张佳著：《新马克思主义城市空间理论的核心论题及其理论贡献》，《江汉论坛》2017 年第 9 期。

[169] 张亮亮著：《超大型城市创新发展与企业家资本——以解构上海模式为例》，《财经研究》2013 年第 11 期。

[170] 张鹏著：《论中国超大城市的国际资源整合能力》，《国际观察》2017 年第 1 期。

[171] 张省、曾庆珑著：《创新街区》，《科技进步与对策》2017 年第 22 期。

[172] 张旺著：《超大城市"新三化"的时空耦合协调性分析——以中国十大城市为例》，《地理科学》2013 年第 5 期。

[173] 张先锋、吴伟东、满强著：《政治中心与经济中心的经济辐射能力比较》，《中南财经政法大学学报》2014 年第 3 期。

[174] 张旭亮、宁越敏著：《长三角城市群城市经济联系及国际化空间发展战略》，《经济地理》2013 年第 3 期。

[175] 张宣三著：《又多、又快、又好、又省是我国社会主义建设的方针》，《经济研究》1958 年第 1 期。

[176] 张应祥、蔡禾著：《新马克思主义城市理论述评》，《学术研究》2006 年第 3 期。

[177] 张勇著：《"双循环"新发展格局下上海促进消费研究》，《科学发展》2021 年 2 月。

[178] 赵孟营著：《超大城市治理：国家治理的新时代转向》，《中国特色社会主义研究》2018 年第 4 期。

[179] 赵蕊著：《北京常住人口空间分布变动与对策研究》，《北京社会科学》2018 年第 1 期。

[180] 赵晓霞著：《金融集聚视角下的中国大城市经济增长方式探究》，《管理世界》2014 年第 5 期。

[181] 周婕著：《2000—2010 年特大城市流动人口空间分布及演变特征——以北京、上海、广州、武汉等市为例》，《城市规划学刊》2015 年第 6 期。

[182] 周劲著：《尺度·密度·速度："十三五"时期超大城市面临的难题与挑战》，《规划师》2016 年第 3 期。

[183] 周楠楠著：《马克思、恩格斯著作中的城市理论及其现实意义》，《理论经纬》2012 年第 1 期。

[184] 周文、李思思著：《高质量发展的政治经济学阐释》，《政治经济学评论》2019 年第 7 期。

[185] 周一星著：《新世纪中国国际城市的展望》，《管理世界》2000 年第 3 期。

[186] 周振华著：《经济高质量发展的新型结构》，《上海经济研究》2018 年第 9 期。

[187] 周志山著：《从分离与对立到统筹与融合——马克思的城乡观及其现实意义》，《哲学研究》2007 年第 10 期。

[188] 朱虹著：《空吸抑或反哺：北京和上海的经济辐射模式比较》，《世界经济》2012 年第 1 期。

[189] 朱懿、韩勇著：《我国智慧社区建设及其优化对策》，《领导科学》2020 年第 2 期。

[190] 朱颖著：《基于马克思社会有机体理论的新时代政府生态治理思考》，《现代交际》2022 年第 5 期。

[191] 邹薇著：《超大城市对我国经济的影响有多大？基于劳动投入，TFP 和工资差异的分析》，《系统工程理论与实践》2019 年第 8 期。